全国幼儿园特色课程系列

QUANGUO YOUERYUAN TESE KECHENG XILIE

幼儿园游泳课程探究

主 编 诸 君 毛美娟

复旦大学出版社

本书编委会

主　编　诸　君　毛美娟

副主编　张文钧

编　委　（按姓氏笔划排列）

王梦琪　毛美娟　李　丽

张文钧　周　艳　唐晓卿

诸　君　龚硕娟　潘佳燕

目 录

绪 论

学 习 故 事

专 题 论 文

 绪论

幼儿园开展游泳活动的
实践与探索研究报告

浦东新区东方幼儿园创办于 1992 年 9 月,从 1993 年开始,幼儿园建造了室内温水游泳池,开始了幼儿游泳活动的尝试。经过多年的实践与探索,我们将自己的经验进行了系统梳理和全面总结,2010 年申报了浦东新区课题,同年 5 月被浦东新区教育科学研究室批准为浦东新区教育科研课题。

一、问题的提出

(一) 概念界定

1. 游泳

游泳是指一种凭借自身肢体动作和水的作用力,在水中活动或前进的技能活动。

2. 幼儿园游泳活动

幼儿园游泳活动是指在幼儿园教师的指导下,幼儿按照一定的规则和要求,凭借自身动作在水中游泳的一项活动。

(二) 研究依据

1. 幼儿园开展游泳活动符合国家、上海市学前教育纲要的基本精神

《幼儿园教育指导纲要(试行)》提出健康的目标:"身体健康,在集体生活中情绪安定、愉快;生活、卫生习惯良好,有基本的生活自理能力;知道必要的安全保健常识,学习保护自己;喜欢参加体育活动,动作协调、灵活。"又如,在《上海市学前教育纲要(试行)》中教育目标第三条为:"积极活动,增强体质,提

高运动能力和行动的安全性。"游泳活动不仅能增强幼儿体质、促进身心健康、发展动作的灵活性和协调性,而且能提高自我保护和生存的意识和能力。可见,游泳活动达成的目标完全符合"纲要"和"指南"的精神。

2. 幼儿园开展游泳活动符合幼儿身心发展的需要

幼儿在水中运动时,耗能多,血液循环加快,心肌功能增强;在水中浸泡散热快,为尽快补充热量,神经系统需快速做出反应,加快人体新陈代谢,增强对外界的适应能力,从而增强幼儿的抵抗力。而且,游泳时水中压力及换气的要求促使幼儿用力呼吸,加大呼吸深度,增加肺活量,对健康极为有利。同时,幼儿天性喜欢水,游泳活动中游戏的开展、技能的练习、竞赛性的活动,都促使幼儿更加的愉悦、自信,且有坚强的意志力。因此,游泳活动符合幼儿身心发展的需要。

3. 幼儿园开展游泳活动符合我园特色建设的需要

《上海市学前教育课程指南》指出,从功能维度,幼儿园课程分为共同性课程和选择性课程,其中选择性课程是体现尊重幼儿园和幼儿的个性化发展的课程。我园是上海市示范性幼儿园,在专业领域有示范、辐射和引领的作用。因此,在严格贯彻纲要和指南精神的基础上,我园始终致力于建设具有园本特色的课程,而游泳活动的实践与探索正符合我园深化特色课程建设的需要。

(三) 研究现状分析

游泳是一种常见的也是被许多人喜欢的体育锻炼方式。幼儿游泳大多是基于幼儿的兴趣而引发的,是在家长的带领下或陪同下,在河里、湖里或游泳池里进行的一项自由自主的体育锻炼活动。专门的幼儿游泳活动,最早起源于 20 世纪 60 年代国外的婴儿游泳风潮,一些医学家和心理学家认为,人类出生时就具有游泳的本能,婴儿游泳时让新生儿延续母亲子宫羊水生活,因此初生的婴儿可以在一定的条件下进行"游泳"活动,如带着颈圈和手圈在温水中自由滑动。然而,这种"游泳"并不是真正意义上的游泳,只能称之为"在水中活动"。因此,婴儿并没有通过这种活动掌握游泳的技能。真正意义上的游泳学习是指在成人的引导下,通过某种方式教授幼儿游泳技能,使其能够具备自主地在水中游动的能力。这种学习要求学习者必须有一定的智力水平和身体控制能力,因此幼儿游泳学习一般都是针对年龄在 3 岁以上的幼儿。

幼儿游泳教育在我国尚处在起步阶段。由于对场地有特殊的要求,幼儿游泳活动在沿海地区开展较多,在大部分地区开展游泳教学主要局限于专业教育机构(如少体校),近年来,游泳作为兴趣活动的一种形式,在游泳馆、少年宫等以短期培训班的形式出现,以学会某一个或多个技能为目的。

当时,在幼儿园内开展游泳活动实践的少之又少,在此方面进行系统的、专门的研究据我们所知目前还是个空白。鉴于它在实施先课程背景下的重要意义、深化特色课程建设的需要及促进幼儿身心发展的有效作用,我园拟定了围绕幼儿园进行游泳活动的目标、任务、形式、原则及一般方法并开展系统、深入的研究。

二、研究概况

(一) 研究目标

1. 实践目标

通过课题研究实践活动,促进幼儿在游泳兴趣、游泳知识、游泳技能、游泳艺术等方面的协调发展,从而整体促进幼儿的身心发展,为其持续的进步奠定良好的基础。

2. 理论目标

通过课题研究实践活动,界定游泳活动的基本含义,揭示幼儿游泳活动的功能,概括幼儿游泳活动的目标、内容、形式、方法以及推进的策略,制定和设计幼儿游泳活动的评价指标及其方法,探索幼儿园开展游泳活动的一般规律。

(二) 研究组织

调动幼儿园各方力量,组建研究队伍,形成研究网络,保证研究实施。

1. 幼儿园园长办公室。幼儿园园长办公室是研究网络的领导,承担课题研究计划、研究方案的审核。

2. 幼儿园科研中心组。幼儿园科研中心组是研究网络的组织者、指导者,承担课题研究计划的制定、研究方案设计和课题研究操作实施指导。

3. 幼儿园教研组。幼儿园各个教研组执行科研中心组的指令,带领教师具体进行课题研究操作实施,承担园本课程的开发、实施和总结过程中的具体任务。

(三) 研究方法

1. 调查法

根据课题研究的目标和内容,设计调查内容,制定调查问卷,组织调查实施。通过对调查信息的分析,了解社会及幼儿家长在幼儿体育方面的基本需要和主要想法,从而为进一步研究幼儿游泳活动积累资料提供依据。

2. 案例法

寻找游泳活动中具有典型意义的某一个或某一群幼儿或教师,在较长时间里对其连续进行追踪和调查,研究其行为发展变化的全过程,从而了解游泳活动一般过程或基本方法。

3. 行动研究法

根据课题研究的目标和内容,结合行动研究的基本程序:计划—实施—反馈—调整,先制定行动计划,然后组织实施,同时在实施的过程中收集反馈信息,及时调整计划实施,进入第二轮行动。这样,通过不断的循环行动促进课题研究的深入发展,从而实现预期的目标。

(四) 研究过程

1. 启动阶段(2010 年 4 月—2010 年 6 月)

(1) 物色研究人员,成立课题组织明确研究方向。

(2) 收集研究资料,分析研究动态,把握研究起点。

(3) 制定研究计划,设计研究方案,理清研究思路。

2. 实施阶段(2010 年 7 月—2013 年 8 月)

(1) 组织调查研究

① 理清调查内容,设计调查问卷。

② 培训调查队伍,组织调查实施。

③ 分析调查信息,撰写调查报告。

通过调查实施了解我园游泳活动开展的现状、特征以及存在的问题,为后面的实践操作奠定基础。

(2) 组织实践探索

① 理清实践思路,把握实践内容。

② 组织实践力量,进行实践操作。

③ 整理实践资料,总结实践经验。

(3) 组织阶段成果总结

① 编写《幼儿园游泳活动方案集》。

② 编写《幼儿园游泳活动案例集》。

③ 编写《幼儿园游泳活动经验集》。

④ 编写《幼儿园游泳活动园本课程和教材》。

3. 总结阶段(2013 年 9 月—2014 年 6 月)

(1) 收集研究资料,进行整理分析,撰写研究报告。

(2) 召开现场会议,宣传教改思想,展示研究成果。

(3) 聘请专家学者,进行结题论证,鉴定研究成果。

三、研究实施

(一)幼儿游泳活动的目标

1. 小班

阶　段	目　　标	备　　注
熟悉水性	1. 双手或单手扶着泳池边站立并沿着池边行走。	教师需要鼓励胆小的幼儿,可以牵着幼儿的手或扶着他们。
	2. 借助浮板等漂浮物在泳池中央行走,保持身体平衡。	教师注意观察幼儿,发现幼儿摔倒在水中,及时扶起。
	3. 徒手在泳池中央快速走、跳跃,摔倒后自己站立起来,并用手抹去脸上的水。	教师引导摔倒在水中并自己站立起来的幼儿用手擦拭脸上的水。
憋气闷水	1. 用嘴巴用力在水面吐气,使水面产生小水泡。	教师可将手掌放在水面,测试幼儿是否会吐气。
	2. 头部淋水时屏住呼吸,淋水后用嘴巴呼吸。	教师提醒幼儿淋水后张嘴呼吸。
	3. 手扶池壁,双腿站立,面部入水,憋气 5~10 秒,结束后迅速张嘴呼吸。	教师检查幼儿是否将嘴巴和鼻子同时浸入水中。
	4. 手扶池壁,双腿站立,头部浸入水中,憋气 5~10 秒,结束后迅速张嘴呼吸。	教师帮助幼儿将整个头部浸入水中,包括耳朵。

阶 段	目 标	备 注
闷水打腿	1. 双手抓住池壁,肩膀浸入水中,手臂向前伸直,头部浸入水中,双腿漂起并拢,身体成一直线。	教师为幼儿绑好背漂,并提醒幼儿在做准备动作时肩膀先浸入水中。
	2. 岸上打腿练习,身体俯卧在岸上,双手向前伸直,双腿伸直并拢,脚背绷直,上下打腿。	教师帮助幼儿纠正动作,打腿时用大腿的力量带动小腿。
	3. 双手抓住池壁,肩膀浸入水中,手臂伸直,头部浸入水中,双腿漂起,在水面打腿,身体保持漂浮状态。	教师可为个别浮不起来的幼儿绑好背漂,并个别指导。
	4. 双手抓住浮板,手臂伸直,闷水,打腿前进。	教师可以鼓励动作熟练的幼儿徒手闷水、打腿前进。

2. 中班

阶 段	目 标	指 导 要 求
自由泳(腿部动作)	1. 自由泳打腿岸上练习,身体俯卧游泳池边,双臂向前伸直,双腿用力伸直,脚背绷直,上下打水。	教师帮助幼儿伸直双腿,尤其是膝盖处不能弯曲,同时帮助幼儿绷直脚背。
	2. 双臂向前伸直,夹紧耳朵,身体俯卧水面,双腿上下打水,身体前进。	教师可为幼儿提供浮板,并帮助幼儿纠正腿部动作。
自由泳(手部动作与腿部动作配合)	1. 自由泳手部动作岸上练习,双臂向前伸直,双手重叠,双臂轮流向下划圈360度。	教师帮助幼儿纠正动作,划圈时手臂贴近身体,以碰到腿的外侧和耳朵为佳。
	2. 借助浮板,练习自由泳手部动作与腿部动作的配合。双腿上下打水,双臂向前伸直,夹紧耳朵,双手捏住浮板边缘,轮流划手。	教师可通过吹哨子来控制幼儿划手的频率,不可过快,划手次数控制在4～6次。
	3. 借助背漂,练习自由泳手部动作与腿部动作的配合。	教师将背漂绑在幼儿的腹部帮助幼儿练习。
	4. 不换气自由泳,横渡游泳池。	教师逐步延长幼儿自由泳的距离。

阶　段	目　标	指导要求
标准自由泳(转头换气)	1. 岸上练习自由泳转头换气动作。左手扶墙,左臂伸直与肩同高,右臂自然下垂,头向下低,左耳朵与左臂相切,听口令向右上方转头。	教师逐一纠正幼儿动作,要求幼儿转头时头部仍然要贴近左手臂。
	2. 水中练习自由泳转头换气动作。双脚站立在游泳池边,左手扶着池壁,右臂自然下垂,头部贴近左臂并浸入水中,同时在水下吐气,听口令向右上方转头并吸气。	教师检查幼儿的头部浸入水中时,是否在水下吐气、转头时吸气。
	3. 借助背漂练习自由泳手部和腿部的配合动作,并且转头换气。	教师将背漂绑在幼儿腹部,要求幼儿每划四下手转头换气一次。
	4. 自由泳标准动作,横渡游泳池。	教师纠正幼儿换气时的错误动作。

3. 大班

阶　段	目　标	指导要求
仰泳岸上手部动作和腿部动作练习	1. 练习仰泳手部动作,双臂向上伸直,贴近耳朵,一条手臂从身体侧面向下划,经过大腿从身体正面向上划,保持向上伸直。两条手臂轮流划。	指导幼儿从身体侧面向下划时,手心朝外;从身体正面向上划时,手心朝下。
	2. 练习仰泳腿部动作,幼儿仰躺在游泳池边,双腿悬空在游泳池上,用力伸直,脚背绷直,两条腿上下打水。	指导幼儿打水时大腿用力,带动小腿;脚背要绷直。
仰泳水中练习	1. 借助浮板和背漂在水中练习仰泳腿部动作。双手拿住浮板,手臂伸直,贴近耳朵。身体平躺在水面上,双腿上下打水,身体在水中前进。	帮助幼儿抬高腰部和臀部,让幼儿平躺在水面上;头向上抬高,下巴露出水面。
	2. 徒手在水中练习仰泳腿部动作。双臂伸直,贴近耳朵,身体平躺在水面上,双腿上下打水,身体在水中前进。	托住幼儿的腰部和臀部,不让其沉入水中。指导幼儿身体放松、头抬高,双腿用力打水。
	3. 仰泳手部动作和腿部动作练习,配合呼吸。双臂向上伸直,贴近耳朵,身体仰躺水面,双腿上下打水,双臂轮流划水,并配合呼吸。	先指导幼儿在岸上练习。手臂向下划时吸气,向上划时呼气。

 幼儿园游泳课程实践与探索

续 表

阶 段	目 标	指 导 要 求
蛙泳腿部动作	1. 坐在游泳池边,身体后仰,双手撑地,双腿并拢,膝盖慢慢弯曲向外打开,脚掌心外翻,快速蹬腿并拢。	纠正幼儿脚掌外翻动作。
	2. 趴在游泳池边,双手向前伸直。双腿做蹬夹动作。	帮助幼儿控制蹬夹腿的速度,收腿时慢,蹬腿时快而有力。
	3. 借助背漂在水中练习蛙泳腿部动作。双手扶住池边,身体浸入水中漂起,头部露出水面,双腿做蹬夹动作。	纠正幼儿的蹬夹动作,蹬腿时,左右脚掌分别向左后方、右后方蹬。
蛙泳腿部动作配合换气	双手拿住浮板,身体浸入水中漂起,头部浸入水中吐气,双腿做蹬夹动作,腿并拢时抬头吸气。	教师须注意幼儿蹬腿时脚掌的方向,收腿和蹬腿的速度和换气的时机。
蛙泳手部动作配合换气	1. 站在岸边,双臂前伸,两臂同时向外划,手掌外翻,弯曲肘部划圆划至胸前,手掌转向躯干,然后双臂前伸。	指导幼儿划臂时手臂不能高于肩膀。
	2. 开始划手时抬头吸气,屈肘,双手做一圆形经胸下前伸,呈预备姿势,伸手同时低头用口、鼻做深呼气。	
蛙泳水中配合动作	1. 水中臂腿配合动作。蹬边滑行,头部浸入水,吐气,手臂开始划水,同时收腿,双臂前伸、双腿做蹬夹动作。	手臂划水时不能露出水面。手臂、腿伸直后在水面滑行3~4秒后再重复动作。
	2. 蛙泳完整动作。蹬边滑行,入水呼气,双臂向后下方划水时抬头快吸气,双臂接近肩膀时开始收腿。双臂前伸,蹬水时屏息,双臂、双腿伸直滑行时吐气。	

(二)幼儿游泳活动的形式

幼儿游泳活动的形式有三种:游泳前的适应准备、游泳中的技能训练和游泳后的巩固练习。

10

1. 游泳前的适应准备

游泳前的适应性准备是幼儿游泳活动的形式之一，也是幼儿游泳活动的基础环节。适应性是指生物体与环境表现相适合的现象。游泳前做好适应性准备，可以改善幼儿身体各器官系统的状况，提高幼儿神经系统的兴奋性，有利于身体更好地适应游泳的需要。同时，对于预防肌肉抽筋和拉伤都有一定作用。游泳前的适应性准备，分为身心准备和物质准备两方面。

（1）身心准备

身心准备是指在身体和心理上的准备。为防止在游泳时发生事故，在游泳之前，应该全面了解幼儿的身体情况，看看幼儿是否适合游泳。同时，针对不同年龄段的幼儿，根据幼儿的不同发展水平制定适合幼儿的游泳锻炼计划，从而提高游泳锻炼的效果。我们从以下三方面进行身心准备。

① 兴趣准备

兴趣，就是对事物喜好或关切的情绪。游泳前培养幼儿对游泳的兴趣，可以让幼儿对游泳产生积极的情绪反应，帮助幼儿更好更快地融入学习游泳的状态中。

例如，为了提高小班幼儿的游泳兴趣，我们设计了小班活动"看哥哥姐姐游泳"。在活动中，通过观看哥哥姐姐们精彩的游泳比赛，让幼儿从心理上对游泳产生好奇感，从而提高幼儿对游泳活动的兴趣。

② 知识准备

知识，是指人类在实践中认识客观世界（包括人类自身）的成果。在游泳前对幼儿进行游泳知识的传授，可以帮助幼儿逐步了解水的基本特征、游泳的主要姿势以及在水中安全游动的方法。

例如，为了让小班幼儿学习游泳衣的正确穿戴方法，我们设计了小班活动"游泳衣的穿戴"。让幼儿通过观看穿戴游泳衣的视频，了解正确的穿衣顺序和穿衣方法，从而增长幼儿对游泳衣穿戴的知识，为进一步学习游泳做好准备。

③ 运动准备

这里的运动准备是指下水前要先在岸上做准备活动。良好的准备活动，可以让幼儿的身体尽快适应即将开展的较剧烈的游泳活动，可以减少在游泳时的肌肉受伤或发生其他意外的概率。

例如：在换好泳衣后，教练会带领幼儿进行压腿、深蹲、踢腿、转腰、扩胸、摇臂、拉肩、慢跑等一系列的动作练习。下水时,让幼儿先用水擦洗面部、胸部、四肢,使身体对水温有所适应后再进入水中,避免幼儿因身体对水温的不适应所产生的不良后果。

（2）物质准备

物质准备是指游泳时的必需品。良好的物质准备,可以帮助幼儿更好地适应水中的环境,学习游泳的技巧。物质准备包括游泳装、游泳镜、游泳帽、浮体物品、毛巾和拖鞋。

① 游泳装

游泳装是游泳时最重要的、最基本的装备。如果太大,在游泳时容易兜水,以致加大身体负重和阻力,影响游泳动作。因此,游泳衣裤要以穿在身上感到舒适为宜。

② 游泳帽

游泳时应戴游泳帽,特别是长头发的女孩,可以防止头发散乱、防止头发变黄。游泳帽应选带有松紧的尼龙制品或橡胶制品,大小要合适,太大容易脱落,太小会压制头皮,在游泳时起相反效果。

③ 游泳镜

游泳池的水一般都含有用来消毒的氯,以及少量的微生物,如果不戴游泳镜,眼睛会受到刺激而有不适的感觉,甚至会造成感染。为了预防眼病,需要戴游泳眼镜。对于初学游泳的幼儿来说,戴游泳眼镜还可以纠正在水中睁不开眼睛的毛病。

④ 浮体物品

我们的学习对象是 3～6 岁的幼儿,所以浮体物品非常重要。救生圈（衣）、泡沫塑料、浮标、打水板等都是我们开展游泳活动必备的工具。

⑤ 浴巾和拖鞋

浴巾和拖鞋是幼儿必备的用品。在游泳的间歇或游完后上岸,用毛巾擦干身体,披上浴巾,穿上拖鞋,既可以保暖,防止感冒,又比较卫生。

2. 游泳中的技能训练

游泳中的技能训练是幼儿游泳活动的形式之二,也是幼儿游泳活动的核心环节。技能训练是有计划有步骤地通过学习和辅导,让幼儿掌握游泳的技能。有意识地对幼儿进行训练,从而改变幼儿游泳的素质和能力。我们把游泳中的技能训练分为:腿部动作练习,手臂与呼吸配合练习,手臂、腿和呼吸的配合练习三个方面。

（1）腿部动作练习

腿部动作练习是在游泳活动的过程中运用一些方法，对腿部动作进行训练的过程。腿部动作的练习可以锻炼幼儿腿部的灵动性和技能的熟练性，为手臂、腿和呼吸配合练习打好扎实的基础。腿部动作练习可以分以下两部分进行。

① 陆地模仿练习

幼儿下水练习游泳的腿部动作时，必须在陆地上做相应的模仿动作。陆地模仿动作可以帮助幼儿了解和掌握腿部动作的要领，解除下水后手忙脚乱的现象。教师可以通过"坐姿打水"和"卧姿打水"两种方法，帮助幼儿在陆上学习游泳的腿部动作。

例如，在学习自由泳时，教师会运用"坐姿打水"的方法，让幼儿坐在池边或地上，两手后撑，两腿伸直，腿内旋使脚尖相对，脚跟分开成八字，两腿放松，以髋为轴，大腿带动小腿，上下交替打水，帮助幼儿学习陆上的自由泳腿部动作。在学习仰泳时，就运用"卧姿打水"的方法，让幼儿俯卧在凳上，做两腿上下交替打水，帮助幼儿学习陆上的仰泳腿部动作。

② 水中练习

在进行腿部的陆上模仿练习后，接下来就要让幼儿下水，进行水中的腿部练习。水中腿部练习可以运用"俯卧打水""仰卧打水""滑行打水""扶板打水"等方法帮助幼儿学习在水中的腿部动作，使腿的动作变得灵活、协调。

例如，在学习自由泳初期，教师会运用"俯卧打水"的方法，让幼儿手握池槽成水平姿势，两腿伸直，做直腿或屈腿打水，帮助幼儿感知水中打腿的技巧。然后运用"扶板打水"的方法，让幼儿在泳池中两臂扶板，手臂伸直，肩浸水中，呼吸自然地打腿前进，帮助幼儿锻炼水中打腿的技巧。当幼儿有了一定的闷水技巧后，就运用"滑行打水"的方法，让幼儿闭气，两臂伸直并拢，头夹于两臂之间，双腿伸直，打水前进，训练幼儿闷水打腿的技巧。在学习仰泳初期，教师会运用"仰卧打水"的方法，让幼儿手握池槽，膝盖不要露出水面，做两腿交替打水，帮助幼儿初步感知仰泳时水中打腿的方法。

（2）手臂与呼吸配合练习

手臂与呼吸配合练习，是游泳活动中的基础之一。手臂和呼吸两者之间的配合练习，可以帮助幼儿了解和明白吸气吐气时手臂的不同动作，帮助幼儿在水中更好地做到身体的平衡和呼吸的调节。手臂与呼吸配合练习可以分以下两部分进行。

① 陆上模仿练习

陆上模仿练习是幼儿下水进行手臂与呼吸配合练习的前提。手臂和呼吸的配合需要很大的协调性,只有在陆上做好手臂和呼吸的协调练习,才能让幼儿在水中更好地做到手臂和呼吸的协调配合。

例如,在学习自由泳时,教师会让幼儿在陆上双脚开立,上体前屈,做左右手臂交替划水的模仿动作。当左右手臂的交替划水动作熟练后,教师会让幼儿加上转头呼吸的动作,即左右手交替划四下,第四下时转头换气。帮助幼儿练习手臂和呼吸动作的协调性。

② 水中练习

在陆上进行了一系列的手臂与呼吸的动作练习后,接下来就要进行水中手臂与呼吸的动作练习。水中的练习,从易到难,从局部到整体,帮助幼儿练习手臂与呼吸动作的协调性和配合度。

例如,在学会了陆上自由泳的手臂与呼吸动作后,教师会让幼儿站立水中,上体前倾,肩浸入水,做手臂划水的动作,边做边走,同时转头呼吸。过一段时间后,再让幼儿双手拿扶板,蹬边滑行后闭气,做两臂配合动作。最后是腿夹打水板,蹬边滑行后,做两臂划水,结合转头呼吸。在这一系列的学习过程中,每一个过程都需要花费几周的时间,教师会根据幼儿对技能的熟练程度,相应增加练习的难度,循序渐进地帮助幼儿学习水中手臂与呼吸的协调技能。

(3) 手臂、腿和呼吸的配合练习

在练习好腿部的动作和手臂与呼吸的配合动作后,就要进行手臂、腿和呼吸的配合练习。这是游泳活动中的重要技能,前期的准备都是为这一过程服务的。臂、腿和呼吸的配合练习从简单的完整配合到一定距离的打腿游动,通过由简到难的过程帮助幼儿学会各种泳姿的完整动作。

例如:在学会了自由泳的腿部和手臂与呼吸的动作后,教师会让幼儿站立水中,上体前倾做划臂与呼吸配合的练习,借助用力划水向前移动,然后蹬离池底,两腿打水形成完整配合。当幼儿的完整技巧熟练后,教师又会给幼儿增加难度,要求幼儿划手打腿、转头换气游 5~10 米。

3. 游泳后的巩固练习

游泳后的巩固练习是幼儿游泳活动的形式之三,也是幼儿游泳活动的重要环节。巩固练习是指将学得的游泳技能通过反复操练,使之长久地保持在记忆中,体现在游泳行为中。在游泳技能的学习过程中,幼儿的学习,不同于成年人或科学家,他们在短时期内集中地学习大量未经自己亲身感受的间接知识与经验,又不能立刻地、全部地运用于实践,遗忘的可能性极大。因此,便要进行巩固练习。游泳后的巩固练习分为呼吸技巧巩固练习、手部技巧巩固练习和腿部技巧巩固练习三方面。

(1) 呼吸技巧巩固练习

呼吸巩固练习是运用一些方法,在游泳后让幼儿练习呼吸的技巧。这里的呼吸巩固练习主要是指对闷水憋气技巧的巩固。闷水憋气是幼儿学习游泳的重要环节。只有学会了闷水憋气,幼儿才能在泳池中配合手部和脚步动作,协调进行游泳。

例如,在学习了闷水憋气的技巧后,教师会把方法告诉家长,让家长在家中准备装满水的大脸盆,让幼儿从捏鼻子闷水到慢慢地整个头浸入水中闷水,经过反复练习,巩固憋气的技巧。

(2) 手部技巧巩固练习

手部技巧巩固练习是根据教师教授的方法,在幼儿园或家中运用游戏等好方法,帮助幼儿巩固手部动作的过程。手部技巧的巩固,可以帮助幼儿熟悉和掌握各种泳姿的手部动作,为下一阶段的手脚协调练习打下扎实的基础。

例如,在新授了自由泳的手部动作后,教师会在固定的时间段,在教室里开展"游泳操"的游戏。通过在原地做自由泳的手部分解动作、运用比赛等形式,纠正和巩固幼儿自由泳的手部技巧。

(3) 腿部技巧巩固练习

腿部技巧巩固练习是在新授腿部技巧后,在家中和幼儿园中运用一定的方法,帮助幼儿巩固腿部动作的过程。腿部技巧的巩固练习,可以帮助幼儿掌握各种泳姿的腿部动作,为手、脚、呼吸的协调练习做准备。

例如,在新授了仰泳的腿部动作后,教师会带领幼儿坐在椅子上,两手后撑,两腿伸直放松,脚尖绷直,大腿带动小腿,上下交替打腿,帮助幼儿巩固自由泳的腿部技能。

(三) 幼儿游泳活动的原则

1. 目标性原则

目标性原则就是个体根据游泳预定目标,为之付出努力而获得提高的原则。

其一,宏观层面目标。课题的宏观目标是增强幼儿体质、促进幼儿身心健康、提高幼儿动作的灵活性和协调性,增强幼儿自我保护的意识和生存的能力。幼儿在水中运动时,耗能多,血液循环快,加之水中压力大,换气要求高,促使他们增加肺活量和对外界的适应能力及抵抗力。我们幼儿园的游泳课程活动目标清晰,活动安排有序,实施方向明确,有利于游泳活动的开展。

其二,微观层面目标。课题的微观目标是根据幼儿的发展需要和游泳活动的实际要求,分为了三个年龄阶段的目标。比如,针对小班幼儿刚开始接触水池则将目标定为:结合各种游戏活动,利用水中玩具、音乐等多种辅助工具增加学习的娱乐性,享受水中运动的乐趣,克服怕水心理,初步学习呼吸、漂浮、打腿等基本技能。针对大班年龄已经比较熟悉水性的实际则将目标定为:逐步提高身体的灵活性,掌握准确、协调的动作节奏,学习仰泳和蛙泳两种泳姿,增长游距,体验成功的快乐。通过每一年龄段的教育实践,用目标引领行动,也用目标检验游泳成效。另一方面,每个游泳动作也有其目标,教师可以根据动作目标精心设计教育活动,和幼儿一起通过不断努力,提高游泳水平。

2. 全园性原则

全园性原则就是全体教师和全体幼儿不分性别与年龄共同参与游泳活动的原则。

其一,全体教师共同参与游泳活动。我们幼儿园是上海市示范性幼儿园,在专业领域有示范、辐射和引领的作用,因此我们幼儿园始终致力于建设具有园本特色的课程,游泳活动就是我园园本课程中健康课程的内容之一。基于其园本课程的性质及对幼儿身心发展的益处,我们要求全体教师参与开发和实施游泳活动课程,为提高幼儿的身心健康水平、增强幼儿的自我保护能力而努力。

其二,全体幼儿共同参与游泳活动。我们幼儿园通过对不同年龄段幼儿的游泳现状、特点进行科学的分析,设置了小班、中班、大班不同的游泳技能与教学要求,鼓励全园幼儿进行游泳活动,使幼儿从愿意游泳,到尝试各种不同泳姿,最后到喜欢上游泳,帮助全园不同阶段幼儿培养游泳兴趣、获取游泳知识、习得游泳技能、提高游泳艺术修养。

3. 发展性原则

发展性原则就是通过游泳活动,促进幼儿素质全面发展的原则。

其一,幼儿身体素质的发展。在进行游泳活动时,教师要根据孩子的生理特点及认知情况发展幼儿的基本素质。有的幼儿动作不熟练,这就需要加强课中和课后的配合练习;有的幼儿动作非常连贯,就可以对其增加动作难度,提高动作精准度。这种对幼儿开展游泳活动后的身心发展趋势的预测,能让教师及时根据幼儿的现有情况进行教育教学方面的调整,促进幼儿游泳技能的提升。

其二,幼儿心理素质的发展。在进行游泳活动时,教师要考虑幼儿的心理特点。比如,在新小班对闷水有畏惧心理,常常会哭闹不愿卜水,这就需要教师的安抚与鼓励;在新学习一种泳姿时,幼儿也会产生畏惧心理,身体的僵硬与动作的不熟练也会导致幼儿游泳的失败,此时的心理辅导尤为重要。所以,在实施游泳活动时,教师应该拥有耐心与爱心,信任与尊重,充分肯定他们的优点和进步,及时鼓励或表扬幼儿,促使他们不断进步、不断发展,以积极的心态进行游泳活动。

4. 差异性原则

差异性原则就是教师在组织游泳活动中,尊重个体差异,实施因材施教的原则。

其一,对于能力弱幼儿的游泳训练。受客观条件的影响,有些幼儿的游泳动作发展缓慢,和其他幼儿的发展水平存在一定距离。这时候,我们要根据幼儿的接受能力,给予针对性的辅导,如有的幼儿学不会闷水,可以让其在家中用脸盆练习闷水,学会方法后就不怕闷水了;有的幼儿打腿动作缓慢,可以让其在岸上练习熟练后再下水。总之,对于动作不到位、能力弱的幼儿教师要多加鼓励,降低难度,放慢进度,使他们和其他幼儿一起提高。

其二,对于能力强幼儿的游泳训练。幼儿园不乏有熟悉水性、能力强的幼儿,我们要充分挖掘他们的潜力,促进其游泳技能的进一步提高。比如,一个动作训练后,有些幼儿很快就学会了。这时候,教师可以在其动作的精准度上提出要求,让其动作更为规范。再者,可以在速度上提出要求,让其加快训练速度,达到质和量的完美。总之,教师对于能力强的幼儿要提出更高的要求,正确处理好教学中的问题,使他们在游泳技能上更上一层楼。

5. 持续性原则

持续性原则就是在游泳活动中通过较长时期不间断的训练,促进幼儿游泳兴趣和游泳技能发展的原则。

其一,游泳兴趣培养的不间断。我园的恒温游泳池适合一年四季开展游泳活动或者一些水上游戏活动,通过不同的形式让幼儿保持对游泳的活动兴趣,从接受游泳到喜欢游泳到热爱游泳,从而达到增强幼儿体质的目标。

其二,游泳技能培养的不间断。作为我园的特色活动之一,我们对如何培养幼儿的游泳技能经过深思熟虑与仔细研讨。每个年龄段每个游泳动作都有具体的学习方式与技能要求。游泳技能的培养需要持之以恒的,让动作的熟练程度达到条件反射的要求,并且经常强化这些技能。

6. 实践性原则

实践性原则就是在游泳活动中按一定的要求组织幼儿反复操练的原则。

其一,观摩性实践。游泳活动可以通过观摩他人的游泳来提高自身的游泳技能与动作质量。教师要帮助其分析原因,总结经验,形成正确的动作技能要领。教师还可以组织各种游泳比赛,让幼儿观摩年龄大的幼儿的游泳比赛,或者参与自己班级组织的游泳比赛,通过比较游泳速度、游泳动作,激励幼儿取长补短,不断提高。

其二,自我实践。幼儿游泳技能的习得主要依靠自己的不断练习。比如,先进行岸上练习,动作纠正,然后到水中试游,逐步练习,等到动作熟练、身体放松后,开始独立游泳。每次练习都经过学习、练习、巩固和熟练四个阶段,待幼儿掌握第一层次的动作后再进行下一层次的练习,促使幼儿的大脑皮层对动作形成动力定型,自如地完成各种游泳动作。

7. 情趣性原则

情趣性原则就是在游泳活动中应采用生动的形式和有趣的方法对幼儿进行训练的原则。

其一,训练形式的生动性。幼儿的心理、年龄特点决定了幼儿的学习活动是寓教于乐的。游泳活动是一种技能性的训练,在学习技能时是枯燥乏味的,必须依靠各种生动的形式来吸引幼儿。比如,在练习"闷水"时,设计"寻宝藏"的游戏形式,让幼儿埋头寻找水池里的"宝藏",减少闷水时的恐惧心理。再如,通过欣赏花样游泳表演,模仿花样游泳的动作,感受游泳艺术的美。

其二,训练方法的有趣性。幼儿在学习游泳技能的过程中,我们通常运用一些有趣的方法帮助他们习得技能。比如,在学习打腿时,运用"运小船"的游戏方法,两两配合进行打腿"开船",降低打腿时的枯燥,增加幼儿打腿的兴趣。再如练习自由泳划手时,学习水车有节奏的交替划手,让幼儿理解划手的方法,掌握划手的动作要领。

8. 安全性原则

安全性原则就是在游泳活动中要保护幼儿的人身安全,预防遭受危险的原则。

其一,他人的保护。游泳活动不同于其他体育游戏,危险系数较高,成人的疏忽很容易对幼儿造成生命威胁。在组织游泳活动过程中,安全始终排在第一。教师要在水池中保护和指导幼儿,保育员在岸上观察幼儿。留意幼儿的一举一动,对存在危险动作的个别幼儿及时阻止劝导。比如,幼儿要按压同伴的身体、头部,幼儿爬上水池进行跳水活动等都应及时发现与阻止。

其二,自我的保护。教师在每次游泳活动前要对幼儿进行安全教育,平时经常给幼儿讲一些关于安全游泳的故事,看有关的书籍或者录像,让幼儿对安全游泳有初步的认识。在游泳活动前,教师要对幼儿进行自我保护与自我救助的引导:游泳前必须组织幼儿进行热身运动;教育幼儿如果游泳池中滑倒,要镇定,让头部先起来,及时换气,再站稳;如果不舒服要及时告诉老师等。

(四) 游泳活动的方法

1. 情境法

情境法是通过一定的事件的形象描述或一定的环境的设置、模拟,激发幼儿的情感或思维,使幼儿产生如临其境的逼真感,以达到教育的目的的一种教学方法。在游泳活动中,教师可以结合教材内容,通过图片、音乐、语言描述和动作演示等多种手段,创设有关情境,使幼儿在特定的情境中,不仅获得大量生动形象的具体表象,而且会受到特定气氛的感染。情境法创设的生动有趣的各类情境符合幼儿的心理需求,有利于激发幼儿学习游泳的兴趣和愿望。

例如,活动"母鸭带小鸭":

在一次上游泳课之前教师在电脑上播放了《母鸭带小鸭》的歌曲视频给孩子们看,看完视频后教师问孩子们:"听,这是谁的声音?""谁带着小鸭子们出来玩啦?""它们去哪里玩啦?""它们在池塘里干什么?"孩子们在回忆歌曲内容的过程中感受到了小鸭们跟着鸭妈妈去池塘里玩耍的欢乐。这首欢快活泼的歌曲很快赢得了孩子们的喜爱,他们扮演起了小鸭,跟着教师扮演的"母鸭"玩起了游戏。教师戴上了鸭子的泳帽,向孩子们提议:"小鸭宝宝们,今天天气真不错,鸭妈妈带你去池塘里玩,好吗?"孩子们听到教师这么一说,兴高采烈

地在教师的帮助下穿上了泳衣、戴上了小鸭子的泳帽,来到游泳池。此时的泳池俨然像个森林里的池塘,教师事先已在游泳池的四周摆好了大大小小的自制的树木和花草,营造出了池塘边的景象,"小鸭们"跟着"母鸭"扑通扑通地跳入了"池塘",他们一会儿蹦蹦跳跳,一会儿你追我赶,一会儿打起了水仗,欢声笑语弥漫在整个泳池中。

兴趣是幼儿学习活动的一种情感态度,是幼儿认知需要的情绪表现,是幼儿主动学习的意识,它支持着幼儿的学习进程,并借以逐渐达到学习目标,情境法对于激发幼儿的学习兴趣能够起到很好的促进作用。在这个活动中,教师充分运用了情境法,针对初学游泳的幼儿,利用泳池创设出了"池塘"的景象,并借用歌曲中的情境来增强幼儿主动参与游泳活动的意识,让幼儿身临其境,自然地将自己角色化,与角色贴近,产生情感共鸣,从而引发参与活动的热情,同时教师也运用生动有趣的情境转移了幼儿的注意力,帮助他们缓解初次入水的不适感。

2. 游戏法

游戏是孩子的天性,是孩子成长发展的需要。游戏法指在游泳活动中教师围绕教学目标通过游戏活动的形式使幼儿习得游泳技能的一种方法。游戏能让幼儿产生积极的情感体验,其主要表现是游戏能发展儿童的成功感,在游泳活动中游戏的假想情景也为幼儿营造了一个安全的心理氛围,有助于排除消极的情绪,增强幼儿的自信心。

例如,活动"拯救球朋友":

在一次游泳活动中,教师向孩子们讲述了一个自编的故事,故事中的小球不小心掉进了池塘,它心里很着急,它很想上岸,可是小球不会游泳,那怎么办呢? 教师声情并茂地讲着故事,孩子们的情绪也被小球带动了起来,当教师提出请孩子们来帮帮它时,孩子们都积极地举起了手。于是,教师把孩子们带入了游泳池,指着池中的乒乓球对孩子们说:"快看,小球就在池中央,谁来帮它赶快游到岸边呢?"说完,教师看了看举手的小朋友,邀请了平时胆子比较大的小轩。"怎么帮它呢? 老师来告诉你们!"说着,教师指导小轩做示范:将小脑袋贴近水面,吸一大口气,然后把嘴巴贴近水面对着球吹气,直到把球吹到边岸。在孩子们的呐喊助威下,小轩成功地拯救了球朋友。这时候教师拿出了很多乒乓球,问孩子们:"想不想玩水中吹球的游戏啊?"孩子们听了,个个欢呼雀跃。于是,教师把球扔入池中,孩子们开心地和教师一起在泳池中玩起了水中吹球的游戏。

与成人游泳不同,幼儿学习游泳需要游戏法的渗透,通过游戏让原先枯燥单一的练习变得生动有趣,参与游泳活动的积极性也会大大提高。在这个活动中,教师针对幼儿不敢将嘴巴放入水中的情况,特意组织了一个"拯救球朋友"的游戏,在和乒乓球做游戏的过程中,教师将幼儿的注意力转移到帮助乒乓球前进的情感上。孩子们在与水面进行零距离的亲密接触中,体会到了在水面上吹气的乐趣,逐渐消除了将嘴巴放入水中的恐惧感。

3. 激励法

激励就是激发和鼓励,激励法是指激发幼儿的动机,诱发幼儿的行为,使其产生一种内在的动力,朝着所期望的目标进行努力的教学方法。在游泳活动中,教师要善于发现幼儿所取得的成绩,用积极的评价恰如其分地鼓励幼儿的行为,让幼儿看到自己的进步。多用肯定和鼓励的语言与幼儿交流,幼儿就能从成人肯定的态度中获得巨大的推动力,并转化为自身的内驱力,从而积极主动地参与游泳活动,克服他们学习游泳的困难。

例如,活动"水下世界":

中班下学期的第一节游泳课开始了,彤彤换上了泳衣,跟着班里的其他小朋友来到了游泳池,看到小朋友们个个欢快地跳下了水,和同伴一起在泳池中游过来游过去,彤彤流露出了羡慕的眼神。看到这一幕,教师借机邀请她:"下来跟小朋友们一起玩吧,游泳可开心了!"彤彤小心翼翼地下了水,教师开始指导她闷水的动作,有热心的小朋友游过来主动示范闷水的动作给彤彤看,彤彤一看小朋友闷水时把整个头都放到了水里,顿时脸上露出了紧张胆怯的表情。注意到彤彤的情绪变化,教师摸着她的头,故作神秘地说:"是不是小朋友们都游得挺好的呀? 告诉你个秘密哦,他们刚开始学的时候还没有你勇敢,有的小朋友还哭了呢,他们过了很久才敢像你这样在水里走的,看样子你肯定比那时候的他们学得更快!"听了这话,彤彤顿时露出了得意的笑容,高兴地向教师炫耀起她在家练习闷水的成效,还主动请教师指导她打腿的动作。活动快结束的时候教师请全班小朋友看彤彤闷水打腿,她的进步赢得了同伴的掌声,教师也对她的进步予以了肯定:"你的水花打得真漂亮! 我相信你很快就能学会游泳了!"

彤彤是中班下学期刚转来的插班生,刚来到新的集体,彤彤显得比较拘谨,因此在开学的第一堂游泳课中教师对她给予了更多的关注。当发现彤彤产生了紧张畏惧的心理时,教师及时运用激励法在言语和情感上对彤彤给予了鼓励和支持,还带着其他小朋友一起来见证她的进步,从而激发其愉快自信的情绪,使之获得成功的满足感。

4. 演示法

演示法是教师根据教学目的和内容,通过呈现实物、模型、图片等直观教具或通过现代化教学手段,使幼儿获取知识或巩固知识的教学方法。动作演示既是游泳教学中最常用的教学方法,又是最为直接和效果较好的一种直观方式,它是教师(或所指定的幼儿)以具体的动作为范例,使幼儿了解所学动作的形象、结构、要领和方法。教师在运用动作演示教学时,可运用挂图、照片、动态图片、录像等直观教具,加强直观效果和强调动作要点。演示法对幼儿提高学习游泳的兴趣,发展观察能力和抽象思维能力,减少学习中的困难有重要作用。

例如,活动“小螃蟹吐泡泡”:

在一次小班的游泳活动中,教师先播放了一段螃蟹吐泡泡的录像,请孩子们安静地听录像中的声音。当听到有“噗噗噗”的声音时,孩子们都很好奇:“小螃蟹在干什么?为什么会发出这样的声音呢?”为了满足孩子们的好奇心,教师再播放近距离拍摄的螃蟹吐泡泡的录像,结合镜头可以清晰地观察到的画面,教师进行了讲解。听了教师的讲解后,孩子们明白了原来螃蟹的呼吸方式比较独特,所以它在呼气的时候就会吐出很多的泡泡。随后,教师拿出一个小螃蟹玩具,放在水中用力一捏,当孩子们看到小螃蟹在水中吐出了一连串泡泡后,他们的脸上马上露出了跃跃欲试的表情。当教师问“你们想不想试试和小螃蟹一样吐泡泡?”时,孩子们都积极响应。这时,教师邀请了把手举得最高的宽宽做小模特,请他先示范水下吐泡泡的动作。在宽宽做之前,教师边讲解动作要领,边演示给孩子们看。看到教师的示范后,宽宽自信满满地照着教师的要求用手捏住鼻子,然后嘴巴吸一大口气,再把鼻子和嘴巴放到水中慢慢地把气吐出来。有了同伴的演示,孩子们纷纷扮演起了小螃蟹,愉快地在水中吐起了泡泡。

在这个游泳活动中,教师遵循了直观教学为主的原则,运用演示法帮助幼儿掌握水中吐气的动作。活动一开始教师通过播放录像来激发幼儿模仿的兴趣,在幼儿集体模仿之前,教师围绕水中吐气的重点来讲解动作要领和示范正确动作,使幼儿有正确的动作技术概念,并让胆子大的幼儿先演示。通过这样的方式,幼儿能够牢牢地记住正确的技术动作,再加以练习,就能够掌握了。

5. 材料辅助法

材料辅助法是教师根据游泳教学特点及规律,运用适宜的游泳辅助工具,以达到游泳教学目的的教学方法。在学习游泳的初始阶段,胆子较小的幼儿容易产生恐惧紧张的心理,在水中较为危险的运动环境中,抱有这些不良情绪对学习游泳会造成一定的困难。选择游泳辅助工具,不但能直接降低游泳学习中对身体控制的难度,还能帮助幼儿减轻或消除对水的恐惧心理,调节活动气氛,激发幼儿的热情和勇气,顺利掌握游泳技能。

例如,活动"小船开起来":

游泳活动开始了,教师出示了钱币、木质拼板、雪花片、泡沫条等,让孩子们猜测"把这些材料扔进游泳池中,会发生什么事",很多孩子认为会沉下去,也有孩子说泡沫条会浮在水面上,带着疑问,孩子们把这些物品扔进了泳池,结果泡沫条神奇地浮在水面上,而且教师用力往下按,泡沫条还是会自己浮起来。在孩子们亲眼见证了泡沫塑料的强大浮力后,教师出示了浮漂,并请一名幼儿把浮漂用力往水中按,结果浮漂很快就浮了上来,教师郑重地向孩子们介绍道:"这个叫浮漂,它不但可以自己浮上水面,还可以帮助我们浮上水面呢!"说着,教师把浮漂绑在一个小朋友的腰间,请他试试浮在水面上,看到同伴轻松地浮了起来,孩子们对教师的话深信不疑。于是,在教师的帮助下,孩子们都佩戴好了浮漂,并慢慢地在水中蹲下向后倒,放松身体后轻轻地躺在了水面上。这时,教师一边说"小船开起来啦",一边轻轻地拉着孩子的手往对岸走,到了对岸后,孩子们一起鼓掌庆祝"小船"顺利靠岸。玩了这个游戏之后,孩子们就没有原先这么紧张了,身体都放松了很多。接着,教师增加了难度,将孩子身上的浮漂换成了手里拿的浮板,让孩子们将浮板抱在胸前,仰面漂浮在水面上,并尽量保持身体挺直,腰部用力向上抬。当看到孩子们完全克服了仰面躺在水上的紧张情绪并掌握了动作要领之后,教师再鼓励孩子们尝试不使用任何辅助工具,慢慢地仰面漂浮在水面上。

在幼儿学习仰泳的过程中,首先要学会的就是仰面漂浮。在学习过程中,幼儿的紧张情绪会让动作变得比较僵硬,甚至会无法保持身体的平衡。为了帮助孩子们感受水的浮力,克服仰面漂浮的紧张情绪,教师采取了循序渐进的原则,运用材料辅助法进行教学,先是选用绑在腰上的浮漂,再是换成拿在手里的浮板。浮漂和浮板可以使幼儿的身体在它们的浮力支持下浮于水面上,

从而降低了学习游泳技术的难度,有了辅助工具的帮助,幼儿逐渐克服了紧张的心理,较快地掌握了仰面漂浮的动作。

6. 分解训练法

分解训练法是把完整的游泳动作按其技术结构或身体活动部位,合理分解成几个部分,按部分依次进行练习,最后完整地掌握动作的一种教学方法。运用分解训练法,可降低游泳动作的难度,这种由易到难、由简到繁、化整为零的练习,更易于幼儿接受。当幼儿掌握了某一分解动作后,会产生成功的情感体验,从而增强了进一步完成整个动作的信心和意志。分解的目的是加速完整动作的掌握,因此,分解训练的时间不宜过长,当动作技能基本形成后,即应转入完整动作的学习。

例如,活动"竹筏漂":

在一次游泳活动中,教师问孩子们:"你们坐过竹筏吗?"孩子们纷纷说:"坐过的!"教师追问:"竹筏和船一样吗?"琪琪说:"有点不一样,竹筏是扁扁的、平平的。"顺着琪琪的话,教师说:"今天我们也来变成竹筏,轻轻地漂在水面上开起来吧!"说着,教师请琪琪示范仰面躺在水面上并打腿。看到琪琪变成的竹筏顺利地向前驶去,孩子们也跃跃欲试。于是,他们纷纷下水开始练习仰泳的打腿动作。不一会儿功夫,泳池中一个个"小竹筏"向前开动起来了。看到孩子们打腿的动作练得差不多了,教师问孩子们:"想不想让你的小竹筏开得更快呢?"孩子们迫不及待地说:"想!"于是教师开始边讲解边示范:"现在我们的手臂就是竹筏的船桨,看好了,我的船桨是怎么划的呢!伸直手臂,两只手臂从前往后轮流画圈,你们跟着我一起试试吧!"在教师的带领下,孩子们喊着"左,右,左,右⋯⋯"的口令站在池中练习仰泳的手部动作。练了一会儿,教师向孩子们提议:"我们去试试加上船桨的小竹筏是不是开得比刚才更快了呢?"说着,教师再次请琪琪示范给大家看,看到琪琪加上了划手动作后比原先游得更快了,孩子们高兴地喊:"成功啦!成功啦!"在接下来的时间里,孩子们开始手腿配合完整练习仰泳动作。

在这个游泳活动中,教师采用分解训练法帮助幼儿学习仰泳,她将仰泳分解为腿和臂两个部分。考虑到腿部向下动作的反作用力可使腿部上浮,从而有利于保持身体的平浮和手臂动作的学习,教师采取了先腿后臂的顺序进行教学,最后将两者相结合进行完整练习。在这一过程中幼儿对每个分解动作进行了针对性的练习,通过这种层层递进的训练方式,幼儿较好地掌握了仰泳动作。

7. 岸水结合法

岸水结合法指的是在游泳教学中以水上教学为主,并将水上教学与陆上教学有机结合的一种方法,这一方法在新授某个游泳动作时较常用。游泳相对于其他体育项目而言,它的独特之处在于游泳是在水中进行的,因此对技术动作的掌握更有难度。陆上教学的特点是不受阻力及浮力的影响,幼儿完成动作较容易,教师也较容易发现错误动作,以便及时纠正,这样既能使幼儿掌握正确完整的动作,又可以缩短掌握动作的时间。通过陆上练习打好基础后,再到水中进行巩固练习,两种教学方式的相辅相成和有机结合,构成了一个完整和完善的教学过程。

例如,活动"我和哥哥一样棒":

游泳活动开始了,教师请来了一位大班的小朋友行行:"今天我请来了我们幼儿园的游泳冠军,大家一起来看看他是怎么游的。"说着,行行就表演了一段自由泳转头换气的动作,表演结束教师带着孩子们对大班的小朋友进行了采访:"你真厉害,能够一下子游到对岸,你是一口气憋过去的吗?"行行得意地说:"不是,根本不需要,游到一半觉得憋不住了可以转头换气的呀!"教师马上加以肯定:"嗯,你的转头换气动作帮了你很大的忙,让你不用憋气憋得这么辛苦。"说完,教师转向孩子们,问:"你们想不想学学这个好办法?"孩子们异口同声地说:"想!"于是,教师请行行站在岸边示范了划三下手转头换一次气的动作,孩子们看清楚之后,跟着教师的口令练习了起来,教师一边喊着口令,一边巡回指导孩子们的动作。练着练着孩子们也跟着老师念起了口令:"一,二,三,划! 一,二,三,划! ……"孩子们的口令声越来越整齐,动作也越来越标准。看到孩子们都掌握了转头换气的动作,教师马上给予鼓励:"大家做得真棒,刚才我们是在岸上练习的,接下来我们挑战一下,到水里去试试,看看用这个好办法是不是可以真的吸到空气呢?"听了教师的话,孩子们一个个扑通扑通地跳下了水,先尝试在浅水区站立弯腰,双手扶池壁,上半身在水中进行转头换气的练习。虽然在水中练习手臂感到有点酸,但孩子们惊喜地发现:只要转头的方法对,就可以轻松地进行换气。于是,教师鼓励孩子们配合打腿进行转头换气,可是问题就出现了:一加上打腿的动作,有的孩子就会习惯性地进行憋气打腿,有的孩子顾上了腿就顾不上手和头,没有根据划三下手转头换一次气的节奏来练习,有的孩子一转头身体就往下沉,动作就不连贯了。看到这一状况,教师请行行做了一次相应的水中示范,然后再给孩子们一些时间进行练习,在孩子们集体练习的时候,教师再走到他们的身边进行逐个指导。看到小米、成成和小诺的动作还是不协调,教师走上前温和地说:"水里面打腿转头换气是比较难的,我们再到岸上去试试,待会再来挑战。"于是,三个孩子上了岸,一边踮起脚尖左右交替走,一边划三下手换一次气。在经过了几分钟的练习后,他们的动作协调了很多,能够再一次回到泳池和其他孩子们一起进行水中练习了。

这个活动的动作技能目标是边打腿边进行转头换气,转头换气对该班幼儿来说是一个新授的动作,因此教师采用了岸水结合法,她先让幼儿在岸上进行手和头的配合练习,当幼儿掌握了划三下手换一次气的节奏后,再鼓励幼儿到水中进行练习,使陆上动作技术转化成水上动作技能。在水中加上了打腿进行手、头、腿的配合练习时,教师及时发现了问题,并通过请幼儿再次进行岸上模仿动作练习来加以纠正,使幼儿较快地掌握了规范打腿转头换气的动作。

8. 重复练习法

重复练习法是体育教学中特有的基本方法,在游泳教学中指的是按照既定间歇要求,在机体完全恢复的情况下反复练习某一游泳动作的方法。游泳教学的主要任务是使幼儿掌握游泳技能,而动作技能不是通过一次学习就能够掌握的,需要经过反复的练习才能得到巩固和提高。重复练习不但有助于掌握动作技能,还能发展幼儿的体能,提高游泳所需的专项素质,如耐力及意志力。在重复练习的过程中,教师要注意观察幼儿的动作,充分利用每一次练习的机会来及时纠正幼儿的错误动作。

例如,活动"游泳健将就是我":

游泳活动开始的前五分钟,孩子们在教室里观看录像,录像里一群游泳运动员正在泳池中奋力拼搏角逐冠军,在教师的讲解下,孩子们的情绪被带动了起来,他们激动地为运动员们加油呐喊,当比赛结束其中一名运动员顺利拿到冠军奖杯时,孩子们高兴地一边拍手一边夸赞:"真是太厉害了!"见此,教师问孩子们:"刚才几名运动员为了赢得比赛都非常地努力,你们知道他们参加的是什么比赛吗?"孩子们异口同声地说:"蛙泳!"教师紧接着说:"哎,真巧,最近我们也在学蛙泳,你们想不想变得和这些运动员一样厉害?"孩子们自信满满地回答:"想!"到了游泳池,教师对孩子们说:"运动员们为了参加比赛获得冠军,他们要进行不断地练习,在练习的时候他们不怕苦、不怕累,想要跟他们一样棒,你们也要反复地练习,你们怕不怕苦?""不怕!"说着,孩子们下水做好了练习的准备,教师请三个孩子一组同时出发从泳池的这一头游到对岸。看到悦悦的腿部动作不标准,教师就走上前模仿悦悦的动作给她看,再示范标准动作让悦悦进行比较,有了比较,悦悦一下子就明白了自己的问题出在哪儿,在教师的帮助下,她马上纠正了腿部动作。每一批孩子游过去的时候,教师都会仔细观察每个孩子的动作,一旦有孩子的动作不标准,教师就会像指导悦悦一样帮助他们纠正动作。游了几轮之后,教师提议:"我一个人做教练有点累,你们愿不愿意做小教练来帮帮我啊?"看到孩子们争先恐后地举起了手,教师笑着说:"别着急,我们分成弟弟队和妹妹队,每个弟弟去找一个妹妹做你的小教练,待会弟弟队游好后请小教练说一说弟弟游得好不好。"说完,教师请弟弟队一字排开,听到哨声后,弟弟们开始奋力向前游,等所有的弟弟游到对岸后小教练开始对他们刚才的表现评头论足。说完以后,就轮到弟弟队做小教练了,这次弟弟队也不示弱,当妹妹队游到对岸后,弟弟教练也指出了妹妹们在游泳时动作方面的问题。在小教练的指导下,孩子们都卯足了劲,争取游出最完美的泳姿。

在这个活动之前,幼儿已经学过了蛙泳的完整动作,为了帮助幼儿巩固蛙泳动作,教师采取了重复练习法。刚开始,教师请幼儿三人一组进行轮番的练习,在指导这三名幼儿的同时教师为其他的幼儿争取到了充分的时间,让他们的体力得以恢复。后来,教师请一半的幼儿练习,另一半的幼儿进行观摩,通过这样的方式让幼儿在休息的同时加深对蛙泳动作的理解,以便于进一步改进和提高蛙泳的动作。

四、研究成效

我园从1998年起开始组织幼儿游泳活动,历经十多年的探索与实践,有力地促进了幼儿、教师以及幼儿园的发展。

(一) 促进了幼儿的发展

幼儿园游泳活动的开展最直接的受益者是幼儿,他们通过在幼儿园期间三年的游泳学习,在身心方面都有了很大的变化。

1. 促进了幼儿游泳素养的发展

在游泳活动中幼儿不仅大大提高了对游泳运动的兴趣,了解了许多与游泳相关的知识,掌握了自由泳、仰泳和蛙泳三种技能,还将游泳变成了一种审美活动,全面提高了游泳素养。

(1) 培养了游泳兴趣

兴趣是活动的起源,有了兴趣才会有学习的产生,因此游泳兴趣是游泳活动开展的先决条件。幼儿游泳兴趣主要表现在幼儿乐于参加各种形式的水中活动,积极地模仿教师的动作;在面对游泳的新动作、新游戏时充满了学习的欲望。

我园的幼儿游泳是一项持续开展的体育锻炼活动,幼儿从三岁进园开始一直到大班毕业都会参加每周两次的游泳活动。在这三年期间,幼儿通过参加教师组织的有趣的游戏、刺激的比赛,逐步体验到了游泳给自己带来的身体上的舒展以及心灵上的愉悦。

例如:大多数的幼儿在刚入园时,由于对泳池或游泳活动的陌生会产生些许恐惧,但是经过各种亲水、玩水活动后,新奇有趣的体验会逐渐代替最初的害怕与胆怯,随着游泳活动的逐渐深入,会接触到各种新奇有趣的水中游戏,他们在老师的带领下会慢慢掌握在水中漂浮和游动的技巧,把水当成自己的朋友,体验攻克难关后成功的喜悦,从而慢慢地喜欢上游泳活动,并能够将在其他活动中的不快通过肢体的运动发泄出来,让游泳变成一种心理调节,变成生活中不可或缺的一部分。

(2) 丰富了游泳知识

知识是行为的基础,只有知晓了知识后才能外化为行为。因此,游泳知识是游泳活动开展的基础。幼儿的游泳知识主要是指知道安全游泳的场所、了解游泳前、游泳中、游泳后的自我保护的方法,熟悉多种泳姿的基本动作以及游泳竞技和花样游泳的一些相关知识。

我园游泳活动的开展场所并不局限在泳池中,我们还会通过在教室里、活动室中、户外运动场所来培养幼儿的综合游泳素质。因此,幼儿获得了许多与游泳相关的知识经验。

例如:我园幼儿大多对于如何进行安全游泳有着非常明确的意识,他们知道只有游泳池才是安全的游泳场所,不会随意地在池塘或小河里嬉戏;他们知道在游泳前要先进行热身运动而在游泳后必须用温水冲洗身体和滴眼药水。除此之外,幼儿还可以列举出许多我国游泳健儿的姓名以及游泳比赛的项目,这些知识不仅仅开拓了他们的体育视野,还增加了他们对游泳的热情。

(3) 提高了游泳技能

游泳技能是游泳学习的核心。幼儿的游泳技能主要是指熟练掌握自由泳、仰泳和蛙泳三种基本泳姿以及水中换气的方法,能够手脚协调、身体平衡、节奏稳定地在水中自如地游动。

我们通过设计大量新奇有趣的体育游戏,循序渐进地让幼儿学习水中的呼吸和身体动作,无论炎热的夏天还是寒冷的冬天一直坚持着每周两次的游泳学习。

例如:小班的幼儿大多从未接触过正式的游泳学习,他们在老师的带领下从适应在水中行走开始,到逐步学习水中闷气、身体漂浮、扶板打腿,再到手脚配合地在水中"爬泳",直至最后能够身体平衡、手脚协调地进行三种泳姿的游行。并且还能进行许多相互配合的花样游泳的表演。他们在大班时,不仅掌握了三种泳姿的动作要领,还在身体平衡、自然呼吸和动作舒展等方面有一定的领悟能力。

(4) 培养了游泳艺术

游泳艺术是游泳学习的升华。游泳艺术表现在愿意参加各种艺术表演游戏,能够利用多种绘画技能,装饰和设计游泳衣、游泳圈和其他水中器械,还能积极大胆地表现自我,能够与同伴合作进行水中表演和花样造型。

我园通过游泳活动,不仅增强了幼儿的游泳兴趣、丰富了幼儿的游泳知识、提高了幼儿的游泳技能,还让游泳上升为提升幼儿艺术修养的载体。我们组织幼儿听听水花的声音、跟着音乐在水里扭动身体、设计自己的泳衣、泳帽,与同伴一起在水中进行花样游泳的团体表演……丰富多彩的艺术活动让幼儿在水中获得了比较完整的审美享受。

例如:通过三年的游泳学习,幼儿已经把游泳看成了一种审美的活动,他们会自然地欣赏泳池的布局、水花的舞动;会有节奏地进行岸上热身运动;会自己设计在水中花式游泳的动作;会和同伴协商进行各种水中舞剧的表演——孩子们俨然成了小小的水中"艺术家"。

2. 促进了幼儿综合素养的发展

通过持续的不间断的游泳学习,幼儿的身体素质和心理素质都得到了一定的锻炼和提高。

（1）拥有了健身的意识

健身意识是拥有健康体魄的基础，有了健身意识才会自觉地参加体育锻炼活动。幼儿的健身意识表现在愿意主动参加体育锻炼活动，并明白体育锻炼对健康的重要性。

例如：许多孩子原来都喜欢待在家里和大人一起玩手机、电脑、ipad 等电子产品，不愿意参加体育活动。经过一段时间的游泳学习后，孩子们不仅发现自己长得更高更结实了，也体会到肢体运动所带来的快乐和满足感。他们会主动要求父母在放学后或休息日带着他们去其他的游泳场馆游泳，到各种活动中心游玩，在小区里跑步、打球……充分享受体育运动的乐趣。

（2）拥有了健康的肌体

众所周知，游泳是一种很好的体育锻炼方式，通过游泳可以让身体的每一块肌肉都运动起来，许多慢性病患者无法参加剧烈的体育锻炼，但是唯独可以通过游泳来缓解甚至治愈自己的病症。

例如：在小班有许多经常感冒的幼儿，他们每当季节变更时都会因为不适应温度的变化而生病发烧。幼儿经过一段时间的游泳学习，经受了水中、陆地、教室、泳池等不同环境的温度变化而使得机体的适应能力提高了，抗病毒的能力增强了，感冒发烧的比例也明显地降低了。

又如：在入园时往往会有许多身体不达标的弱小儿和肥胖儿，通过三年的游泳锻炼，他们的体格发生了明显的变化，弱小儿身体指标全都赶上了正常水平，而肥胖儿的身材变得匀称结实，同时他们在耐力、力量、心肺功能等方面都得到了不同程度的提高，可见游泳活动对于幼儿获得健康肌体有着很大的作用。

（3）拥有了拼搏的精神

游泳不仅是一种锻炼方式，还是一种竞技项目，是对学习者身体和心理的双重挑战。通过游泳学习可以让幼儿拥有顽强的拼搏精神。具体表现在幼儿不怕困难、勇于克服身体上的不适和心理上的恐惧去完成更高的目标。

例如：幼儿在初学游泳时往往会害怕水花溅到眼里的刺激感、双脚离地的失控感以及闷气时口鼻的压抑感，但是随着学习的深入，他们会通过自我调节逐步适应这种不适，并掌握一定的方法去克服它，使自己变得越来越坚强。

又如：在游泳比赛和游泳展示活动中，教师往往会提出比平时更高的要求，让幼儿游出更快的速度、更长的距离，这时幼儿就会给自己鞭策以提升自己的力量和耐力,拿出必胜的勇气去挑战自我,完成更高的目标。

在三年游泳学习的过程中,幼儿就是这样在不断地遇到难题并不断地战胜自我中成长,增强积极进取,勇于向前的拼搏精神。

(二) 促进了教师的发展

教师是幼儿游泳活动的实施者,因此,在组织幼儿游泳活动的过程中教师也取得了很大的收获,尤其是在教育教学的设计、实施和总结能力上有了很大的飞跃。

1. 提高了教师的教学设计能力

(1) 活动语言的设计简洁生动

游泳活动大多是在游泳池内进行的,泳池不同于教室,它面积大、水花噪音响,水中玩具多,在这样的场地里活动幼儿的注意力不易集中,因此教师在设计游泳活动中运用的语言都是非常简洁而生动,既能便于幼儿理解又能抓住幼儿的兴趣点,让幼儿的学习有趣味又高效。

例如:教师在设计让幼儿适应水环境的活动时,设计了许多幼儿便于理解,并能够马上投入行动的短语——在脸上下雨、在水里学兔子跳、小鼻子关住门、钻到水里看看、嘴巴吐泡泡等,这些指导语既简单易懂又生动形象,保证了实施过程中幼儿能够很快地投入游泳活动,熟悉水中的环境。

(2) 活动内容的设计丰富有趣

学习游泳需要通过反复练习才能掌握动作要领,自如地在水中游动。但是,3~6岁的幼儿自控能力差,有意注意时间短,采用机械、单一的反复练习会让他们失去游泳的兴趣,因此教师所设计的活动都是游戏化、情景化的,让幼儿能够在愉快地玩游戏的过程中,慢慢协调手脚、掌握动作的要领。

例如:为了帮助幼儿练习水中行走和跳跃,教师设计了看看玩玩各种漂浮玩具,让幼儿在玩耍的同时练习了水中的走、跑、跳等动作。为了帮助幼儿学习打腿技能,教师设计了"鼓和棒槌"的游戏,让幼儿先直观地感受"敲鼓"的模样,然后再让幼儿用腿当做棒槌来敲鼓玩玩。

2. 提高了教师的教学实施能力

(1) 观察指导能力的提高

游泳学习是学习者形成一套动作习惯的过程,但是动作习惯一旦形成便很难更改。因此,在游泳活动的实施过程中教师需要具有敏锐的观察能力,及时发现幼儿在动作学习过程中所出现的偏差,并及时加以纠正,以免幼儿形成错误的游泳习惯。

例如:在幼儿学习蛙泳时,要求脚掌外翻,这与之前学习自由泳和仰泳时脚背绷直的动作正好相反,因此教师会在教学时仔细地观察每一位幼儿的腿部动作,发现问题后马上指导纠正,并亲自示范,让幼儿掌握脚掌外翻的要领。

(2)因材施教能力的提高

游泳学习不同一般的学习活动,幼儿间的个体差异比较悬殊,有的幼儿学习能力强,几次活动就能很快掌握游泳要领,有的幼儿经过一个学期还不能适应水环境,因此,教师在活动实施时要根据幼儿的实际情况采取不同的教育方法,实施因材施教。

例如:在幼儿学习仰泳时,许多幼儿由于各种原因无法让自己在水面上漂浮起来,于是教师就根据不同幼儿的不同情况进行指导,有的幼儿由于身体没有放松漂不起来,教师就通过谈话、鼓励、拉着幼儿的手等方法,缓解幼儿的心理压力。有的幼儿则由于腰部缺乏力量漂不起来,教师就为幼儿佩戴背漂,托住腰部,让其感受腰部挺直后漂浮的感觉;有的幼儿由于头部没有后仰漂不起来,教师就配合后勤部门在泳池天花板处贴上可爱的卡通贴纸,让幼儿仰头看着自己喜欢的贴纸学会仰头漂浮的本领。

3. 提高了教师的教学反思能力

(1)提高了分析学习困难产生的能力

在游泳学习中幼儿产生学习困难的原因多种多样,有的是因为害怕水进入眼睛、耳朵产生不适感,有的是动作不协调、手脚不灵活,有的是不理解动作的要领,无法达到教师的要求,因此教师在发现幼儿产生学习困难时,会认真分析幼儿产生困难的原因,然后"对症下药",选择适当的方法帮助幼儿解决难题,跟上学习的步伐。

例如:学习闷水对大部分的幼儿来说是一个难关,因此在每次学习闷水的过程中或游泳活动结束后,教师都会通过回忆幼儿在学习过程中的行为和表现,思考他们产生学习困难的原因:完全不愿意碰到水面的大多是因为害怕水的压力;一碰到眼睛就抬头的是因为眼睛对水敏感;入水后马上把头抬起来的是没有掌握闭气的方法;闷水时间短是闭气后没有在水中吐气等等。教师通过反思了解幼儿产生学习困难的原因,再选择适当的方法加以引导。

（2）提高了对自身教学情况的反思能力

教师经常会在游泳活动结束后，回忆幼儿在游泳活动中的表现以及自己在教学活动中的情况，思考自己教学目标是否达成，教学方法是否有效，教辅材料是否合适等，然后在下次的活动中适当调整自己的教育教学行为。

例如：在小班游泳活动中，为了保证幼儿的安全，两个班主任老师会共同下水参与指导。在游泳活动结束后，两位老师还会利用休息时间就自己在指导过程中的问题进行交流探讨，反思是否存在需要改进的地方，并制定改进的方法和措施。

（三）通过幼儿园游泳课程的实践研究，优化了幼儿园的特色建设，丰富了幼儿园的发展内涵

幼儿游泳活动是我园开展的第一个园本特色活动，随着游泳活动的逐步深入，我们除了积累开展游泳活动的经验，也形成了开展各类健康活动的思路，逐步形成了以"幼儿游泳""幼儿溜冰"为核心的东方幼儿园"健康课程"体系。借助于游泳和溜冰等各种特色体育活动，幼儿不仅锻炼出了强健的体魄，还形成了坚韧的品质，得到了全面、生动、和谐的发展。

时代是在不断前进和发展的，我们的游泳活动也正在随着实践的深入而不断地发展。我们坚信，随着时间的推移，东方幼儿园的课程改革和特色建设之路，一定会越走越宽广，越走越辉煌。

五、研究小结

本项课题研究，始于 2010 年 4 月，至今已三年有余，经过持续有序、紧张艰苦的实践与探索，获得了如下的研究价值。

（一）构建了幼儿园游泳活动的模式和运行机制，弥补了人们在这个领域的研究不足，为他人的研究提供了比较完整的理性思考和相对成熟的经验。

1. 制定了幼儿园游泳活动的各年龄阶段目标；

2. 构建了幼儿园游泳活动的三项学习内容；

3. 确定了幼儿园游泳活动的三种主要形式；

4. 设计了幼儿园游泳活动的八项基本原则；

5. 创设了幼儿园游泳活动的八种有效方法。

（二）通过幼儿园游泳活动的实施，促进了幼儿的发展，为其将来的进一步发展打下了扎实的基础。

1. 促进了幼儿游泳素养的发展

（1）培养了游泳兴趣

（2）丰富了游泳知识

（3）提高了游泳技能

（4）培养了游泳艺术

2. 促进了幼儿综合素养的发展

（1）拥有了健身的意识

（2）拥有了健康的肌体

（3）拥有了拼搏的精神

（三）通过幼儿园游泳活动的实施，提高了教师的专业能力，为其进一步可持续发展奠定了良好的基础。

1. 提高了教师的教学设计能力

（1）活动语言的设计简洁生动

（2）活动内容的设计丰富有趣

2. 提高了教师的教学实施能力

（1）观察指导能力的提高

（2）因材施教能力的提高

3. 提高了教师的教学反思能力

（1）提高了分析学习困难产生的能力

（2）提高了对自身教学情况的反思能力

（四）通过"幼儿园游泳活动的研究"，优化了幼儿园的特色建设，丰富了幼儿园的发展内涵。

（五）实施"幼儿园游泳活动"，是幼儿园一项长期的工作，需要坚持不懈地努力和持续不断地发展，有许多问题需要继续研究，对已有的研究成果和已经形成的研究结论仍需要进行验证和完善。

浦东新区东方幼儿园　诸　君　张文钧　潘佳燕

龚硕娟　李　丽　唐晓卿

 学习故事

"扑通、扑通",幼儿入水"初体验"

【背景】

新小班幼儿刚接触游泳活动时,都被泳池里琳琅满目的嬉水玩具所吸引,表现出情绪高涨、极其喜欢游泳活动,想要下水嬉戏的状态。但是一下水后,发现泳池可没想象中那么美好。胆大的幼儿喜欢自主下水,"扑通、扑通"一下水,就容易出现被水呛到或是无法在水中站稳、摇摇摆摆、东倒西歪等各种状况。于是,失败的游泳"初体验"给了幼儿一个不愉快的第一次。不愉快的入水经验使得幼儿开始惧怕、抗拒入水,出现焦虑、消极情绪,甚至找各种理由逃避游泳活动,不愿意参加游泳活动。因此,幼儿的第一次入水"初体验"显得尤为重要。

【过程】

今天是新小班幼儿第一次参加游泳活动,他们满怀欣喜地走进泳池,在老师和保育员的帮助下,迅速换好泳衣,迫不及待地想要下水了。

多多是第一个下水的,他虽然个子不高,但胆量却是班里最大的,他"扑通"一声跳进了泳池里,可没想到,一下子就沉到了泳池里,脑袋也没入了水中,然后挣扎着在水里不停地翻腾。游泳教练和老师一把将多多拉出了水面,多多"哇"地一声大哭起来,显然多多是呛到水了,一边咳嗽一边用小手用力地抹去脸上的水珠,无助地哇哇大哭,一旁的小伙伴们都被这突如其来的场面吓倒了,于是纷纷收回了想要下水的腿,在泳池边静静地观望起来。过了一会儿,在老师和教练的安抚下,多多终于平静了下来,不再哭闹,但表现出了高度

紧张、谨慎的表情,胆怯地望着泳池里过肩的水,不停地扭动身体。

这时,他的小伙伴们在老师和游泳教练的帮助下,一个个慢慢地下水。多多看到其他小伙伴们都很顺利地下了水,逐渐平静下来,不再焦虑,这时他缩在角落里,抓着泳池池壁一动不动。毕竟刚才的场面确实吓倒了一部分孩子,他们还没能完全从多多那惊心动魄的呛水经历中缓过劲儿来,都小心翼翼地试图在水中站稳。可是,不管怎么努力还是有不少幼儿不适应水的浮力,身体摇摇摆摆、东倒西歪,刚刚下水就紧张和不安起来,显然还不能在水中站稳。尤其是班中年龄偏小的幼儿,个子本身就矮小,就算是站在水位低的地方,水也已经漫过了他的肩膀,看着孩子们紧张、无助的神态,教练和老师一起组织孩子们慢慢走到泳池的岸边,扶好池壁,排起了队伍。通过开展"开小船、开大船"的水中游戏来分散大家对水的注意力。果然,孩子们跟着老师哼着儿歌《我的小船就要开》慢慢地扶着池边一个跟着一个走起来……

第一次在水中行走其实没那么容易,水的浮力使幼儿走起来时变得摇摇晃晃,沿着池壁走了一圈后,教练拿了许多黄色泡沫棒子,问:"谁想当船长呀?""我想当!""我也想当!"……四个胆子稍大点的孩子似乎已经逐渐适应了水中站立的感觉,四个船长拿起泡沫棒子在水中挥舞着开起小船来,泳池里的气氛开始兴奋、愉悦起来,孩子们的欢声越来越响!在一旁观望的多多也慢慢融入开小船的游戏中,最后他也当上了船长,快乐地扶着泡沫棒子在水中行走起来。

过了一会儿,开小船的游戏结束了,教练又拿出了许多彩色的乒乓球,随意地散落在泳池边,老师协助教练,引导幼儿从刚才开小船的小组队伍分散开,变为一个个独立扶着池边站立。教练先示范怎么玩乒乓球的游戏"用嘴对着乒乓球吹气",看着乒乓球快速地前进,孩子们高兴地拍起手来,"我也要!""我也要吹!"于是,孩子们纷纷扶着池边,学着教练的样子,嘴对着乒乓球用力吹气。果然,一个个彩色的乒乓球在水里快速地滚动起来!大部分的幼儿都成功地吹动乒乓球,并且能扶着池壁边吹乒乓球边稳稳地在水中站立、行走;甚至还有一部分胆大的幼儿吹着吹着就跟着乒乓球走到了泳池中央,还浑然不觉,玩性十足。多多用力地吹着乒乓球,跟着小球来到了深水区,此时的他完全退去了恐惧,高兴地跟乒乓球玩得不亦乐乎!

又过了一会儿,教练又给孩子们提供了许多有趣的漂浮玩具和浮板,胆大、适应能力强的幼儿已能稳稳站立、行走,选择不同的水中玩具欢乐地嬉水、游戏。有的扶着池壁玩,有的边走边玩,还有的站在泳池中央玩……

孩子们的"入水初体验"可以说是成功的。几乎每个孩子都在老师和教练的引导下,慢慢适应了水中的活动,逐步摆脱了"初下水"时的紧张和不安,学会了平稳、愉悦地在水中行走和游戏的本领。

【反思】

针对不同幼儿的学习能力和发展水平采取不同的教学手段和措施,因材施教,循序渐进地进行第一堂"入水初体验活动"是非常重要和必要的。在本次活动中,有值得鼓励、称赞之处,同时也有需要提高和改进的不足之处。

1. 下水前的准备不可缺少,游泳时的安全意识最重要

首先,安全第一。新小班幼儿第一次参加游泳活动时,教师不要急于让幼儿下水,而是要教会幼儿在泳池边做一些简单、有趣的热身动作,同时教师在一旁给予及时的指导和保护。切不可小看"热身运动"这个环节,很多新小班幼儿因为没有进行下水前的热身锻炼,下水后就会出现腿部抽筋、脸色发紫等突发状况。

其次,一一指导。第一次进行游泳活动时,不能单独让某个孩子一人下水。孩子们第一次参加游泳活动都是带着兴奋和懵懂的。尤其是新小班幼儿,他们不知水的深浅,着急下水很容易引起呛水、滑倒等状况。所以,必须要在教师或教练的帮助指导下,一一引导幼儿慢慢入水,并鼓励他们在水中尝试站稳、行走。

最后,激发兴趣。下水前的故事引导能有效激发新小班幼儿对游泳活动产生浓厚的兴趣。在此案例中,教师可以增加下水前的讲故事环节,如小鸭学游泳。让幼儿在潜移默化中了解一些下水前的要求和规则;或者增加一节水中玩具枪的涂色活动。激发幼儿对游泳活动产生兴趣,愿意下水,体验在水中嬉水的乐趣。

2. 要有一个适合孩子特点的循序渐进的下水初体验计划

失败的"下水初体验"会使孩子产生焦虑和恐惧感,害怕下水,找寻各种借口逃避游泳活动。因此,新小班学游泳"下水初体验"特别关键,要努力给孩子留下一个好印象,就要因材施教,制定不同的下水初体验计划。在本次案例活动中,教师和教练准备了充足而丰富的水中游戏和玩具,由浅入深地通过"扶

壁走""开小船""吹乒乓球"等水中游戏,进一步帮助不同发展水平的幼儿循序渐进地掌握水中站立、行走的本领,在情感、技能上给予幼儿足够的支持,充分把握幼儿的小年龄特征,了解他们当前的需求,让幼儿拥有一个愉快的下水初体验。这是幼儿学会游泳前必经的一个适应过程。俗话说:每个孩子都要通过这道坎,不经历呛水,就学不会游泳。过了这个阶段,下水前的焦虑和恐惧现象自然而然就会消失。

3. 水中游戏花样多,旨在消除入水难、下水慌

幼儿恐水、怕水心理是幼儿学游泳过程中最常见的问题。但也是在游泳教学中要急需克服的问题。而有趣的水中游戏能很好地消除幼儿的这种抵触心理,对水产生一种亲切感,使游泳活动得以更好的实施。本次活动中,刚下水时发生的不愉快的小插曲,作为教师就应及时反思,对幼儿下水前的情感和技能上的支持工作应准备充分。在情感上,丰富多样的水中游戏可以利用幼儿好奇心重和喜欢参加集体项目的特点。在本次活动中,诸如"做船长开小船""吹着乒乓球走"等水中游戏都是为了排除幼儿恐惧、焦虑心理而采用的手法和策略。幼儿在积极地开展水中游戏时,情趣得到了很好的激发,恐水心理被彻底消除,他们的积极性也被调动起来了。在技能上,如果单一的采取反复练习水中站立、行走等技能的方法,那么会使幼儿的兴趣急速减低,幼儿会感到单调、枯燥,这是幼儿的年龄特点,是无法改变的。因此,我们要采用生动有趣的水中游戏作为教学辅助,激发幼儿的练习兴趣,提高他们在水中掌握技能的速度,从而有效提高教学效果。

浦东新区东方幼儿园　申　晨

插　班　生

【背景】

对于学龄前儿童来说,游泳能有效地促进尚未发育成熟的各系统器官机能的提高,同时也可以培养幼儿的勇气、毅力和自信心,对幼儿的身心发展都有很大的益处。自由泳是模仿人体爬行的一种游泳姿势,是平趴在水中,两腿伸直交替上下打水,双臂轮流划水的一种泳姿。在几种泳姿中相对简单、易学,适合初学者学习。

一般来说,在小班年龄阶段时,我们更注重帮助幼儿克服对水的恐惧,到了中班,则是要求熟练掌握打腿、划手动作。而在大班时,孩子们则要掌握转头换气的动作,并将打腿、划手及转头换气这些动作配合起来,完成完整的自由泳动作。由此可见,自由泳的学习是一个循序渐进的过程,而且只有熟练掌握划手、打腿及转头换气这三个动作,才能完整而连贯地学会自由泳。

大班新学期,我们班级转来了一个插班生——豆豆。豆豆是一个活泼开朗、运动天赋极强的男孩子,以前在外面游泳馆学过蛙泳,有一定的游泳基础,但是没有学过自由泳。在和豆豆妈妈交流中,豆豆妈妈表示希望豆豆跟着班级其他孩子一起来学自由泳。并且要求老师对豆豆严格要求,争取在自由泳学习结束之前能跟上其他孩子的进度。豆豆自己也对自由泳的学习跃跃欲试,对游泳活动表现出了极大的向往。

【过程】

到了大班,我们班幼儿都已熟练掌握了打腿及划手的配合动作,能一口气

游到对岸。接下来游泳活动的重点会落在转头换气动作的练习上。对于豆豆来说,他要争取在学习转头换气的同时,还要补上划手及打腿动作的学习,这对他来说并不是一件容易的事。唯一的优势就在于豆豆有蛙泳的基础,没有怕水的恐惧心理。

在游泳活动之前,我先给豆豆教授了自由泳划手的岸上练习动作,希望他能提前练习划手的动作,缩小与其他孩子的差距。自由泳的划手动作其实很简单,要求手臂伸直紧贴耳后,划手时手心朝下,手臂伸直,左手手掌自然向下划手一圈,与右手手掌重叠换手,双手轮流交替练习。豆豆的领悟力很强,在带着他的手完整地练习几遍后,他的动作已经有模有样了。看到豆豆的表现,我不禁向他竖起了大拇指,连声表扬他,说:"你真棒!"而这一次划手岸上练习动作的快速掌握,也给豆豆带来了极大的自信心,他信心满满地向我表示:"李老师,我会每天练习划手动作的,肯定能很快赶上小朋友们的!"这让我对豆豆接下来的自由泳学习给予了极大的希望,这样的豆豆应该能很快地赶上其他孩子的进度吧?

第一次游泳课上,豆豆跟着全班孩子一起复习岸上划手动作时,动作非常熟练、有力,看得出他回家肯定认真练习过。接下来就是打腿动作的练习了,打腿时要求腿伸直,脚尖绷直,大腿带动小腿发力,双腿交替上下快速打水。我本来以为打腿动作练习对豆豆来说不会是一件难事,可以很快就掌握动作要点。可是没有想到豆豆打腿的时候会习惯性地弯曲膝盖,脚尖翘起,做出上下踩水状,纠正了几次还是会不自觉地做错。这到底是怎么回事呢?原来豆豆最先接触的泳姿是蛙泳,而蛙泳的腿部动作就是有收、蹬的过程,与自由泳截然不同,身体的惯性动作导致了豆豆在自由泳打腿的练习中会不自觉地将膝盖弯曲。

打腿怎么也打不好,豆豆急得满脸通红,越急就越容易做错,只见豆豆满脸委屈地看着我,眼泪也快掉了下来。我赶紧走到他身旁,先让他停下动作深呼吸调整状态,轻拍他的背安慰道:"别着急,我们慢慢来。"等豆豆平复了心情后,我手扶着豆豆的腿让他感受什么是腿伸直、什么是脚尖绷直,然后带着豆豆练习上下打腿的正确方式。同时,我告诉豆豆:"每个小朋友刚开始练习打腿的时候,都会出现膝盖弯曲的情况,你已经非常棒了!"当豆豆终于能正确、连贯完成多次上下打腿动作时,他开心地看着我,我也给了他一个大大的笑脸。

当天晚上,我和豆豆妈妈仔细交流了有关豆豆打腿遇到的问题,请她配合在家也陪同豆豆一起来练习打腿动作,不仅要关注动作的正确与否,更重要的是要及时给予豆豆表扬及鼓励,让他能有更多的动力来攻克这一难关。接下来的每天,我和豆豆一起记录下了他的点滴进步:膝盖不弯曲了、脚尖记得绷直了、学会大腿发力了……一段时间后,豆豆已经能熟练掌握了打腿的动作,班级里其他孩子也纷纷表示:"豆豆你很厉害哦!"这让豆豆兴奋不已。

现在,豆豆已经可以一口气划手打腿游到对岸,只剩换气的配合了。为了让豆豆有一个直观的感受,我一边讲解动作要领,一边给豆豆示范正确的换气方式。转头换气的关键在于要向一侧转头呼吸,在水中吐气,转头时快速地吸气。一开始,我很担心豆豆会像蛙泳一样抬头呼吸,没想到几次练习下来豆豆就牢牢记住了转头换气的动作要领,一点都没有做错。岸上练习、配合划手动作练习、拉着游泳池岸边练习、扶着扶板配合划手打腿练习……一步步下来,豆豆的动作越来越娴熟,接下来就是要拿掉扶板自己游。

没想到一拿掉扶板,豆豆一换气就会停下动作,我以为他是太紧张了,赶紧安慰他:"没事,你的动作很标准,多游几次就熟练了。"豆豆也是一脸不服输的表情,一次又一次地练习。几次过后,豆豆沮丧地对我说:"李老师,我吸不到气。"这是怎么回事呢?我仔细观察了豆豆扶着扶板和拿掉扶板做动作的区别,发现少了扶板的浮力后,豆豆的身体在水中下沉了一点。就是这一点儿,导致了豆豆在转头换气时没能把嘴巴露出水面,所以也就吸不到气了。找到原因之后,我告诉豆豆:"转头时头要再转过来一点,吸气时嘴巴一定要在水面上。掌握这个诀窍,你肯定能行!"果然,知道了方法后,反复练习了几次,豆豆就能连贯地游到对岸。现在,豆豆已经完全掌握了自由泳的动作技能,这个艰难的任务,完成了!

【反思】

一、激发幼儿自主学习的兴趣

兴趣是幼儿学习最主要的动力,在游泳教学中也同样重要。如果孩子对游泳活动有着强烈的兴趣,把游泳当作一种开心快乐的运动,那么,学起来也会事半功倍。在上述案例中,当幼儿有点滴进步时,教师就及时给予表扬;当幼儿遇到困难挫折时,教师则会鼓励、安慰,并陪伴幼儿一起解决问题。这样做能使孩子自信心大增,学习的积极性也进一步提高。自信心是幼儿持之以恒的动力,要使幼儿树立自信心,首先要多表扬,抓住幼儿的优点多多表扬,让幼儿相信自己有能力。其次,教师要充分发挥自己的专业知识,尽可能帮助幼儿创造成功的条件,让他们体验到成功的快乐,增强自信心。最后,当幼儿遇到挫折时,及时打气、鼓励和肯定,同样有助于他们增强自信,坚持学习。

二、遵循游泳循序渐进的规律

自由泳的学习是一个循序渐进的过程,不可能一蹴而就。只有将划手、打腿及转头换气这些基础动作一步步熟练掌握后,才能自然完整地学会自由泳。同时,对于幼儿(初学者)来说,大部分的动作都要先经过岸上模仿练习后,再过渡到水中体会的。所以说,教师在教授的过程中也要注意这一原则,从岸上练习到岸边练习再到水中练习,每一个动作都需要一步步推进学习,直到熟练掌握。而动作与动作之间也必须熟练掌握前一个动作后再进行下一个动作的学习。这样循序渐进的教学可以保证幼儿正确掌握动作技能,为进一步的学习打下良好的基础。

三、保证合理适度的动作练习

每一种动作技能的掌握都需要持之以恒的练习。如果没有反复的练习,幼儿不可能正确掌握游泳动作技能要求。但是,练习量也并不是越大越好。练习时必须考虑幼儿的身心年龄特点,过度的练习不仅会降低幼儿学习的兴趣,严重时甚至会给幼儿的身体造成负担。所以说,教师在教授游泳的过程中要合理安排运动负荷,采用科学的训练方法逐步加强幼儿身心训练,同时也可以采用单独示范、小组比赛、接力赛等方式调整幼儿的运动强度。

浦东新区东方幼儿园　李晓婧

从一段录像中找回的自信

【背景】

开学第二个月,小班的孩子游泳课开始学习闷水了。初期学闷水,教师设计和组织了一系列的游戏帮助幼儿学习闷水的技能,如"吹泡泡""潜水员"等。这个阶段只要求幼儿把嘴巴放进水里吹起,但随着课时的推进,幼儿已掌握了一定的水中吐气的方法,教师开始进一步提高闷水学习的难度,要求逐渐把嘴、鼻子、眼睛,最后到整个头都要浸到水面下,继而逐渐增加幼儿闷水的时间,从 3 秒到 8 秒。有些幼儿很快就适应并跟上了练习的进度,但一部分幼儿动作不够标准,或是由于心理紧张害怕,不能很好地主动完成练习。

【过程】

萱萱是个能干的女孩,生活、学习等方面在同伴中都属于能力较强的孩子,个性也比较强,总希望自己能把每件事都做到最好,也因为这样她不太能够接受失败,遇到挫折容易失去信心。于是,一到上游泳课的时候,萱萱就开始犯愁了。在最初的吹泡泡学吐气阶段,老师教孩子们先在岸上往手心吹气,感受这种感觉,然后慢慢把嘴巴放进水中去,用同样的方法吹气。在大部分孩子都能完成这个动作的时候,萱萱却每次嘴巴一碰到水就会张嘴,以至于水流到嘴巴里。多次的失败,让萱萱完全失去了信心,眼泪也流了下来。好强的性格,使她一边哭一边闷头练习,但越是这样越没办法好好地完成动作,萱萱哭得越来越伤心。老师见状,走到萱萱身边,安慰她:"萱萱,你先别着急,今天先练到这里吧,去和小朋友们一起玩一会儿。"萱萱听了老师的话,虽然加入了同

伴的游戏中,但是直到游泳课结束都是愁眉苦脸的。下午放学时,妈妈问老师:"萱萱今天游泳游得怎么样呀?"一听妈妈的问题,萱萱立刻低下了头,老师看出了萱萱的不安,便用稍委婉的语气对妈妈说:"萱萱练得很努力,就是方法掌握得不够好,所以试了很多次没成功。妈妈回家如果有空有条件的话可以再陪她练习一下,因为家长陪着可能她会没那么紧张。"跟老师道过再见后,萱萱跟着妈妈回了家。晚上8点多,老师的手机响了,一看来电名字是萱萱的妈妈,接起电话后,萱萱妈妈疑惑地问:"老师,我在家陪萱萱练习闷水,但是很奇怪,好像你们教的方法和我们平时游泳的方法不一样,萱萱说,老师说要嘴巴放到水里去然后吸气,这样不就喝到水了吗?"老师听到妈妈的话顿时明白了为什么萱萱这么多次没有成功的原因,原来她把老师教的方法记反了,于是老师再跟妈妈解释了一下正确的方法。有了妈妈的协助,加上课上老师再帮她规范动作,很快萱萱重新找回了自信,笑容又回到了她的脸上,早上也不会哭闹着不肯来幼儿园了。

　　然而好景不长,随着闷水难度的加大,萱萱的学习再次遇到了问题。当其他小朋友都能自己将头放到水里闷水的时候,萱萱站在池边不动,眼泪在眼眶里打转。老师问她:"萱萱你怎么不试试呀?"她说:"我不会。"老师说:"那这样吧,我来帮你一下,我把我的手轻轻地放在你头上,你的头不能超过我的手的位置,等听我数到5的时候就可以起来了,好吗?"萱萱点点头。按照刚才老师说的办法,萱萱一下子就成功地闷到了5秒。老师赶紧表扬她:"萱萱你真厉害,一下就成功了。下一次自己试试好吗?"看到自己成功了,萱萱的表情轻松了许多,但当听到要自己尝试的时候,她摇摇头:"我不会,老师帮我一下。"于是老师再次用刚才的办法帮助她,可是3次之后,萱萱依然不肯自己闷水,始终依赖老师的帮助。与此同时,其他小朋友一个个都完成了练习,可以去自由活动了,萱萱的情绪变得着急起来,她像是赌气似的,猛地把头扎进水里,但是这一举动并没有对她的练习有任何帮助,反而让她感到不适,她在水里一秒钟都没有坚持到就已经抬起头了。见到这种情形,老师先让她暂停了练习,等她稍稍平静下来一点后,问她:"萱萱,你觉得哪个动作不会做?"她说:"我怕我做不好。""萱萱,其实你已经会做这个动作了,刚才第三次的时候,老师的手没有碰到你,你已经能够自己闷水了。勇敢一点,自己试一下好吗?"可是不管老师怎么劝说,萱萱始终没能自己闷水。这次的失败又再次让她失去了信心,不仅如此,她的焦虑情绪甚至比之前一次更严重。从她妈妈那儿了解到几乎每天晚上都要跟妈妈闹情绪,说不想游泳,不想上幼儿园,每天早上也都是眼泪汪汪地走进教室。而她妈妈也从一开始的安慰、鼓励,渐渐失去了耐心,甚至萌生了放弃的念头,有时遇到游泳课,就干脆不送萱萱来上学了。于是老师再次联系了她妈妈,建议妈妈要坚持让萱萱参加游泳活动,不能遇到挫折采取逃避的办法,而且落的课越多的话,将来学起来更困难。况且其实萱萱并不是不会,而是没有自信,老师教的动作要领她是知道的,也能做到,她就是不敢跨出那一步,就差那一小步而已,我们千万不能在这个时候放弃,请妈妈和我们一起再努力一下。听了老师的话,萱萱妈妈将信将疑地重新让萱萱参加了游泳课。这次的课上,萱萱依旧是要老师帮忙才能闷水,老师也不强求她,佯装把手放到她头上,实际上并没有碰到她,同时,还请另一位老师用照相机拍下了这个过程。自由活动时,老师将这段视频放给萱萱看,萱萱看到自己的样子,微微地笑了一笑。老师问她:"你看到吗,你成功了,对吗?"萱萱不说话,笑着点点头。老师又问:"那下次自己试试看,好吗?"萱萱想了一会儿,点了点头。放学时,老师又把这段视频拷在U盘里交给萱萱妈妈,妈妈回家看了之后也觉得很不可思议,原来真的如老师所说,萱萱其实已经掌握了方法,就差那么一点点信心。于是妈妈也重拾信心,每天坚持送萱萱来上学,虽然有时萱萱还是会有点小情绪,但是不再像之前那么抗拒游泳。之后老师又拍了几段视频继续给萱萱和妈妈加油打气,现在的萱萱,已经能笑的对大家说"我喜欢游泳"了。

【反思】

对小班幼儿来说,学习游泳最大的挑战就是闷水,只要克服这个难关,后面的学习也就顺利多了。萱萱是个好强的孩子,然而这样的孩子通常受到挫折、遇到困难时会怀疑自己的能力,变得不自信。在案例中,老师看出了她的问题并不是技能掌握方面的问题,而是心理上的不自信,于是老师并没有强求她一定要马上按照老师的要求做,而是耐心地询问她原因,通过她的回答更加确定了她的问题出在不自信上。于是老师改变了教育策略,不是教她动作,而是帮她找回信心。老师先是用语言激励她,当没有效果时,老师想到了情景再现的方法,让萱萱自己看到自己的练习情况,看到自己成功的经历,感受到成功的喜悦,所谓耳听为虚,眼见为实。果然,在看到自己成功的视频后,萱萱的态度有了很大的转变。同时,家长有时也很矛盾,一方面想要孩子学到更多的本领,一方面又怕孩子吃苦。当孩子情绪不好时,家长也会很苦恼,同样的视频给家长看后,让他们了解了孩子在学校里的真实情况,消除心中的疑虑,了解学校的教学方法后,也能更好地家园配合共同帮助孩子进步。

其实,萱萱这样的情况在其他孩子和家长身上也有发生,只是表现得没有这么明显。因此,可以考虑将这一方法进行适当推广,让更多的孩子和家长都能更直观地了解自己的真实学习情况,在自己原有的基础上不断努力,学得更扎实。

浦东新区东方幼儿园　卫秋云

当新鲜感消失后

【背景】

　　嘉嘉是一个活泼开朗、聪明伶俐的小姑娘，由于父母常年奔波于自己的事业，平日的生活起居和教育大部分是由她的外婆承担。嘉嘉的自尊心和接受能力强，幼儿园每天的活动总能看到她那娇小的身影，游泳活动也是嘉嘉喜欢的活动之一，小朋友都喜欢玩水和水上玩具。由于小班没有接触过游泳，对于嘉嘉总保留了一丝神秘感和新鲜感，因此刚刚开始接触游泳时候，她总是第一个做好准备，等待进入游泳池，得到教师不少的表扬。不过玩水阶段过后，杨老师进行一系列的游泳活动准备和教授游泳入门的憋气和水中漂浮时，嘉嘉的心态发生了变化……每位小朋友都有一块浮板当做支撑物，嘉嘉紧紧抓住这块她视为"救命稻草"的浮板不放。当新鲜感慢慢消失后，这场游泳拉力战就这样展开了。

【过程】

　　"我不要上幼儿园，我不要来这里，我想回家玩玩具，不想来……"伴随着声嘶力竭的喊声，杨老师一路小跑到教室门口，只见嘉嘉一手拖住外婆的衣角，一手拼命地想往外拽，嘉嘉小脸通红，不过还算坚强，眼泪在眼眶里直打转。杨老师是一个很善于观察的老师，她知道嘉嘉这一行为的原因，一把抱起嘉嘉，给外婆一个眼神，就往教室里走。杨老师拿起纸巾帮嘉嘉擦干眼泪，抱着嘉嘉休息了一会儿，待她情绪稍稍稳定后，再让她吃点心，进行其他的活动，其他什么也没有做。可是时间总是过得很快，要来的总是要面对的，对于小大

人嘉嘉也是一样,她知道是躲避不了的,眼睛时不时落到杨老师身上,似乎在暗示杨老师"我可不可以不去,我真不想去","嗨,宝贝,你是我们心目中最棒的小朋友,等一会儿游泳的时候加油哦!你肯定能做到的!相信自己!"嘉嘉瞥了一眼老师,喃喃自语,拿着自己的小花裙泳衣久久不放进游泳篮筐中,跟着队伍一路小走来到游泳池,嘉嘉和往常一样,换好自己的衣物等待进入游泳池。

闻着带有一丝消毒水气味,全身淋好水后,嘉嘉勇敢地对杨老师说:"杨老师,你走在我前面,你保护我!"杨老师欣慰地微笑着点点头。"哇,好多的玩具呀!等我们学好本领,你们就可以玩啦!"小朋友们手舞足蹈,个个兴奋至极。随之,小朋友们跟着杨老师的口号认真做起了热身动作。嘉嘉站在游泳池前小心翼翼地做着动作,"阿姨,我要上卫生间。"杨老师看着她点了点头,允许了。五分钟过去了,也不见嘉嘉,杨老师发现嘉嘉和阿姨在换衣间坐着,身体依着墙壁,手里拿着纸巾,一副无精打采的样子,"嘉嘉,你怎么了?""我肚子不舒服。""那带你去医务室检查下吧。""不用了,我休息一会儿就好了。"杨老师答应了,一场四十五分钟的游泳结束了,阿姨和嘉嘉已经在外面等候他们了。

每逢二、四早上,嘉嘉总要和外婆"大战"一场,嘉嘉对于游泳这件事情如负重轭。总会想着办法躲避,一会称自己肚子不舒服,一会称自己脑袋昏晕,一会称自己要呕吐了,这样的情况愈演愈烈。在放学的时候,杨老师和嘉嘉的外婆沟通有关嘉嘉游泳的事情,杨老师介绍了嘉嘉在幼儿园的各项表现都很出色,唯独游泳成了她的心理负担,希望外婆在家也能鼓励她找回那消失的自信,外婆总是笑眯眯迎合着老师,看得出外婆很宝贝孙女,时不时地暗示杨老师,不行的话就让嘉嘉在外面坐着,不参加游泳了。杨老师也斩钉截铁地回答了外婆:游泳是一项不错的运动,一种生存的本领,相信度过这个开头难关,嘉嘉会喜欢上游泳的,希望外婆配合。老师和外婆交流了很多次,每次都表扬嘉嘉游泳上取得的进步,外婆的态度开始积极起来,在家也用脸盆让嘉嘉练习憋气。

杨老师决定从源头抓起,积极鼓励嘉嘉参与游泳活动,杨老师知道嘉嘉是独生子女,没有吃过苦、受过累,又由于家长对游泳活动的认识不够和顺从她的意愿,难以承受游泳训练所带来的挫折,经常在游泳过程中呛到水,这样使得她很没有安全感,也很难在游泳活动中有优秀的表现。杨老师在之后的游泳中,每次游泳前都对嘉嘉进行心理开导,杨老师一直会陪着你的,害怕就扶住老师。希望嘉嘉拥有稳定的情绪，首先要学会憋气的本领。杨老师当螃蟹妈妈，带领自己的宝宝们来水池边玩耍，"螃蟹宝宝们本领很大，会在水里吐泡泡，泡泡怎么吐？是一口气吐完吗？看看谁在水里待的时间最长"。嘉嘉深吸了一口气，慢慢地将头埋入了水中，1秒，2秒，3秒，哗啦一声，嘉嘉双手拍打着水面，扑腾了几下终于站稳了，心理防线逐步被攻破，欲哭无泪。杨老师把嘉嘉抱起坐在池边，休息片刻后，又示意嘉嘉继续，指导嘉嘉要吸很大一口气，小气泡要一个接一个慢慢地吐出来，嘉嘉缓缓地跳进水中，杨老师手中拿着一个小鸭子的玩具放进水里，嘉嘉立即深吸一口气浸入水中，伸手去抓，抓住后端详了片刻，时间滴答滴答地过去，嘉嘉破水而出，杨老师立即表扬她："嘉嘉，你做到啦！能憋很长啦！"嘉嘉欣喜若狂，又一次深吸一口气到水里和她的小鸭子作伴。

憋气的难题攻克后，又有一项难关摆在了面前，怎样能使嘉嘉在水里漂浮起来呢？即使有浮板，只要紧张，身体就会僵硬往下沉。一个月过去了，嘉嘉还是紧紧抓住浮板，时不时地在水中行走，杨老师加强了嘉嘉身体趴在岸上打腿的锻炼，双腿均匀地上下打水，因为锻炼腿部动作在游泳时能增加身体稳定性，保持身体平衡，减少身体的左右摇摆。之后又在嘉嘉的背部绑上了游泳背板，使她身体能漂浮起来，这样嘉嘉就能往前游啦！有老师一直在旁边，她缓解了很多。就在嘉嘉游得很好的时候，有多位客人老师进来参观，想看小朋友游泳的表现，小朋友排成两队进行水中漂浮的比赛展示给客人老师看，嘉嘉被分到了B组，有的小朋友齐声喊："加油，加油，嘉嘉最棒！"有的小朋友笑眯眯地看着她，有的小朋友跃跃欲试，杨老师只在嘉嘉耳旁说了句悄悄话，嘉嘉很珍惜这次机会，极其认真地游到了对岸，杨老师也对客人老师说了句悄悄话，虽然最终是A组胜利了，不过B组的小朋友也很开心。游泳池里响起了热烈的掌声，纷纷对她竖起了大拇指，这不仅是对嘉嘉勇于尝试的赞赏，也是对她克服恐惧的一种激励。嘉嘉笑了，十分轻松得意地笑了。

【反思】

一、分享成功的喜悦

1. 消除幼儿游泳恐惧

游泳活动中，幼儿需要进行各项他们没有接触过的憋气、水中漂浮等技

能,而且没有家长的陪同,这会让幼儿产生不安全感,在学习游泳过程中会经常呛到水,而且需要进行反复的训练,造成幼儿很大的压力。我们应该创设稳定良好的游泳环境和心理环境,加强教师与幼儿之间的关系,应时常对孩子说一些赞许、关爱的语言和行为,如:"你游得很好!""你一定能游得更好!""你有进步了!"等等,多鼓励、多支持、多表扬、多接纳、多容忍、多欣赏幼儿,使幼儿获得自信的力量,对游泳产生积极的情绪,营造安全感。

2. 树立幼儿抗挫勇气

在游泳活动中组织了一些竞赛性的游泳活动,与同伴一起感受比赛的乐趣,营造出紧张激烈的气氛吸引幼儿,比赛过程中一同承受失败,一同享受成功,在竞技的过程中培养幼儿遇到挫折和困难,独立解决问题、克服困难的勇气和决心。如果自己不能解决时,懂得求助他人帮助。教师也要及时关注到幼儿的行为,与幼儿一起寻找解决问题、克服困难的方法和措施,培养同伴之间的合作意识,强化抗挫折的信心,树立幼儿抗挫的勇气。

3. 促进幼儿坚强个性

游泳活动是一项锻炼意志的运动,它可以渗透到各个领域中,可以在集体活动时朗诵儿歌,如《游泳真有用》《我真棒》《憋气歌》等,这些儿歌可以和幼儿共同创编,同时让幼儿感受到游泳其实没什么可怕的;早操的时候会做一些游泳律动操,活跃放松幼儿的情绪,也巩固复习了游泳基本动作;在美工活动中,可以装饰游泳用具,或者把自己学会的游泳技能画下来,这样幼儿的积极性会逐步提高,在游泳活动中发现困难后,努力迎难而上,坚持锻炼,解决问题,取得胜利。

二、解析成功的原因

1. 巧用策略,知难而上

游泳活动中,刚接触的幼儿会很惧怕,时不时会被水呛到,教师要缓解他们焦虑的情绪,采用一些游戏和比赛的策略,也可延伸到其他活动中去。创设游戏情境,使幼儿在游戏中熟悉水性,发展基本能力,克服恐水心理,如进行憋气活动时,教师设计"小螃蟹吐泡泡";水中漂浮时,教师组织进行比赛,调动幼儿的积极性,激励幼儿在比赛中争取胜利,再接再厉。游泳整合到各个领域的活动中,解决了幼儿在游泳及其他活动中胆怯、孤独、害怕等心理。

2.善用激励,循序渐进

每个孩子都需要不断激励才能获得自信、勇气和上进心,这就像植物必须每天浇水才能生存一样。对于游泳也是一样,幼儿在害怕时,极度希望有人理解他们,帮助他们,多受鼓舞,使他们的学习心境保持喜悦,缓解紧张的气氛。利用榜样的作用,幼儿是喜欢模仿的,在教育过程中,不仅通过看图书、讲故事,使幼儿认识了解一些游泳队员们在游泳训练的过程中遇到挫折时,是如何战胜困难的,和同伴学习也是不错的选择。

3.家园共育,共同进步

父母是孩子的第一任老师,家庭教育对幼儿来说是重要组成部分。幼儿的健康成长离不开家长的用心陪伴,孩子成长的每一步都记载着父母一点一滴的辛劳,家长应该充分了解游泳这项活动,即使幼儿不愿游泳,也要积极鼓励他们勇敢地面对,不能为幼儿的"逃避"找理由开脱,而是应该给予幼儿足够的动力和信心坚持游泳,配合幼儿园一起努力,有空带孩子们一起去游泳池玩耍,增加幼儿接触游泳的机会,家长与孩子们共同进步。

三、培养日后的游泳

1.组织多种形式活动

游泳是幼儿既喜欢又害怕的活动,教师可以组织多种活动的形式来缓解和激励幼儿游泳,在枯燥反复的练习基本动作基础上,多变换形式,设计了许多趣味性的游戏活动,使幼儿在玩中主动学,提高幼儿对活动的兴趣度。组织以大带小的活动,使他们从单一的同龄伙伴交往发展到混龄伙伴交往,在不同年龄的孩子身上学到了自信、勇敢、合作等优点,自然而然他对游泳的恐惧就会逐渐减轻。

2.提高幼儿自理能力

自信心是由积极自我评价引起的自我肯定并期望受到他人、集体和社会尊重的一种积极向上的情感倾向。在游泳活动中还应该注意培养孩子的自信心,让孩子的潜在能力得到最大限度的发挥。在游泳活动之前,会考验幼儿穿脱衣裤的能力,时间一久,游泳时间相应减少,这样他们没有信心游泳,因此需要家园合作,提高幼儿自理能力十分重要。

3.共同关注挫折教育

幼儿正处在身心发展的最初阶段,身心发展未成熟,心理承受能力极差。

教师和家长共同关注幼儿的挫折教育,为幼儿创设一定的挫折情境,让幼儿在生活实践中得到锻炼,从而帮助幼儿体验挫折,进而培养幼儿对挫折的承受力。让幼儿体验一下失败的滋味,体验受挫折的感受,可培养幼儿克服困难的勇气,帮助他们总结解决困难的经验,从而提高他们的抗挫能力,进而培养他们坚毅顽强的心理素质。

浦东新区东方幼儿园　　曹　玲

疯狂的小马达

【背景】

在幼儿学习自由泳初期,大部分幼儿都会出现对单纯打腿练习的厌倦,特别是当闷气打腿加入到练习中之后,幼儿甚至对游泳出现了更多、更明显的抗拒。在这样的情况下,教师组织一些水中游戏对幼儿在游泳初期克服对单纯打腿的厌倦是十分有帮助的。利用幼儿好奇心强和喜欢参与集体活动的特点,通过水中游戏帮助幼儿练习打腿,做到在玩中学,使幼儿喜欢上自由泳,对水产生亲切感,有利于日后的教学计划更好地实施。

【过程】

安安是一个性格外向的女孩,在班级中表现活泼,十分受欢迎,也经常受到老师的表扬。妮妮是一个性格内向收敛的女孩,笑起来甜甜的,做事踏实认真,平时要好的朋友只有两三个。妮妮和安安在平日活动和游戏中都表现比较突出,是老师心目中乖巧的小女孩。到了中班,游泳活动开始了。刚开始接触游泳时,大多数幼儿都很怕水,从来园到进游泳池都有宝贝哭闹,妮妮和安安当然也是其中之一。在老师的鼓励和自己的努力之下,过了一段时间,大多数哭闹的宝贝都逐渐适应了游泳池,渐渐对水也不那么抗拒了。然而,接下来的自由泳打腿又让大家进入了一个困难期。

在学习打腿初期,妮妮和安安还是比较有兴趣的。小手扒在池边,小腿像小剪刀一样上下打。可是,渐渐地练习了几次之后,妮妮和安安开始觉得乏味了。妮妮胆子小,做事认真,勉强按照老师的要求一遍又一遍地练习,但明显

力度已经越来越弱,坚持的时间也越来越短。安安性格调皮活泼,在枯燥的练习中已经开始偷懒,趁着老师不注意,一会跟小朋友说说话,一会停下来玩玩水。其他幼儿也已经开始出现倦怠,打腿时力度小,注意力不集中。在这样一个阶段,老师开始选用新的打腿练习的方法——水中游戏打腿法。

老师先引入了第一个游戏——"小马达"。妮妮和安安各拿一个浮板,两个人在游泳池中面对面站,将浮板叠放在一起,两个人开始一起打腿,力气大的一方会推着浮板向力气小的一方前进,这时力气小的一方要更用力打腿,比比看浮板到底向哪方移动。游戏一开始,妮妮和安安带着点兴奋和忐忑,两个人按照平时打腿的频率开始比赛。安安的力度稍大些,浮板开始往妮妮的方向移动,这时妮妮开始有些着急了,她感受到了浮板往自己的方向移动,但不知道为什么自己打腿反而往后退。妮妮的小脸上露出了焦急的神色,把目光投向了老师,渴望得到指导和帮助。老师则选择不马上提供帮助,而是继续看两个小姑娘的"比赛"。游戏玩了一会,妮妮一直处于倒退的状态。这时,老师示意她们休息一会。安安高兴极了,小脸上难掩胜利之情。沮丧的妮妮看上去似乎有点想放弃。老师说话了:"咦,浮板怎么一直往妮妮的方向跑呢?妮妮,你猜猜是为什么呀?"妮妮摇摇头,老师又说:"我刚刚一直在看你们的比赛,我猜到一个原因:可能呀,是谁打腿的力气大,浮板就往她的方向跑。"妮妮的小眼睛一亮,马上又显出了跃跃欲试的表情。"那你们再来试试看好不好?看看我猜得对不对?"带着新方法,两个小姑娘又开始了新一轮的比赛。妮妮两个小腿像装了小马达一样,上下不停地打腿,果然,浮板往安安的方向跑去了。初尝胜利的喜悦,妮妮开心极了,品尝到了成功的甜头妮妮更加加把劲,"小马达"动力十足。这时的安安开始不服气了,她想起刚刚老师教妮妮的好方法,也开始开动了自己的"小马达",两条小腿像剪刀一样上下飞舞,水花四溅。得到了游戏的诀窍,妮妮和安安玩得开心极了,只见浮板一会跑向妮妮一会跑向安安,旗鼓相当,不分胜负。两个小姑娘在游戏中找到了打腿的乐趣,在玩中练习得不亦乐乎。

在玩了几次"小马达"之后,妮妮和安安等小朋友们都在打腿上有了很大的进步,打腿力度和频率明显提高,对打腿的兴趣也愈发浓厚。有了一定的打腿基础,同时鉴于中班幼儿已经开始有了集体意识和竞争意识,老师又引入了第二个游戏——"接力赛"。幼儿分成四组,每组五到六人,每组一块浮板,游戏开始,每组第一名幼儿手持浮板打腿来回,把浮板交给第二名幼儿,最后比出获胜一组,教师给予该组增加游戏时间等奖励。游戏开始,妮妮和安安被分在了同一组,妮妮作为该组第一个幼儿出发,安安和其他组员在热烈地为她加油、焦急地等待。而妮妮在同伴的鼓励和自身好胜心的激励下,打腿频率更加快了。在一个来回之后,妮妮发现其他组的小朋友有的已经是第二个小朋友游出去了,妮妮的小脑袋中不禁打起了问号——"明明已经打得很快了,为什么还是会比别人慢呢?"在旁边"观战"的老师这时看出了内向的妮妮的困惑,于是走到妮妮旁边说道:"如果打腿的时候膝盖是弯的,速度就会变慢,如果两条腿是直直的,那速度会更快一点,试试看好吗?"妮妮点点头,在旁边开始练习起来。经过动作的纠正,在第二次的比赛中妮妮掌握诀窍,他们这一组也获得了不错的成绩。

【反思】

游泳在知识、技术的掌握中要反复多次的练习,才能出现量变到质变的飞跃,但在自由泳的初学阶段,反复的打腿练习比较枯燥,幼儿容易产生厌烦,练习的效率就不高。通过水中游戏激发幼儿的兴趣,调动幼儿积极性,让幼儿在玩中学。针对中班幼儿的年龄特点,利用初步形成的好胜心和集体荣誉感,在游戏中刺激幼儿练习打腿并逐步纠正、完善打腿的动作,让幼儿在游戏中逐渐掌握打腿的要领,为接下来的闷气打腿、加手臂动作打腿打下坚实的基础。

在教学中,水中游戏作为辅助练习能更好地调动幼儿的积极性,提高幼儿的学习兴趣,加快幼儿对水性的熟悉。要注意的是不要长时间选用一种游戏,以避免幼儿再次产生厌倦感,所以应该经常更换游戏,不断翻新。同时,水中游戏只适用于幼儿游泳教学的初期辅助,不能作为主要的教学手段。

浦东新区东方幼儿园　王卓然

孩子,向后倒向前冲

【背景】

　　仰泳也叫背泳,是身体仰卧于水中进行游进的一种姿势。由于仰泳呼吸方便,游起来省力耐久,长游中还可以用它来休息,所以是人们喜欢的一种姿势。仰泳时身体平直地仰卧于水中,头和肩略高于臀,整个身体处于较高的位置。头在仰泳技术中起着"舵"的作用,并可以控制身体左右转动。头要自然地仰在水面,后脑浸没在水中,脸部漂出水面,保持相对稳定,颈部肌肉放松,水位于耳际附近,为了保持良好的流线型姿势,臀部及腰部的肌肉要保持适度紧张,下肋上提,不要含胸,身体要围绕身体纵轴转动。仰泳腿部动作起平衡、稳定和推进作用,它的动作同自由泳腿部动作相似,只是膝关节弯曲角度比自由泳稍大,通常称上踢下压。臂的动作是产生前进力的主要因素,现代仰泳技术采用六次打腿两次划臂一次呼吸的配合形式。整个仰泳动作的完成都体现了一个游泳者的身体力量和心理素质,可是对于刚刚涉水未深的中班幼儿来说,有限的舒展力和平衡感,以及入水后的紧张情绪会导致各种错误动作的产生,往往会出现游进速度缓慢、划水路线不直等现象。

【过程】

一、初现端倪

　　我们整个班级是从小班开始接触游泳这项运动,班中大多数幼儿已经戒除了对游泳的恐惧心理,直到中班上学期完成了自由泳整体动作的配合,为之后的仰泳动作学习打下了扎实的基础。聪聪则是个例外，他是中班时转入的插班生，之前丝毫没有接触过游泳，虽然在小班升中班的暑假里，他参加了园外的游泳课程，可是在中班上的整个学期里，我们只是尽力地帮助他提高对游泳这项运动的兴趣以及做一些基本的自由泳打腿训练，他并没有完全跟上大家的进度。在多数幼儿能够熟练掌握自由泳泳姿的前提下，我们开始逐步推进仰泳的练习，这时的聪聪已经度过了艰难的憋气期，愿意在水里抱着泡沫浮板闷水打腿，这让我们欣慰不已。为了消除他与其他幼儿在游泳活动中的差异感和自卑感，我们与聪聪的父母商议后决定让他和我们一起同步学习仰泳，成为他正式接触的第一种泳姿。

在起初的陆上模仿练习和手扒池边仰泳踢腿练习中，聪聪的表现让我们十分满意，与多学习一年的同龄人对比差距甚微，聪聪对游泳的信心和热情也一点点积累起来，每逢游泳课他总是提起篮筐冲在队伍的最前面，游泳课上他起劲地举手要充当小教练来示范。可是在配上划臂动作之后，聪聪在游进时就显得特别吃力，比之前光打腿不划手臂时的速度更慢，还时不时地偏离路线，始终游不到终点，每次站起身发现自己还在池中央的聪聪有些失望，刚刚建立起来的一点点自信受到了打击，轮流游进时他又畏缩地退到了队伍的最后，甚至有一次倒退到最初的哭闹，宣称"我不要游泳了"。

二、寻找原因

起初，我认为聪聪是因为划臂动作不标准导致游进时无法前进，于是先让他在陆上靠着游泳池的墙壁练习双手手臂轮流画圈的训练，两手臂夹紧耳朵做预备动作，喊着口令一手臂自然下垂到膝盖两侧，二手臂从身前直接举过头顶回到预备动作夹紧耳朵。反复练习到熟练以后，再让他下水试练，可是一到水里，由于水的阻力，他伸直的两个手臂总是会松开，左手手臂入水点靠外，两个手臂划水的路线不一致，于是我采用了浅水驾车划臂练习，双手握着他两脚踝关节，让他的脚停留在水平面上，体会身体在水平位置的感觉，他的手臂轮流划水，两只手掌每一次划动都要触碰到才能分开，等到他能做到这一点后，我就会跟着他的游动向前走，让他能够感觉到手臂需要承受的力量是均匀的。

三、逐步改善

经过两个星期的练习,聪聪的手臂划起水来比之前更加有劲,划水节奏明显改善,速度也得到了明显的提升,划水的距离可以延伸得很长,可是他还是离终点还有着一步之遥。究其原因,是他的头部总是跟着手臂一起左右晃动,眼睛因为总是进水而不敢睁开,头部的摇摆也会影响到肩膀的转动,导致他游泳前行时总是偏离路线。头部在仰泳中起到的作用是至关重要的,头这个"舵"如果总是摇摆不定的话,那么身体这艘船怎么会不偏离航道呢?于是,在接下来的一个星期里我着重锻炼聪聪的转肩练习,重点是他的头部固定,先把一块泡沫浮板垫在聪聪的后脑勺,让他双手握着浮板的两侧打腿前进,颈部放松,腰腹部紧张,提醒他抬头特别是嘴巴要露出水面,有利于他呼吸的配合。同时,提醒聪聪的父母为他准备了一副泳镜,聪聪为此高兴了好几天,仰泳的激情也提高了不少,紧接着在陆上模仿转肩膀,眼睛看前上方的时钟,一方面巩固之前两臂均匀划水的动作,肩膀放松转动画圈,另一方面观察头部不跟随肩膀转动,眼睛始终看着前上方的参照物。等到头部和肩部可以完全自如地分开转动以后,就可以入水沿着游泳池的池壁向前游,当聪聪第一次划手触碰到池壁的时候兴奋不已,来来回回不厌其烦地向前游,甚至在自由活动的间隙,他还不住地要把我拉到他的身边想要向我展示他的进步。几个星期以后,有一次我突然发现他在中间的泳道位置游出了漂亮的直线,我好奇地问他:这里没有墙壁也没有时钟,你游的时候眼睛看哪里呀?他得意地告诉我:看屋顶上的窗帘呀!我抬起头一望,果然在池道的上方有一条遮光的窗帘贯穿了整个泳池,那一瞬间我不禁被他的机智所感动。

【反思】

其实,每一个老师面对的学生千千万万,在游泳中遇到需要克服的困难林林总总,综上所述在仰泳的过程中如果遇到游泳前行路线不直的问题,可以概括为以下三点。

一、枕板踢腿，眼观屋顶

仰泳时头要保持稳定，下颌微收，不要摇头晃脑，对于小年龄幼儿来说，可以佩戴泳镜，两眼要看后上方一个点，找到屋顶上的某种事物作为参照对象，做动作时可默念口诀练习：仰泳身体要舒展，手脑切忌左右摆，腿臂配合六比二，两臂轮流风车转。

学习仰泳动作先从陆上训练开始，仰泳腿的动作模仿，坐在池边双腿在水中踢出水花，不要踢得太低，感觉眼睛可以看到自己的脚，膝盖不要出水面，初学者可直腿练习，熟练后可过渡到大腿帮助小腿向上曲膝上踢，向下直腿下压，动作要领是小、轻、快。小，上下幅度小；轻，用力要轻；快，动作频率快。陆上模仿练习熟练后进行水中仰卧划行腿打水动作的练习，逐渐过渡到两臂放在头前，上臂夹住两耳练习。

二、驾车划臂，幅度一致

陆上两臂划水模仿练习，背部靠墙训练，先进行单臂练习后过渡到双臂练习，动作要求是先直臂垂直前移到头上，然后直臂体侧划水，划水时手掌向后拇指向上，熟练后可直臂划水过渡到曲臂划水。在水中划行打水做两臂划水动作练习，要求同上一个动作。上两个训练动作熟练后可进行水中腿臂呼吸完整配合练习，每次训练要强调在打好腿的基础上做完整的配合练习。

三、陆上转肩，手腿协调

手臂、腿部和呼吸的配合通常的配合方式是二比六比一，也就是说，双手划臂各一次，打腿六次，同时呼吸一次，这种配合方式也是人们多年实践总结出来的，目前基本被大家所认同，所以在学习仰泳的时候掌握二六一配合是最为重要的。在仰泳中，由于脸部始终露在水面上，呼吸技术难度相对较低，吸呼气的要点是肩部出水的时候手臂移臂开始吸气，肩部入水的时候手臂抱水吸气结束，总结就是提肩吸气，在手臂推水之后到出水过程中完成呼气，练习中特别要注意划水的时候一定要闭气，吸气的时候只能用嘴，不能用鼻，而呼气的时候,鼻和嘴可以同时向外呼气。

对待学生要有爱心,辅导学生要有耐心,教育学生要有诚心。每时每刻,只有一心一意善待每一个学生,才会在教学相长上喜获丰收。而作为一位人民教师,只有勇于进取,不断创新,才能赶上时代的步伐,取得更大的成绩。作为一位人民教师,只有爱自己的学生,像爱自己的孩子,尽情欣赏学生的创造,才能感受人生的幸福。

浦东新区东方幼儿园　　盛　夏

接力赛的挑战

【背景】

通过两年半的游泳学习（每周两次），已经学会自由泳标准动作的大班幼儿，他们能够顺利地用标准自由泳划手、打腿动作，四次划手后换气调整呼吸，游完整个竖池。对于这样的大班幼儿，仅仅做普通的自由泳练习已经提不起他们对游泳活动的兴趣。于是，我们便开始大胆尝试大班自由泳接力赛，从而再次激起幼儿自由泳的兴趣，同时通过接力赛形式再次提高幼儿自由泳的练习速度。

接力赛，本是运动场上的一项团体竞技体育比赛项目。这个比赛项目与其他比赛项目有所不同的是，它的竞技结果不仅取决于每个人的个人成绩，更取决于团队的共同目标以及为达到这一共同目标所作出的不懈努力。接力赛本身并不是文化，但怎样赢得比赛，就是接力文化要解决的问题了。

【过程】

一、激发兴趣

经过岸上练习，个人自由泳热身后，孩子们已经没有兴趣再复习自由泳，大班幼儿最喜欢玩带有接力性质的竞争游戏，于是我和万教练商量，决定让孩子们开始自由泳接力赛，以提升幼儿对自由泳的速度与兴趣。

"孩子们，今天，我们来进行自由泳接力赛吧！"

孩子们都欢呼起来："好啊，好啊！"

"那么，我们先来商量一下自由泳接力赛的规则吧！"

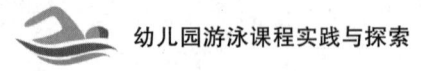

二、讨论制定自由泳接力赛规则

通过幼儿互相讨论所制定的接力赛规则，有利于幼儿在比赛时互相督促，遵守比赛的规则，这样对幼儿规则意识的培养也起到了促进作用。

首先，我们讨论了自由泳接力赛由几个队伍一起比赛，孩子们都一致考虑由于泳池宽度有限，所以，由两支队伍比赛比较合理。接着，大家又讨论了几个人为一组参与比赛，大家都有看过电视里接力赛的经验，都认为四个人的接力赛比较接近大人的游泳接力赛。再次，大家讨论了如何接力，因为我们都是幼儿，不能跳水入池，同时也没学过触壁转身，所以决定，就在水里一个接着一个游，那么两位幼儿在竖池的一端，还有两位幼儿在竖池的另一端接力。就这样，我们简化了奥运会 4×100 米自由泳接力赛的规则，制订了我们东方幼儿园大三班独有的自由泳接力赛规则。

三、第一轮比赛

孩子们自由组合，四人一队来参加比赛。

第一轮是由婷婷、嘉嘉、小强、小玉对小凯、小丁、小白和琪琪，虽然大家都拼尽自己的权利，可比赛终究是比赛，还是分出了胜负，小凯、小丁、小白和琪琪获得了比赛的胜利。但是，他们游完孩子们立刻又发现了很多问题：

1. 比赛中有小朋友为了获得胜利，没有做自由泳换气，这样虽然节省了时间，但是却不是标准的自由泳动作。

2. 一名幼儿还没游到岸边，另一名幼儿已经偷偷出发。

3. 比赛时没有队名，一个个叫名字加油会比较累。

四、完善自由泳接力赛规则

一节 45 分钟的游泳课很快结束了，大家都觉得在第二轮比赛前要再次修改、完善我们的接力赛规则，大家商量后决定：每个参与接力赛的幼儿都必须用已经掌握的标准自由泳动作（加上换气）；除了教练做出发的裁判，老师做计时的裁判，还要请出两位幼儿做助理裁判，在岸边观察，每个幼儿必须手触碰到泳池壁,第二名幼儿才能出发;每四名幼儿组成一个队伍,并取一个响亮的队名,以便我们计分和加油。

五、第二轮比赛

第二轮自由泳接力赛是我们本周的第二次游泳课,孩子们延续了上一次游泳课的热情,热身后继续比赛。

大家一致推选今天因为身体不适而不能下水游泳的小李和皮皮,担任助理裁判,坐在竖池两端。先由铠甲勇士队对阵奥特曼队,随着万教练一声响亮的口哨声,两队的孩子都奋力划动自己的手臂,就好像大风车一样,不停地交替转动,打腿的频率也比平时练习时快了很多,四次划手一次换气呼吸,自由泳动作非常规范和标准,都快赶上奥运冠军了。当幼儿接近竖池岸边时两位助理裁判弯下身子,恨不得把头贴着岸边看比赛中的幼儿,手臂是否触碰池壁后,第二名幼儿再出发。岸边观摩比赛的孩子们此起彼伏的加油声,使得我们的游泳池内就像奥运会冠军赛场一般热闹。

就这样,两队两队地进行比赛,最后,按照每个队伍接力赛游泳计时成绩,产生了东方幼儿园大三班自由泳接力赛第一名:花仙子队;第二名:旋风小子队;第三名:铠甲勇士队。大家都决定,以后学了仰泳和蛙泳,我们还要来进行接力赛。

通过这样一种接力赛的形式,既复习巩固了自由泳标准动作,又激发了孩子们学习第二种泳姿的兴趣,而且大家也不会觉得复习自由泳动作很枯燥。

【反思】

接力赛是团体比赛,需要集体的智慧和毅力。有的小朋友能够在个人自由泳时获得很好的成绩,但是不一定能够在自由泳接力时游出好成绩,这就需要我们和幼儿一起研究自由泳接力赛的规则和技巧。

一、规则是自由泳接力赛的保障

在自由泳接力赛之前,我们花了 15 分钟的时间和孩子们讨论比赛的各项规则,但当孩子们第一轮比赛结束后,又发现了很多问题,于是,我们不急于进行第二轮比赛,而是再次和孩子们一起讨论、完善我们的接力赛规则,包括使用正确的自由泳姿势、增设助理裁判、选队友和起队名等,这样才使我们的接力赛有了充分的保证和相对的公平。

二、选好队友是基础

孩子们在刚开始选队友时,都选自己的好朋友,一轮比赛下来,有些幼儿就发现要选自由泳游得快的小朋友做队友,这样才能使整个队伍的自由泳接力比赛时间加快,从而取得更好的比赛成绩。

三、接好棒抢时间

在整个接力赛的过程中,大家都发现,如果为了抢时间,但是前一个小朋友手没有触碰池壁,第二名幼儿就出发的话,反而会被我们的助理裁判叫停,重游就一定会影响比赛成绩。所以,一定要在前一个小朋友即将触壁时全神贯注地注意他(她)的手臂,并做好随时出发的准备(戴泳镜、深呼吸等),这样,才能保证不犯规的情况下以最快的速度接棒成功。

四、团结就是力量

孩子们四人一组都会在出发前喊一些简单的口号为自己加油,大家都有共同的愿景——获得胜利,然后每个人都认真地用标准自由泳泳姿,以最快的速度,完成自己竖池这段距离的比赛,这样,小组才能获得很好的成绩。

幼儿自由泳接力赛中的规则必须由幼儿参与制定,这样他们才会更好地遵守和执行;幼儿自由泳接力赛中的技巧必须通过孩子们一次次的实践,再由孩子们自己总结,这样更有利于孩子们对比赛技巧的摸索和总结能力的提升;幼儿自由泳接力赛中的团队合作精神必须四个人一条心,有共同获胜的愿景才能取得最终的胜利。

浦东新区东方幼儿园　梅　莲

今天，我又感冒了

【背景】

在游泳活动中，闷水是必须经历的一道坎。跨过这道坎，幼儿会发自内心地喜欢游泳，并能顺利进入到自由泳、蛙泳的学习。跨不过这道坎，幼儿就会在这个阶段徘徊不进，在心理上对水产生害怕的情绪，表现出退缩、痛苦、逃避或对抗。大多数家长会认为幼儿的这种害怕情绪是正常的，给予一定的关心既可。有些家长不清楚这是一种正常的现象，平时就比较宠爱、溺爱幼儿，一看到幼儿害怕闷水反而更加迁就他们。刚开始每天与幼儿一起提心吊胆，最后就演变出各种名目繁多的不游泳的理由，有的说生病了，有的说家里有事，有的觉得天冷游泳容易感冒，还有的幼儿每逢游泳的时候就索性不来幼儿园。家长的这些"帮助"是否真的有益幼儿的身心发展呢？

【过程】

早上8点，小周的妈妈发了条短消息："老师，宝贝感冒还没好，这周的游泳活动我们就暂停了。"这已经是宝贝第四周请假不游泳了，平时的他和其他幼儿一样，既没有打喷嚏，也没有咳嗽，怎么一到游泳他就不舒服呢？

记得10月份游泳的时候，他不肯闷水，教练还特地与他讲解闷水的要领：要将整个头部都浸入到水中，小手伸直并夹住两个耳朵，这样就可以游得很快。如果不闷水抬起头或是露出耳朵游泳，不但没法到达对岸，还会出现原地打转的情况。倔强的他在闷水打腿的时候，依旧数到2就将头抬了起来。在岸边练习闷水的时候他可以数到8呢。他就像抛锚的小船，虽然在水中不停

打腿,却没有一丝向前开动的趋势。

11月份开始,他就不怎么参加游泳了。有一次,他已经来到幼儿园,却在保健老师处说自己头晕,不舒服,要回家休息。还有一次,妈妈说来的路上就在车上发脾气,走到楼梯口,就是不肯上楼梯进教室,只能向老师请假,把他带回家。这一周,他有2天没有来园,因为这2天都有游泳活动。第二周,妈妈说他有点咳嗽,仍旧是游泳的那2天没有来园,其他时候照常来园。第三周,他真的发烧咳嗽了,而且十分严重,整整2周没有来园。短短的一个月就这么过去了,他没有参加游泳活动。

12月份他身体恢复后,我们觉得让幼儿如此逃避游泳,会使他失去很多锻炼勇敢精神的机会,对幼儿坚强个性的培养绝无好处,对幼儿的身心发展都非常不利。我们需要改变现状,我们要和家长共同努力,让幼儿在困难面前勇敢面对,并且坚持练习,逐步掌握闷水的要领。

于是,毫不犹豫拿起电话与妈妈沟通幼儿的游泳情况。其实,妈妈也希望自己的孩子能够愉快地参加幼儿园里的游泳活动,可是每次游泳的前一天晚上,幼儿就开始和妈妈说不愿意游泳,一会儿哭一会儿闹,而妈妈禁不起他一而再再而三的诉说,自己的立场也变得犹豫不决,只得答应帮他请假。在经过了耐心解释和沟通后,我们达成了以下共识:首先,只要身体无恙的情况下,不随便请假。其次,每天晚上爸爸妈妈在浴缸里和幼儿一起练习闷水,从闷水5秒开始不断增加。最后,每次游泳活动后,老师及时反馈情况,并在家长面前表扬和鼓励幼儿下次更进一步。通过以上三方面同时跟进,以此帮助他恢复对游泳的信心。妈妈十分认同这样的做法,当天就不提请假一事,并十分坚持让他参与游泳活动。

就在第一次游泳活动的晚上,电话铃声又响了,是妈妈。她激动地质问道:"老师,我儿子回来就说耳朵痛,从下午一直哭哭啼啼到现在,到底是什么原因?……"于是老师耐心地告诉妈妈,如果真的有耳朵不舒服,首先要到医院去就诊。其次,今天的游泳活动中,宝贝闷水时间不长,而且由于是一个月以来的第一次下水,有些不适应是正常的,但是不会导致耳朵不舒服。还是建议去医院,请医生来诊断。

第二天中午,妈妈就打来电话道歉,说自己被儿子长时间地哭啼声弄烦躁了,所以有些失礼,昨晚已经去医院看过,医生检查下来没有什么,可能是耳朵有些进水导致的耳鸣,当晚就好了。既然妈妈的误会已经解除,相信幼儿很快就能继续参加游泳活动。我们的约定不变哦！

接下来的几次游泳活动，幼儿虽然偶有情绪不佳的时候，但是明显比上两周好多了，也没有听到幼儿找寻理由不游泳，相反，在经过不断练习之后他的闷水时间已经可以达到 10 秒了，并且有不断提高的趋势，从此以后，他闷水打腿的时候就像其他小朋友一样，像小鱼一样在水面下穿梭。

记得两周后，我们有一次家长半日开放活动，当爸爸妈妈看到儿子在游泳池里闷水 10 秒，并能扶板打腿游泳的时候，他也为之欣慰，并感叹老师与教练所付出的辛苦。临走还不忘感谢，并说游泳真好，一定让他坚持参加游泳活动，每天回家继续练习闷水。而且，明显感到他感冒和咳嗽的次数和频率在减少，真是一举两得啊！

【反思】

当幼儿跨越过闷水的坎后，他自己也变得喜欢闷水，喜欢游泳。老师看到他对游泳态度发生改变，看到他发自内心的喜欢游泳时，我们是非常欣慰的。

我们发现，当幼儿在闷水过程中遇到困难时教师所起的重要作用：鼓励幼儿积极参加游泳活动，指导幼儿熟练掌握闷水要领，带领幼儿认真练习闷水本领，称赞幼儿快速获得点滴进步。

我们还发现，当家长产生疑惑时教师所起的重要作用：以诚相待获得家长的信任，及时沟通获得家长的理解，共同探讨获得家长的配合。

通过这个案例，还揭示了，作为幼儿园，我们进行游泳活动，对幼儿身心健康都起着不可估摸的力量，让幼儿在畏难的时候获得更多勇敢面对困难的机会，让幼儿从不会到慢慢学会的过程中感受坚持的重要，让幼儿在学会闷水后回顾以往感受获得新本领的成就与自豪，让幼儿在学习游泳的过程中强身健体！

浦东新区东方幼儿园　李继华

快乐的小风车

【背景】

经过一年多的学习,孩子们的自由泳技术已经"炉火纯青"了,随着孩子们进入大班,他们也即将开始学习新的泳姿——仰泳。孩子们对仰泳特别感兴趣,因为他们觉得可以睡在水面上,随着波浪摇摆可舒服啦!可是,当大家要学习手部动作时,却遇到了问题:由于自由泳时,手臂是向前划动呈风车状,仰泳则要求手臂向后划动做风车状,这下可把孩子们弄糊涂了,大家习惯了大半年向前划动手臂的动作要逆转了,这可难倒了孩子们。在水中,各种各样的手臂动作开始出现,有的仍然像自由泳的手臂动作一样;有的一个手做自由泳的手臂动作一个手做仰泳手臂动作;还有的是向后划动手臂的要领但是却是两个手同时进行……于是我们除了在游泳时增加在岸上练习手臂划水动作外,在教室甚至运动时也时不时地练习仰泳手臂动作,可是一到水里很多孩子还是会条件反射地做错手臂动作。

【过程】

情境一:

今天又有游泳活动,我事先准备了几个纸风车,游泳活动前我拿了出来,给孩子们玩。

玩了一段时间后,我问孩子们:"风车是怎么转的呢?"

小米说:"有风就能转起来。"

轩轩说:"风一吹他就往后面转了,往风的反方向转。"

彤彤说:"我手里拿着风车向前跑它也能转起来。"

……

孩子们各抒己见,将平时自己玩过风车的经验统统说了出来,于是我提议,一起来玩个"快乐大风车"的游戏,我问:"谁能来用动作表演一下风车转起来的动作?"周周立刻站了出来,手臂向前甩动起来,在体侧做出"风车"转动的动作。

"哇!做得真像啊!我们的手臂就能模仿风车的叶子,那现在我来做风婆婆,如果我吹向你这个风车,你的手臂应该怎么动呢?"我又向孩子们提出了更高的要求。孩子们更积极了,纷纷举手想来试试。这回轮到笑笑做"小风车",她双手上举贴近耳朵,做好了准备,我则扮演"风婆婆"向她的手臂吹气,她的手臂以身体为中心,由前向后慢慢转了起来,坐在座位上的大刘和丁丁着急地喊了起来:"不对,不对,手臂应该向后转,风吹过来手臂向后倒才对。"其他孩子经他们俩一提醒也纷纷应和起来:"向后,向后呀!"笑笑听大家一嚷嚷,连忙换了个方向。接着,我又请孩子们两两合作,一个扮演"风婆婆",一个扮演"大风车",让他们一边游戏一边检查风车转动的方向。

游戏结束后,我问孩子们:"风从前面吹来,风车到底应该怎么转?"有了刚才游戏的经验,大家异口同声地说:"叶子应该向后转。"

"对呀,等会儿游泳时请你们做个水中大风车,风会从你的面前吹来,风车的叶子要向后面转动哦。"

情景二:

进入水中,孩子们按照我们在教室模拟游戏时手臂摆动的方法练习起来,只听见茵茵在一边准备时口中自言自语:"大风车,大风吹来,向后转。"接着就在水中划了起来,她的手划动方向正确,可是却变成了两个手一起转了。

于是,我便对茵茵说:"茵茵,你的大风车真厉害,但能不能试试,两个大风车轮流转动呢?"

茵茵一边做手臂动作一边说:"左一下,右一下嘛?"

我微笑地向她竖起大拇指说:"对!你的风车可真棒。大风车,大风车,大风吹来向后转。左一下,右一下,风车转得真欢乐。"

别的幼儿听到了,也跟着念了起来……

【反思】

在这次游戏活动后,孩子们仰泳的手臂动作正确了很多,大部分幼儿已经能基本掌握仰泳中手臂划水的协调性,这次活动后我感到有以下三个体会。

一、重视角色扮演,提高游泳积极性

陈鹤琴先生告诉我们,儿童天生喜欢游戏,教师应当利用儿童的"游戏心",使活动在愉快中进行。在学仰泳手臂动作的过程中,由于幼儿对自由泳的手臂动作更加熟悉,一下子要转换为反方向的手臂摆动,很多孩子都不能适应,单一的在岸上练习,孩子们也只是"老和尚念经——有口无心",一下水全忘了。在案例中,我运用"风车"的原理,让孩子直观的了解仰泳手臂的正确方向,随后通过小游戏,让孩子"化身"一个个大风车,模拟风吹风车后,风车叶子转动的情景,增加了手臂摆动的趣味性,在模拟扮演活动中,强化了孩子仰泳手臂摆动的正确方向,增强了孩子的自信心,激发了孩子很大的兴趣,从而解决了幼儿仰泳手臂方向错误的问题。

二、重视自编儿歌,巩固技能正确性

大班幼儿在语言上较小中班有了更强的归纳能力,而且大班幼儿具有一定的创编能力,在日常活动中他们会时不时地说上两句朗朗上口的自编小儿歌,教师则可以利用这一特点,将仰泳中手臂动作的重难点变成朗朗上口的儿歌,让幼儿巩固技能技巧。在案例中,我们和孩子共同创编关于游泳的儿歌,在创编和尝试活动中,既归纳了手臂动作的要点,让幼儿更容易记忆,又增强了孩子的自信心。

三、重视鼓励支持,获得成功体验

研究资料表明,成人的评价对幼儿的行为有很大的影响,在很大程度上,正是由于成人评价的影响,幼儿才产生了对现实世界、对别人和对自己的态

度,因此教师要在言语、情感、动作上给予鼓励和支持。教师在茵茵出现手臂动作错误的情况下,首先找到她的闪光点——归纳了手臂摆动的要点,然后运用表扬的语言、微笑的表情以及代表肯定的动作等鼓励支持她,让她带着愉快的情绪参加活动,使孩子获得成功的体验,从而更主动、积极地去学习。

浦东新区东方幼儿园　叶　琳

美美浮起来了

【背景】

我们班级的小朋友都是从小班开始系统地参加游泳课程,从小班的闷水学习到中班自由泳学习一直到大班的蛙泳学习。大班开学前新插班进来一个小姑娘叫美美,她又漂亮又乖巧,说话声音轻轻地,胆子较小,总体来说是个安静内向的孩子。由于之前她没有学过自由泳,所以开学前家长很配合地让她在家用脸盆学习闷水。大班开学啦,美美和小朋友一起学习蛙泳,她能跟着大家一起徒手模仿划手、蹬腿等基本动作,也非常认真。当大家趴在岸上练习手脚协调的蛙泳动作时,她也能将整套动作连贯起来。可是,只会简单的在水中闷几口水的美美到了蛙泳需要在水中练习的时候,她在水中换气就遇到问题了,经常容易呛水。于是,她不愿在水中学习蛙泳了。

【过程】

美美站在岸边迟迟不愿意下水游泳,我叫她下水,她紧张地不知所措。她说:"我怕,我不要下水。""美美,你已经学会了蛙泳的动作了呀,而且你也会闷水的呀,还有什么困难呢?""嗯——"半天憋出了一句话:"我呛水难受。""那老师和你一起蛙泳好吗?"她不说话也不动。"那老师和你一起站在水中练闷水好吗?"她点点头。于是,我带着她面对面、手拉手站在水中。闷水前我跟她说:"我们一起上、一起下,下到水中的时候憋气,从水里上来的时候吐气,好吗?"于是,她跟着我一上一下有节奏的呼气、吐气,初步学习换气,美美没那么抗拒下水学习蛙泳了。过了几天,我看美美的换气有进步了,我鼓励她:"我们

74

能换气了,试试蛙泳吧!"她也欣然接受。

美美尝试蛙泳,在水中她划手、蹬腿非常连贯。游了几下后,她站起来了。"美美,坚持到底!"她又游了几下,又站起来了。这样反复几次,她也只能连续游2个动作。原来美美抬头的时候并没有换气,而是一口气憋着。这时,我在侧边抱着美美,"老师托着你,不怕! 你抬头的时候张开嘴巴换口气,再把头闷在水里,就一下,好吗?"美美试了试,开始几下,美美抬头的时候还是不敢张嘴换气,慢慢地有了我抱着不下沉的感觉后她愿意抬头换气了。"现在,你自己拿着浮板慢慢练习吧!"有了张嘴的经验后,美美不再害怕,自己用浮板练习换气。

美美会换气了,游泳的积极性很高,她自己脱了浮板来练习蛙泳。过了几天,美美有些沮丧地跑过来跟我说:"老师,我只能换一口气,脚就碰到游泳池底了。""你再游一下,老师看看。"原来美美一抬头换气入水后,身体就沉到水下去了。我给她一块浮板让她拿着浮板练习。我在前面拉着浮板,美美双手拿着浮板抬头后蹬腿。接着,我站在美美的小腿中间,在后面扶着美美,让她练习手部滑水动作和换气动作。"美美,老师托着你,不会掉下去的。你轻轻地抬头就可以了。不用抬得很高,嘴巴露出水面即可。然后我让她感觉一下嘴巴出水面的位置。"等她熟练了以后,我在前面拉着她的手,她抬头换气的时候给她有抓的拉手的感觉。"美美,如果身体漂不起来的时候,多几次蹬腿,就能让身体浮出水面。"

【反思】

1. 循序渐进,掌握方法

每个人作为个体都有自己的发展顺序,每个人学习到一定的量发生质的变化的时间也是不同的。有的人学习仰泳很方便,有的人学习闷水的困难特别大,每个人掌握和擅长的点也是不同的。

我们学习游泳的技能要从简单的逐步过渡到复杂的,如先让美美感受出水和入水的吸气呼气,然后用浮板帮助美美漂浮在水面张嘴换气,最后在她旁边扶着她,让她放松地换气。

2. 反复练习,熟练技能

讲授给孩子的内容要精确得当,目的也在于留出充裕的时间进行操作练

习。通常技能的训练往往是很枯燥的,但又是十分重要的。技能和方法只有经过反复练习才能比较熟练地掌握,游泳换气的重点就在于练。练习的内容从模仿逐步到独立操作,反复练习。

所以,在美美换气遇到困难的过程中,除了老师的讲解指导外,还是需要给予美美一些时间慢慢练习,慢慢琢磨。通过一段时间的消化,美美会自己找到换气的节奏,领会换气的要点。通过一定的练习,美美也会慢慢找到水感,增强了学游泳的信心,更好地适应游泳的呼吸。

3. 针对差异,有效指导

在游泳活动中,老师要深入了解蛙泳课程的内涵,明确教师的角色,掌握了一定的指导策略,对蛙泳的整个学习就有了方向。针对美美换气的学习的个别情况,老师的指导是否有效很关键。首先,在蛙泳换气的不同阶段,针对不同的目的和任务,教师要有适时有效的指导行为。其次,老师要善于发现学生在实践活动中的困惑和困难,在突出学生主体地位、兴趣、爱好和需要的同时,加强指导的针对性和实效性。最后,教师要根据活动的任务和活动内容,适当地采取指导形式。合适的指导才会有相应的效果。

浦东新区东方幼儿园　狄剑兰

蹒跚学步的小企鹅

【背景】

孩子们从小班开始接触游泳活动,由于游泳初期很多孩子对于游泳还是有些惧怕的心理,导致他们不愿意下水游戏,所以活动初期重点在于如何鼓励孩子们摆脱心理障碍勇于下水。经过前一个阶段的鼓励和尝试,班级中的孩子们终于开始愿意下水了,从最初只敢在池边扶着池壁站着到可以浮着池壁缓慢行走,孩子们的进步已经很大了,面对孩子们的进步,教师非常欣慰。但是,对于孩子们来说他们仍旧在借助一个心理的寄托物,如池边。总是不愿意离开池壁,担心自己会摔跤。于是,教师就想在活动中增进孩子们的亲水性,让孩子们感受在游泳池中自由走动的快乐,所以希望通过本次活动让孩子们敢于离开池壁,来到池中间,稍快地在泳池中任意走动,脱离支撑物、依赖物。

【过程】

就在老师们做好孩子的思想工作,告诉了他们泳池中游戏的快乐,介绍好了游戏规则后,意想不到的问题却出现了。天天是班级中胆子比较小的孩子,鼓励他下水教师们已经费了一番功夫了,好不容易天天下水了,教师心想终于可以带领着大家一起进行水中的游戏了,这时候天天却给教师制造了一个大难题,天天死死地拉住池壁,用细细的小手指紧紧拽住池壁和泳池的连接处,就是不肯放手跟大家一起到中间来进行游戏,小嘴巴里面重复着一句话:"我就待在这里,我不去中间,我就浮着慢慢走,你走开,你走开!"老师看到天天这个情况,就好言相劝:"你别担心,中间和这里一样,你可以拉着老师的手,我们

一起走好吗?""不要,不要,你会放手的,我不要!"好言相劝不起作用,天天还是死死拉住池壁,不愿意离开。"天天,你告诉老师,你是不是男子汉?男子汉就要勇敢,你看,妹妹们都过去了呀。勇敢点吧!""我是男子汉,但是我害怕,你去教他们吧,我就在这里,我会看着你们的!"天天的话让老师又好气又好笑。教师实在没有办法,只能采取行动,抱起天天想靠力气把他往中间带去,想着只要迈出了第一步,他就可以克服障碍了。谁知天天居然爆发出了无比巨大的力气,紧紧地拽着缝隙,连抱他的老师都差点摔倒了。而且,由于天天的反应巨大,造成了本来很开心的其他幼儿也跟着开始不敢往中间走了,只敢在池边摸着池边走路了。

对于这个情况,老师决定不再强硬地对待天天,而是让孩子们手牵着手一起慢慢向泳池中间靠拢,在泳池中间围了一个圈。为了让孩子们能够尽快地适应水中行走,让他们可以大胆地来到泳池中间,到了水中央,老师告诉了孩子们本次游戏的内容是:"蹒跚学步的小企鹅",让孩子们手拉手在泳池中间围个圈,对于那些还有些颤颤巍巍,担心自己会摔倒的孩子来说,同伴的支持和扶持是最大的鼓励,孩子们都纷纷牵着好朋友的手,围成了一个大圆圈,在调整圆圈大小的过程中,孩子们已经开始摆脱心理障碍,在水中自由行走了。等孩子们围好后,在圈中间放上企鹅爱吃的小鱼、小虾等能够浮在水面上的漂浮玩具。孩子们每个人都戴上企鹅的胸卡,胸卡上面写上自己的号码。老师告诉孩子企鹅们要去进食了。随后叫两个号码,孩子们根据自己的号码,放开牵住别人的手,在水中快步往前走,到圈中间拿取自己想要吃的食物。

孩子们在游戏的过程中,因为要完成企鹅的任务,不知不觉放开了依赖物(其他幼儿)的手,大胆地走入了他们曾经不敢涉及的泳池中央,并因为都想拿到自己喜欢的食物而放开了步伐,快速地在泳池中行走。

天天看到孩子们玩得很开心,犹豫地对老师说:"老师,我要拉着你的手。"看到天天的转变,我马上走过去,对天天说:"我们一起来做小企鹅,也来玩这个游戏吧。""那我会摔跤吗?""你放心,老师会保护你的。"刚开始时,天天走得很慢,常常拿不到自己需要的食物,几次游戏后,天天胆子变大了,也知道了其实水并不可怕,在水中走路的感觉和在陆地上走路的感觉是不同的,只要控制好自己的身体,一步一步地走,其实水中也是很开心的。而且由于玩具的特殊,可以漂浮在水中,孩子们对于这样新奇、好玩的玩具也非常有兴趣。

【反思】

一、克服心理恐惧

其实每个人都有求生的本能,孩子也一样,因为在水中孩子们会觉得有一种无力感,使得他们对水产生一种恐惧的心理,所以不愿意轻易进行尝试,希望能够在其中找到可以让他们产生慰藉的物品或者人,如果他们找到了心理上的依赖物,孩子们的胆子就会更大一些。未知对于孩子们永远是有探索的兴趣的,所以让孩子们能够战胜这个未知、体验这个未知,这样孩子们就能克服第一次尝试的障碍,当孩子们觉得未知不可怕、很有趣时,所谓的心理恐惧也就克服了。

二、融入游戏教学

对于孩子来说,什么是最有兴趣的,自然就是游戏,能够给孩子们设计一个既符合他们特点,又能对他们产生经验提升的游戏,孩子们自然愿意融入其中。今天的游戏就让孩子们在过程中,忘记了恐惧、忘记了害怕,将重点转移到快速拿取喜欢的食物这个环节,因为目标的转移,让孩子们的心理压力变得更小了。在岸边可以进行的游戏,在水中也可以进行。孩子们看到其他幼儿玩得高兴,他们自然也愿意参与其中。每个孩子都有好胜心,都不愿意比别的孩子慢,所以他们渐渐从小心翼翼地一步步走,到大步地向前跑动,完全忘记了自己是在水中行走,对于孩子们来说这个游戏就是成功的。许多孩子有了第一次的尝试后,下一次再进行池中央的锻炼时,就不会再产生惧怕的心理了。

三、引领个别儿童

本次活动在设计过程中,天天是个"意外",在刚开始时我为了要让每个孩子都能勇敢地踏出第一步而"强硬"地对待天天这个小"变数",由于我的强硬,导致了天天的反应过度,也导致了其他孩子跟着天天产生了恐惧感。所以,我最后决定放弃"强硬"手段,而将重点放在了大部分儿童的身上,同时并没有遗忘天天。天天选择了在池边观看同伴的游戏。由于其他的孩子在游戏时没有发生天天担心的情况,玩得很开心很快乐,使得天天放松了情绪,其他人的尝试让他的紧张感变少了,他也想尝试融入大家,这个时候老师适当的引领、和蔼的鼓励,让天天也参与到了这个游戏中来,也能够在本次活动中获得经验的提升。对于天天来说,他的成功甚至大于其他的孩子。有时候,短暂的"漠视",反而能给予孩子不同的感受,适当的"引领"却能促使孩子更好地跨越。

浦东新区东方幼儿园　董倩筠

请 与 我 对 视

【背景】

　　进入大班,幼儿游泳的课程除了进一步熟悉水性,巩固自由泳的正确姿势,还需要在此基础上学习仰泳。在仰泳的课程设置中分为两部分。第一部分,仰泳划手练习:准备动作,双手并拢举过头顶,两只手臂紧贴在耳朵的后侧,眼睛正视前方,抬头挺胸,身体保持正直。开始动作,左手手心朝下向身体左侧划下,划至大腿(此时要求嘴巴张开吸气)。再由左手向前向上与右手重叠(此时将气慢慢吐出)。右手与左手交替练习。第二部分,岸上仰泳打腿动作模仿练习:身体挺直躺在床上或者地上,双手朝后伸直,两只手臂贴紧耳朵后侧,双脚向后伸直,脚背下压,脚尖绷直朝前。依旧注意大腿带动小腿发力,上下连续有力的打腿。打腿练习的过程中保持呼吸连贯不要憋气,注意吸气吐气。

　　根据仰泳的技能要求,我结合本班幼儿的实际情况,发现可以在授课过程中将自由泳与仰泳的课程穿插同时进行。一方面仰泳的腿部动作是在自由泳腿部动作的基础上稍作调整,另一方面仰泳的手臂动作同样要求上臂伸直贴紧耳朵。对于我们班级的孩子来说,他们已经学习了两年的游泳课程,大部分幼儿对自由泳的泳姿掌握不但达标,而且熟练,因此我对孩子们学习仰泳信心满满。

【过程】

　　诺诺在教练眼中是班里的游泳苗子,颀长的个子,修长的胳膊加上修长的

腿,在水池里就像一条灵活的鱼儿。想当初刚开始学游泳时,诺诺每天哭鼻子,一遍又一遍地唠叨:"老师保护我!教练帮帮我!"原来对诺诺来说,学习一项新技能总是要比同伴稍慢一拍。有时候是因为心里害怕,只有当老师陪在身边时才能坚持;有时候是技能习得困难,需要教练反复纠正多次才能掌握要领。可是一旦诺诺达成了这一阶段的学习要求,就会后来居上,比其他孩子游得更快更好。现在,开始新泳姿的训练了,诺诺的表现会怎样?

好在有自由泳的基础,对诺诺来说,熟悉水性、保持身体在水中的平衡已经不在话下,而且,对于大班的孩子来说,他们有强烈的求知欲,听说要学习新本领,个个摩拳擦掌、跃跃欲试,对自己也充满信心。诺诺显得有些担忧,他的眼睛总是在找我,似乎有什么话要对我说,可是又说不出口的样子。而我每每都会接住他投向我的目光,并且报以灿烂的微笑,示意他:放心吧!你一定能行的!

开始新课程的学习了。在岸上,教练逐一纠正幼儿手臂的动作,提醒幼儿的肘关节绷直,这样上臂才能碰到耳朵;两臂交替划水时,提醒幼儿一定记住手掌相击后另一只手再交替。

我在一旁观察着诺诺,他小嘴抿得紧紧的,看得出在暗暗使劲儿,努力想要做到最好,我不禁在心底夸他:真是好样的!

或许太过于专注局部动作的练习,诺诺整个身体开始紧张起来,手臂虽然绷得笔直,但是开始往上翘起,我轻轻走过去,对他说:"诺诺,岸上的地砖就好比是池里的水面,手臂一定是在水面上划,现在你看,手臂离开地面好远,打不到水了。"说着,我把诺诺的手往下压,让他接触到蓝色的地砖,"放轻松吧,就让手躺在地砖上,不用力气就能做到呢"。诺诺很快领会了这个动作的小窍门,一边做一边冲我笑。

进入水里,教练给每位幼儿的腹部戴上浮板,只要幼儿能够平躺在水面上,仰泳的任务就完成一半了。大家按照教练的指导,高高举起手臂,小手掌重叠,就像一支支尖尖的小笋芽准备冒出来;在水中半蹲,让水面齐肩,身体向后一窜,紧接着双腿打水,游起来了!

正当我欣喜地看着一群"小潜艇"扑腾着水花,在泳池里行进时,却发现诺诺还停留在原地,一个人杵在水里。"诺诺,跟着教练数:一(举手)——二(下蹲)——三(向后仰)——我就陪在你身边,不要害怕!"诺诺眼眶红红的,强忍着不让眼泪流出来,或许刚才他已经按照教练的口令尝试过了但是失败了。

现在,他看着我殷切的眼神,重新鼓起勇气,转过身再来一次。一、二、三,刚出发的诺诺,没等腿打出水花就沉下去了,他赶紧收起手臂,一骨碌站起身,又杵在了原地。原来是身体没有挺直,腰腹部掉下去了,没关系,找到根源就好办。

我们重新回到岸边,找来一块浮板躺上去,一边用手轻轻抚过诺诺的胸部、腹部、髋部、腿部,一边细细给他讲解挺直腰板的感觉,就像一条大鲸鱼,肚子鼓鼓的不能漏气。诺诺边听边点头,连声说知道了,再来一次。

"一、二、三——"诺诺这次从肩膀开始就没有浮上水面,更别提大鲸鱼的肚子鼓着不掉下。"老师,我想把身体放平,可是做不到。"诺诺有点沮丧,"没关系,再来一次,刚才我站在你面前,现在老师站到你身后去,你就想象着往后一倒,就能倒在老师的怀里,我会把你接住的。"我俩互相点点头,为彼此鼓劲儿,也把最宝贵的信任交给对方。

"一、二、三——"这回诺诺的手掌被我接住了,我拉着他行进着,诺诺也努力地挺起他的腰腹部,可是他的腿怎么用力地摆动,也踢不出水花来,他的整个身体呈四十五度倾斜在水里。"加油,把脚抬出水面,让老师看见你踢出的水花!"诺诺抬起脚来,水花是打出来了,可是身体却成了"V"形,腹部又掉下去了。诺诺拉着我的手问:"老师,这回我成功了吗?"我看着诺诺望着我的眼睛,他的眼神里充满了恳切与期盼,他是多么渴望成功呀!"诺诺这次很棒,"我怎么能够告诉他没有成功呢?"水花踢出来了,身体也笔直的,力气用的很大,你太棒了!接下来再练几次会更棒的!我们先休息一会儿。"

我知道,问题不在诺诺身上,那么究竟哪个环节出错了呢?我靠在泳池边陷入了沉思。诺诺也没有游开,只是像条小鱼儿一样围着我游来游去,时不时地看看我,和我眼神交汇的那一瞬间,我茅塞顿开。就像打腿的时候,要用大腿带动小腿一样,人体的脊柱从颈椎到腰椎也是连带的,想要腰腹部不塌陷,那么从颈椎开始就要向上扬起,诺诺每一个动作都做到了准确无误,可是他的头部动作不应该是自由泳时的向下看,而应该改为仰泳的向上看,所以抬起下巴才是要领。

想到了调整的方案,我欢欣鼓舞:"诺诺,我们再练习一次,这次游的时候你要抬起头来看着天上,好吗?"诺诺非常配合,我们回到起点,"一、二、三——"我站在诺诺的后方,等到他向后仰,我一把接住他的手,诺诺使劲地摆动腿部,同时也在努力地挺直腰杆,"抬起头来,眼睛看着天上,不要看岸边的朋友!"我不住地提醒着诺诺把头仰起。"对,下巴抬高,再抬高一点!"这回,终

于成功了！诺诺保持着平仰的姿势从泳池的这边游到了那边,游完诺诺站起身,笑眯眯地对我说:"老师,你知道吗,刚才你叫我抬头的时候,我没有看天上,我看的是你。""让我们再来一次,我也看着你好吗?"

有了成功的经验,诺诺不需要我再捏住他的手了,我只要远远地站在他的身后,然后找到他的眼睛,和他对视,向他送上鼓励的眼神,给他竖起一个大拇指。

【反思】

一、创设宽松愉悦的心理环境

在教授幼儿学习游泳的过程中,会出现许多哭闹的情况,幼儿的情绪抵触直接影响游泳课程的实施。因此,为幼儿营造一个温馨、温暖、无压抑的心理环境变得尤为重要。帮助幼儿消除闷水时的恐惧心理、排除幼儿在技能习得中的畏难情绪都离不开教师。

在这个案例中,教师除了鼓励幼儿迎难而上,还适时地说了一个小谎话,虽然屡次尝试都没有成功,但老师告诉诺诺:你是最棒的! 而把失败的原因归纳为是没有找到更好的教法,然后和幼儿一起寻觅解决问题的策略,教师与幼儿共同尝试,一起反复练习,最终获得成功。

二、运用熟练专业的知识技能

游泳课程是一门与运动相关的学科,教师在熟悉教材教法,掌握幼儿心理特征的同时,也要灵活运用幼儿生理解剖的相关知识。

在这个案例中,正因为教师具有熟练的专业知识技能,才可以找到幼儿在技能学习中不容易掌握的关键点,再运用运动技能的专业知识,从一个简单的目光注视方向调整幼儿的头部动作,进而改变整个肢体的平衡能力,帮助幼儿很快掌握了仰泳的要领。

三、培养主动积极的情绪情感

我们常说愉快地教、快乐地学是最幸福的事。当幼儿将学习化为自主的需求,那么无论多高的知识顶峰,都能攀登。在这个案例中,诺诺的求知欲和克服困难的毅力多次令人感动,但是,最令人动容的是他自己琢磨出动作的要领,当然这个灵感来自浓浓的师生情。老师要求幼儿眼睛向上看时,他看见了最有安全感的老师,于是,眼神不再迁移,就跟着老师一路游到底;老师感受到学生的信任,在互相对视中报以更多的鼓励与赞扬,他们收获的已经不仅仅是学习的成功。

浦东新区东方幼儿园　丁剑寅

学游泳的小青蛙

【背景】

　　蛙泳是人模仿青蛙游泳的动作的一种泳姿。它是我们大班幼儿游泳学习的重点。在我们的教学活动中往往会碰到这样的情况：学习过程中幼儿手脚不配合，有的幼儿伸臂蹬腿同时进行；有的幼儿蹬腿同时划臂，连续伸蹬等。一下子孩子们在水中不知道要做什么动作，愣在那里，蛙泳学习活动受制。如何让我们的幼儿更好地学会蛙泳，更快地进行手脚协调的训练，是我们老师迫切需要解决的问题。幼儿只有真正手脚协调地游起来，才算真正掌握了蛙泳的方法。在组织这样的活动中，我们老师要层层递进，通过示范、讲解，让幼儿模仿，水陆相结合练习等方法，让幼儿从分解训练逐步过渡到完整的综合练习，在从陆上的整合训练到水中的完整配合动作，实现"化整为散，再把散融合为整"，让幼儿在掌握基本动作技能的基础上再合起来练习完整的蛙泳动作。这样幼儿学起来一定事半功倍。

【过程】

　　孩子们蛙泳的完整配合动作在陆上已经模仿练习了一段时间，在老师的示范和指导下，孩子们大部分掌握了这些动作要领。这不，要入水练习了，孩子们迫不及待地入水去游，蹬腿并拢手伸直，慢抓快划加呼吸，吸气收手慢收腿，蹬腿滑行手先直。孩子们在水中慢慢尝试着，手和脚一起游起来，慢慢地把动作整合起来。这时候，我听到了断断续续的哭声，寻着哭声看去，原来是我们的悦悦在水中不知所措了。我在一旁先观察了她一会，发现她在水中游的时候,伸手臂和蹬腿是同时进行的,这样使得她在水中手脚一动,就往下沉,如此反复几次后,她实在没有办法,就哭了起来。一哭,她就更加的紧张,这下连最基本的动作都忘记了,手脚只是在水中乱扑腾。看到这里,我轻轻地走到她的旁边,先安抚她的情绪,分散她的注意力,让她先休息一会。我轻轻地跟她说:"悦悦,不哭哦,你每次都是小老师,这次也一定行的。我来和你一起做动作、一起学吧。"她慢慢地稳定情绪,停了下来,我先让她在岸边复习几遍整合动作,首先,两臂伸直上举,一脚站立,另一只脚抬起,做腿、臂、呼吸的完整配合动作,接着是两脚前后开立,前脚站立,后脚抬起,做蛙泳完整配合技术练习。等她熟悉了以后,再让她入水,我先抱着她的腰,以儿歌的形式告诉她:先伸臂,后蹬腿,划手腿不动,收手再收腿,先伸胳膊后蹬腿,并拢伸直漂一会。她边做,我边提醒她,若是做错了,我及时纠正她的错误动作。同时,放慢手脚配合的速度,以口令的形式,分为1到5步,让悦悦跟着我的指令来完成整合动作。在我的反复口令指导下,悦悦慢慢把手和脚的动作配合了起来。然后,我放开悦悦的身体,鼓励她在我的口令下自己练习。一开始她害怕,有沉下去、不知所措的现象,在我的鼓励和适当帮助下,她慢慢胆子大了起来。在一次尝试中,她成功了,一下子开心极了。趁着她情绪高时,鼓励她再继续反复练习,在不断的练习中,她慢慢地协调了起来。等她把手脚的动作协调地合起来的时候,我在旁边引导她自己边念儿歌,边做完整的动作。在不断的练习中,悦悦渐渐掌握了完整的动作要领,同时在每次的练习中,体验成功的喜悦。为了让她对自己更有信心,我还让她给其他幼儿做小老师,示范完整动作,小悦悦开心极了。

【反思】

从上述的案例中我们看到悦悦在老师的帮助下渐渐找回了自信,同时在老师分步骤的教学下,渐渐手脚协调,改掉了伸手臂和蹬腿同时进行的习惯。我们知道完整技术动作的学习是整个游泳技术中的难点。它的配合技术比较复杂,一般在教学时我们采用一次腿、一次臂、一次呼吸(1:1:1)的配合技术。蛙泳时,两腿、臂自然伸直,手滑下时,开始抬头准备吸气但腿不动,收手时抬头吸气再顺势收腿、翻腿,两臂前移伸直后两腿再向外、向后蹬夹水。通过这些指导要领,悦悦掌握了蛙泳的完整配合动作。当然了,我也收获匪浅。

一、陆上完整配合训练是幼儿手脚配合的前提

幼儿学蛙泳,我们以陆上训练为基础的教学方法,分两步让幼儿在陆上把手和脚的动作结合起来。首先让幼儿两臂伸直上举,一脚站立,另一只脚抬起,做腿、臂、呼吸的完整配合动作,接着是两脚前后开立,前脚站立,后脚抬起,做蛙泳完整配合技术练习。幼儿只有熟练掌握了这些基本动作,才能更好地把它们融合在一起,才能在水中游时手脚配合起来,不会显得手忙脚乱。

二、水中的配合练习是幼儿手脚协调的保障

为了让幼儿在蛙泳学习过程中更好地完成手脚配合,老师要正确讲解完整动作的技术要领,臂的划水动作先于腿即先臂后腿,收手时抬头吸气、伸臂时低头吐气,收腿要慢,蹬夹要快,保证动作节奏。老师可以以儿歌的形式让幼儿学动作:"划手腿不动,收手再收腿,先伸胳膊再蹬腿,并拢伸直漂一会。"其次,老师要做出正确的示范动作,让幼儿个别练习,并指出幼儿动作要领不正确的地方,同时让幼儿在不断练习中改正。这一系列完整的教学帮助幼儿做到手脚协调。同时在完整的教学中,使儿童明确各技术动作的先后顺序、节奏快慢、运行路线,来建立正确的条件反射,反复训练,从而形成牢固的肌肉和体位感觉,掌握蛙泳技术。

三、灵活的教学方法是幼儿学习的助推剂

1. 讲解、示范,引发幼儿学习兴趣。教师在水中、陆上的示范讲解,要正确、规范、形象,这能直接给幼儿一个直观形象的认识,使幼儿感到很新奇,很具体、很想进入角色模仿。教师简明、情趣、形象的讲解能充分调动幼儿的观察力、注意力和思考力,使他们对要练习的动作有更具体的认识。应注意的是教师示范和讲解最好能同时进行。边示范边讲解,让双重形象同时出现,加强对幼儿的刺激强度。

2. 模仿,让幼儿掌握蛙泳基本动作。幼儿的模仿力极强,而认识活动又具有明显的具体形象特征,他们极易效仿成人动作,只要教师示范动作得当、正

确,符合幼儿身心发展特征,他们粗略掌握蛙泳动作是很快的。

3. 儿歌,让学习内容更加的具体形象。为了让幼儿更好地掌握手脚的协调,用儿歌的形式提醒幼儿蛙泳的注意事项:划手腿不动,收手再收腿,先伸胳膊后蹬腿,并拢伸直漂一会。

4. 水陆结合,让教学更完善。对于儿童这个特殊的教学群体,其特点是兴奋度高但易衰竭!水陆结合教学方法可以有效避免儿童枯燥乏味练习感觉的产生,要知道长时间在陆上练习动作,容易使幼儿产生不耐烦的情绪,注意力不集中,最终影响教学效果!而水陆结合教学方法则可以提高幼儿练习的积极性。

四、乐观、耐心的教学态度是幼儿学习的基础

在以往的教学活动中,为了让幼儿能更快地掌握各种游泳技能,很多时候我们的老师会以严肃严厉的形象去约束和指导幼儿,这样会给幼儿造成很大的压力,影响其学习兴趣和教学效果。要知道完整技术动作的学习是整个游泳技术中的难点,我们老师一定要对幼儿的动作进行耐心、细心的观察,反复讲解技术动作。儿童的记忆存在暂时性,需要老师进行多次、反复的讲解。不可对幼儿过于严厉地训斥,要学着与幼儿沟通,勤于教导,不忽视每个幼儿,多鼓励幼儿,这样才能提高幼儿学习的兴趣,同时学习效果也能更加明显!

浦东新区东方幼儿园　任　花

小青蛙，快快来

【背景】

　　游泳是人类生存技能之一，它是一种凭借自身肢体动作与水的相互作用，使身体在水中独立活动或者自由游进的技能活动。游泳是一项适合幼儿身体发育的运动项目，它不仅能促进新陈代谢、身体器官的生长发育，也能促进幼儿的动作协调能力的发展，另外，游泳对于培养幼儿耐力、勇敢精神以及良好的品质都能起到非常重要的作用。

　　为了更好地促进幼儿的全面发展，我园根据幼儿的身心发展特点，分别在小、中、大班三年内依次教授自由泳、仰泳及蛙泳三种泳姿，考虑到蛙泳技术结构较复杂、节奏性较强，相对来说幼儿学起来会比较有难度，因此将蛙泳放在最后教授。近期，我们班幼儿开始学习蛙泳，在之前两年的游泳活动中幼儿学会了自由泳及仰泳，通过这两种泳姿的学习，幼儿已具备了一定的耐力，能控制好换气，并能在水中保持身体的平衡，对游泳也消除了恐惧感，这些都为蛙泳的学习打下了扎实的基础。在学习蛙泳的初步阶段，我先将蛙泳分解为腿、臂两个部分，并按照先腿后臂的顺序进行针对性的练习，通过这一方式幼儿分别掌握了蛙泳的打腿动作及头和臂的组合动作，于是我尝试请幼儿将各部分的动作相结合进行完整练习。

【过程】

　　游泳活动开始了，我让孩子们先在岸上做热身运动，在"伸手，抬头，伸手，抬头……"一声声的口令声中孩子们跟着我一起整齐划一地复习蛙泳头和臂的组合动作。热身完毕，我请孩子们下水练习蛙泳的腿部动作，只见孩子们扑通扑通地下了水，一个个手扶岸边，开始复习收腿、翻腿、蹬腿的连贯动作。看到孩子们的分解动作都掌握得不错，我露出了满意的笑容："恭喜你们，蛙泳的分解动作你们都学会了，今天我们就要真正地练习蛙泳了，先来看看我是怎么做的吧！一边看一边想我的手在划的时候腿动不动？我是先伸胳膊还是先蹬腿的？"说着，我用蛙泳的泳姿在孩子们的面前游了一个来回，然后让孩子们回顾我的手和腿是如何配合的，但是在听了孩子们的回答后，我发现还是有小部分孩子没看清楚。于是，我问道："谁觉得自己能行的？上来试试看！"这时，有一半的孩子举起了手，我邀请平时游泳表现出色的同同上前演示蛙泳的完整动作给大家看。在同同演示的同时我在一旁讲解："划手腿不动，收手再收腿，先伸胳膊再蹬腿，并拢伸直漂一会。"同伴的示范加上老师的讲解让孩子们顿时明白了其中的奥妙，于是孩子们开始纷纷自由练习，我则在一旁进行巡回指导。十分钟后，每个孩子都能掌握完整的蛙泳标准动作了，可是我发现有一半多的孩子动作还比较生疏，显得很不连贯。于是，我对孩子们加以鼓励："刚才你们的表现真棒，就像一只只小青蛙一样，在水里自由自在地游来游去，现在每个小朋友去找一个小伙伴，你们两个轮流做青蛙教练，检查一下小青蛙的蛙泳本领学得怎么样。"听到自己变成了小青蛙，孩子们一下子就来精神了，他们两人一组互相检阅起了对方的动作，看他们的样子颇有教练的气势。看到孩子们兴趣高昂，动作也变得连贯了一些，我再接再厉："小青蛙的本领越来越大了呢，我们一起来玩一个小青蛙找妈妈的游戏，好不好？"孩子们异口同声地说："好！"于是，我扮演青蛙妈妈，孩子们扮演小青蛙，在池中玩起了你追我赶的游戏，一边玩我一边提醒道："你们要用蛙泳的动作来追我哦，否则我就认不出你这个青蛙宝宝了。"只见一只只"小青蛙"用越来越灵活的动作追赶着"青蛙妈妈"，欢声笑语弥漫在整个泳池中。

【反思】

在这个游泳活动中，幼儿的主要任务是学习完整的蛙泳动作。在练习的过程中，我注意到幼儿的蛙泳动作还不够连贯，因此，我将幼儿角色化，并通过情景游戏帮助幼儿巩固蛙泳的动作。活动结束后，我不但达到了预期的目标——幼儿的蛙泳动作更连贯，还获得了额外的收获——激发了幼儿学习蛙

泳的兴趣,让幼儿体验到了水中游戏的快乐,从而提高了参与游泳活动的积极性。这个活动能够达到这么好的教学效果,与灵活使用多种教学方法密不可分。

1.通过分解训练奠定基础

运用分解训练法,可降低游泳动作的难度,这种由易到难、由简到繁、化整为零的练习,更易于幼儿接受。比起仰泳和自由泳,蛙泳的动作更为复杂,因此头、臂、腿的配合尤为重要。为了让幼儿打好基础,我先将蛙泳动作分解为腿部和头臂部两个部分,并进行重点练习,幼儿在逐步掌握这些分解动作的过程中不断增强了进一步完成蛙泳完整动作的信心和意志。

2.通过演示讲解新授动作

动作演示既是游泳教学中最常用的教学方法,又是最为直接和效果较好的一种直观方式。在活动中,我先亲自示范了蛙泳动作,为了让幼儿有更准确的动作技术概念,我再请平时游泳表现比较出色的幼儿进行演示,并加以讲解。通过这一方式,幼儿能够更清楚地了解蛙泳的形象、结构、要领和方法,在此基础上加以练习,就能够尽快地掌握蛙泳动作。

3.通过情景游戏提高兴趣

游戏是孩子的天性,是孩子成长发展的需要。与成人游泳不同,幼儿学习游泳更需要游戏法的渗透,通过游戏让原先枯燥单一的练习变得生动有趣,幼儿参与游泳活动的积极性也会大大提高。在这个活动中,我让幼儿分别扮演小青蛙和青蛙教练,请青蛙教练检阅小青蛙的本领,在这样的情境中幼儿自然地将自己角色化,与角色贴近,在检查同伴动作的同时也加深了自己对动作的理解。之后,我又扮演了青蛙妈妈,和幼儿玩起了小青蛙找妈妈的游戏,在你追我赶的过程中引发了幼儿参与活动的热情,并自觉地练习了蛙泳的动作。

练习是体育学习的必要途径,也是达到教学目的的必要媒介,游泳技能的形成和掌握也同样需要通过大量的身体练习来达成,因此,在学会蛙泳完整动作之后,幼儿还需要进行反复的练习,这不仅有利于教师观察指导,帮助幼儿纠正动作,还有利于加强身体锻炼,提高身体的耐力,巩固蛙泳的动作技能,迅速增长游距。

浦东新区东方幼儿园　唐晓卿

小虾学仰泳

【背景】

　　豪豪开始学习仰泳了。仰泳需要仰面朝天,身体躺在水平面上,脚是不能马上着地的,也就是说,如果游得不好,必须承受翻转、闷水、再着地的"痛苦经历"。这对于在游泳时本来就没有什么安全感的豪豪就更没有安全感了。所以,为了让自己"安全"一些,豪豪在学仰泳时总是身体蜷缩着,提早做好了预防动作,生怕自己跌入水中。可是,豪豪不是虾,不能依靠身体的蜷缩让自己在水中前行,他越怕越蜷缩也就越容易沉入水中。所以,豪豪学仰泳时就像一只小虾一样撅着身体,只是他是一只不会仰泳的小虾。于是,让豪豪把肚子挺起来游泳成了他学习仰泳要克服的最艰巨的任务。

【过程】

　　为了减轻豪豪游泳的恐惧,我们先让他把头抬起来,这样水就不会进入他的鼻子和嘴巴了。刚练习的时候,我为他举托头部,豪豪的头就使劲地往上抬,心理压力也不是很大。练习几次后,我把手放掉了,这时的他无比紧张,身体一下子蜷缩了起来。我对他说:"放松,豪豪!"可是这似乎没用,因为他的身体没有松弛,马上蜷缩了起来,还没游就沉了下去。"我喝到水啦!"豪豪哭着对我说。是啊,仰泳要用嘴巴来换气,本来仰着面就可以换到气,可是因为他的身体蜷缩,让他在毫无准备的情况下就沉了下去,确实会喝到水,这样的情况只能让他更惧怕仰泳。于是,我对豪豪说:"宝贝,你游的时候要像自由泳一样憋着气,憋不住了再停下,我们先试试吧!"听了我的话,豪豪鼓足了勇气开

始尝试。这次他虽然肚子没有鼓起来,但是没有喝到水,他高兴地对我说:"我没有喝到水!"看着他信心十足的样子,我隐约感觉他没有以前那么紧张了。在此尝试时,我就一边提醒他憋气,一边托着他的臀部使劲往上抬。豪豪感受到了我的托举,身体也有些放松了。因为是憋着气,仰泳的持续时间不长,为了换到气,他的身体又撅了起来。"豪豪,看,我们用漂浮板吧!"我拿起一块厚实的漂浮板给豪豪背上,他对我微笑着,看得出他喜欢这个,对他来说这可是"救命稻草"哦。"来,我们玩'托'拉机的游戏吧!"我微微地托了一下他的头部,让他的头部仰起来后,提醒他做换气动作。"宝贝,深吸一口气,把肚子挺起来哦,是不是躺在水面上了。"豪豪第一次体验了躺在水面上了,这可让他高兴了:"老师,我会游了!"豪豪激动地和我说。"对!你真棒!"我表扬他一番后,豪豪又尝试了几次,这几次我几乎不用托他的头部,他自己游起来了。"现在,老师的手做你的漂浮板吧!"我试着把他的漂浮板拿下来,起初他不愿意,在我的一再要求下他同意了,并要我保证托着他。为了提高他的学习兴趣,我说:"我们玩一个开小船的游戏,来,开小船喽,小船躺在水面上,朝着前面一直开!"我让豪豪在我旁边仰泳,我则托着他的臀部,然后慢慢地放下了我的手,只见豪豪抖了一下,我立刻用手指顶了一下他的腰,他又继续游下去了。游到泳池一半的时候,我示意停下来,并表扬他说:"哇!我们豪豪不用漂浮板也会仰泳啦!真厉害!"听到我的表扬,他神采飞扬,对我说:"老师,我不要你托了,我要自己游了!"于是,他试了几次,几乎都成功了,他信心满满,对自己学会仰泳深信不疑。经过这一场关于挺肚的战役,豪豪终于学会仰泳了。

【反思】

1. 教师的情感、动作辅助是幼儿放松身体的基础

身体放松是开展仰泳的首要步骤。采用情感辅助及动作辅助的方式让幼儿的身体放松下来能起到不错的效果。在幼儿仰泳时,常常会因为紧张而造成身体蜷缩的状态,这时教师可以鼓励他放松,让他的身体状态趋于平稳再开始学习技能,当他的某个动作达到一定的技能要求时,教师马上进行赞扬,让幼儿对自己能学会仰泳深信不疑。另外,靠动作的辅助帮助他完成仰泳学习。幼儿在游泳时总是希望成人能陪伴左右,在关键时刻拉他一把。在豪豪学仰泳的过程中,我就是根据他的学习情况对他进行托举(或者使用漂浮板),所使

用的力量从大到小直至无,让他逐步适应独立仰泳。

2. 教师的细心观察是幼儿学习技能的关键

在幼儿学习仰泳时,教师在一边观察幼儿的一举一动非常重要,能成为幼儿学习的指路明灯。当教师观察到幼儿面色紧张,停滞不前时,要给予鼓励;当教师观察到幼儿全身紧张而蜷缩时,要给予一定的动作辅助;当教师观察到幼儿动作不到位时,教师的示范能起到立竿见影的效果。所以说,教师要根据幼儿的眼神、表情、动作等作出相应的指导策略,让幼儿顺利地学会仰泳。

3. 生动的学习形式是提高幼儿学习兴趣的动力

枯燥的游泳技能学习不适合幼儿园孩子的学习,但是如果将游泳的学习变得生动有趣,幼儿可能会自然而然地喜欢上游泳,这样也就减少了紧张感。所以,教师在指导游泳活动时一定要注意练习形式的趣味性与情境性。如练习挺肚时,让幼儿参与开小船的游戏,能让幼儿放松身体;或者玩开"托"拉机游戏,两两配合,一个托一个游,减少恐惧,降低动作难度,提高学习效果。

浦东新区东方幼儿园　龚硕娟

水中打腿为何不前进

【背景】

　　学会一种泳姿需要很多基本动作的练习基础,如学习自由泳,需要学会岸上打腿、水下憋气、浮板打腿、"潜水艇"(闷水打腿)、划手等。掌握正确的动作技巧是成功的关键,特别是在练习浮板打腿中,动作不当,则无法前进。正确的浮板打腿动作是膝盖伸直并拢,用大腿发力,脚板绷直呈八字(脚尖朝里),两腿轮换小幅度打水。浮板打腿的动作技巧较多,在实际练习过程中,发现部分幼儿由于没有记住或完成不好全部的动作技巧,使得自己在泳池里"原地踏步",无法自如地前进。

【过程】

　　镜头一:

　　刚刚是幼儿中班里月龄最大的男生,当我集体指导浮板打腿的动作后,他很快就记住了,于是拿好浮板开始尝试练习。刚刚按照我说的"膝盖并拢、腿伸直、脚绷直"的技巧,一下水就能在水里游起来了,看来他的悟性挺高。游了一两米的距离,发现刚刚越游越慢,最后原地不动,怎么也前进不了。观察了他的动作后发现,原来是膝盖没有并拢,两腿分太开了。于是立刻提醒刚刚注意,刚刚听了后,调整动作,将膝盖并得牢牢的,慢慢又开始前进了。可是,当刚刚一轮游好再次下水后,打了几下腿,问题又出现了。这回我正在指导其他幼儿的动作没有发现,刚刚自己急了,在泳池里大喊:"沈老师,快来帮帮我,我不会游!"我走到刚刚身边,问:"想想你刚才忘记哪件事情了,所以没游起来呀?""噢!对!我脚分太开了。"刚刚意识到。"赶快再试试看吧,相信你一定能游起来!"我鼓励道。刚刚再次纠正自己的动作,慢慢地游了起来。

隔了两天后,又到游泳课了,刚刚自信满满地拿着浮板就跳到了水中,开始练习起来。刚刚能游起来了,学得挺快,但仔细一看,糟了!怎么膝盖还是没有并拢呢?奇怪,膝盖没并拢也能游起来。再耐心观察后发现,原来不正确的姿势游起来的速度是很慢的,动作做对的同伴都纷纷从刚刚身边游过。我走到刚刚面前,先请他停下来,问:"刚刚你累吗?""嗯!我怎么使劲游还是很慢呢?"刚刚也纳闷了。"老师刚才看到了,你膝盖没有并拢哦!"我指出问题所在。"啊?没有吗?我怎么感觉我已经并拢了呢?"原来刚刚已经习惯了错误的姿势。赶紧提醒他用正确的姿势重新练习,这次我单独指导刚刚的动作,膝盖一分开就立刻提醒他,渐渐地,刚刚又重新找回了学习初期的感觉,自如地游起来了。

镜头二:

孙楷也是班里月龄较大的男生,各方面能力都比较强,胆子也大。他听到可以到水中练习浮板打腿,再也不用在岸上徒手练习,心里非常激动,第一个拿好浮板到水里练习。果然按照动作技巧,成功游起来了。游了一两米的距离,也停滞不前了。孙楷在水里用力打腿,腿打在水里发出砰砰的响声,但还是没有效果。我走到孙楷面前,请他先停下来休息,说道:"孙楷,用蛮力是没用的,你膝盖并得很拢,可是刚才沈老师说膝盖并拢后腿要怎样呢?"孙楷想了想,回忆道:"腿伸直。""对呀!沈老师发现你刚才在打腿的时候脚像在骑自行车一样一弯一弯的,这样能往前游吗?"我纠正孙楷的动作。"我知道了,腿要伸直,沈老师,我再试试吧!"孙楷说。记住了动作技巧,孙楷把腿伸得直直的,立刻像小鱼一样前进,而且速度挺快。游上岸后,我对孙楷说:"孙楷,你真棒!那么快就学会打腿了,看,要把所有的动作技巧都记住,才能前进对吧?""嗯!是的!就是腿好酸啊!"孙楷说。"加油!学会一种本领都是很辛苦的,坚持下去,你会越游越轻松的。"

下午,妈妈来接孙楷时向我了解孙楷游泳的表现。我把今天孙楷练习的过程与妈妈进行了描述,并建议妈妈在家中协助孙楷进行徒手练习,巩固技巧。我指导孙楷妈妈让孙楷卧在床上,腰部以下悬在床沿外,模拟打腿动作。反复叮咛妈妈注意孙楷的腿是否伸直。第二天一早,孙楷一进班就跟

我说他昨天晚上练习过了。果然,在第二次游泳课上,孙楷成功学会了打腿动作。

镜头三:

迪迪是班里能力相对较弱的孩子,个性较为懒惰,学习的主动性不够积极。在练习岸上打腿时,迪迪就表现得不够努力,脚总是伸不直,速度也不够快。到了下水练习的时候,迪迪果然出现状况。由于心里紧张、胆怯,迪迪的双手紧紧地抓着浮板,整个人处于紧张状态,都没法漂浮起来。于是,我先在他的腰上绑上腰部辅助浮圈,增大浮力,使迪迪能较为轻松地漂在水中。然后再对迪迪进行个别指导。我让迪迪将浮板贴在泳池边,双手放在浮板上并搭着泳池边。然后先练习抓着池边原地打腿,寻找在水中打腿的感觉。迪迪一边练习,我一边反复强调动作技巧,迪迪基本能坚持做正确的动作 10 秒钟左右。第一次水中打腿练习结束。

当天放学,我把迪迪在游泳课上的表现告诉来接迪迪的外婆。外婆表示非常愿意配合老师在家中进行徒手练习,减少迪迪的懒惰心理。外婆向我描述迪迪平时在家的情况,饭来张口,衣来伸手,承认自己比较宠爱孩子,包办得比较多,外婆觉得迪迪现在的行为表现与自己的教养方式很有关系。听了外婆的话,我很感动,觉得外婆也是非常用心地在照顾孩子,但是毕竟教育孩子是父母该做的事,我希望迪迪爸爸妈妈平时工作再繁忙,都应抽出时间陪孩子,而不是孩子有问题了再把责任推卸给祖辈。

过了两天,又到了游泳课的时间,这次在岸上打腿练习就发现迪迪明显较之前要积极许多,练习很认真。下水后,我还是照例让迪迪在泳池边练习,复习水中打腿动作,迪迪能够比较正确地做动作,水花也打得较大。于是,我请迪迪走到泳道上练习。只见迪迪脚一蹬,浮起来了,但又立刻脚踩地了。我发现迪迪还是比较紧张,怕呛水,所以把头抬得很高,人没有放平在水上,很难浮起来。我请迪迪深呼吸,把下巴紧紧贴在浮板上,手臂伸直,再将迪迪的腿抬起,告诉他这是浮起来的感觉。然后,我扶住迪迪的双腿,指导他打腿,迪迪能慢慢前进了。于是,我悄悄地松开手,迪迪继续保持打腿动作,终于能自己游起来了!可是游着游着,迪迪又不由自主地抬头,一抬头脚就落地,迪迪想再自己浮起来游,又没有成功,我只好再次走到迪迪身后,再次扶住他的双腿让他先浮起来,并指导他打几下腿再放手,他才能自己游起来。就这样反复了几次以后,迪迪终于渐渐找到了游泳的自信与勇气,渐渐地熟悉打腿动作,并知道如何纠正自己的动作,慢慢前进。

【反思】

在指导幼儿练习自由泳打腿时,尝试利用以下三点指导策略,帮助幼儿往前进。

一、善于观察,及时发现问题

初学打腿的幼儿,既要努力克服心理障碍,勇敢下水,又要正确完成动作游起来往前进,的确不是件简单的事。作为教师,必须仔细观察幼儿动作的准确度,及时发现幼儿动作上存在的问题,及时指导,及时纠正,避免由于错误动作造成不良习惯,影响前进。在案例一中,我及时了解该幼儿动作上的偏差并及时指导,效果比较显著。

二、针对指导,有效解决问题

任何技能都是需要反复练习才能习得的。从三个案例中可以看出,每个幼儿存在的问题都是不同的,有的是膝盖动作问题,有的是腿部动作问题,有的则是心理及动作双重问题,因此教师必须有针对性地指导。在指导的过程中,教师也应根据幼儿的情况,耐心、有的放矢地进行,不能让幼儿产生负面心理,这样也不能有效地解决问题。

三、家园配合,共同改善问题

对于案例三中的幼儿指导,除了需要及时、有针对性地指导外,家长的配合也是相当重要的。能力相对较弱的幼儿除了在游泳课上练习的时间外,还需要花一定的功夫作辅助练习。通过家园配合,该幼儿的打腿动作有明显的进步,虽然没有游得很快,但看得出幼儿从不会到会的过程,能往前进了,打腿动作问题得到明显的改善。

　　总之,幼儿在练习打腿的过程中会遇到许多不同的问题,但是只要注意方式方法,教师智慧地指导,每位幼儿都能像飞鱼一样在泳池中徜徉。

浦东新区东方幼儿园　沈　梦

小青蛙,呱呱叫

【背景】

蛙泳是大班幼儿学习的最后一个泳姿,它是四种泳姿里游进速度最慢的一种,它是泳姿里最基础的,是学好其他泳姿的前提。我们把它作为最后一个游泳项目来学习,这是因为蛙泳学起来简单,但要提高速度要有一定的技巧,对身体的协调性提出了更高的要求。在学蛙泳的过程中,腿部动作是蛙泳技术中最重要部分,幼儿往往会遇到明明感觉做到了动作要求,但蹬腿不前进或前进很少的困扰。佳佳就是这样一个孩子,他在学习仰泳和自由泳的时候都很顺利,是班中的佼佼者。到了大班上学期开始学习蛙泳起,他渐渐不喜欢参加游泳课,每逢游泳课都想逃避,甚至有游泳课的这一天借故请假。几次一来,老师开始注意他的反常表现。经过观察和谈话,终于知道原来佳佳在学蛙泳蹬腿动作时不是很规范,每次练习总是落后于别人,渐渐地对学习新泳姿失去信心,产生自卑感,甚至惧怕游泳,不愿意参加游泳活动。

【过程】

片段一:

最近,我们开始学习蛙泳了。经过几堂课的训练,在岸边进行腿部动作练习、入水在岸边练习蹬腿等大家都进行得很顺利,尤其是像佳佳这样游泳基础好的孩子,这样的练习更难不倒他。今天学习的新内容是扶浮板做蛙泳蹬腿练习,这样也能检验之前练习的效果,看看动作是否到位。

佳佳很是兴奋,终于可以下水活动啦!

　　轮到佳佳了,看他很自信的样子,大家都认为他肯定是没有问题的。口哨声一响,他一下子冲出去,漂得很远。随着就开始"收、翻、蹬、滑",动作也很标准。和他一起进行练习的湾湾起步没他快,但游到泳池一半的时候,他渐渐开始反超。虽然这不是在比赛,但明显佳佳越来越落后。终于到终点了,湾湾先到,佳佳在后,他们也很淡定,觉得这只是练习,也是第一次尝试,失败也没有关系,接着又去排队等待下一次的练习。

　　几次练习下来,我发现有部分小朋友在水里练习时出现了问题,最大的问题就是虽然在水中做了蹬腿动作,但是前进速度相当慢,于是决定请这几个小朋友在一旁加强练习,帮助他们找到问题,纠正错误动作,提高前进速度。佳佳是第一次被老师叫在一旁加强练习,他有些不情愿了,一脸沮丧,其他小朋友都可以去玩水,他还要继续练。在辅导前,我再重申了一次水中蹬腿的要领,特别强调了"收、翻、蹬、滑"中动作的适时性,慢慢收,然后翻脚,蹬夹水的速度是从慢到快,力量是从小到大的。轮到佳佳了,为了让他感受水中蹬腿的正确动作,当他刚刚浮起来,我就抓着他的两腿,帮他一起做动作。我先不用力,想知道他在做的时候会是什么样的感觉,发现他在收脚的时候两脚僵硬,有些紧张,没有完全放松,而在蹬腿的时候慢慢地蹬出去,翻脚也没有到位,导致夹水时阻力很大。看来在岸边练习和水中练习还是有很大差别的。

　　看来一节游泳活动是无法解决这个问题了,于是我对佳佳说:"没关系,这是我们第一次下水练习,你看,还有很多小朋友都还没适应,只要我们多练习几次,一定可以的!"放学时,我特地跟佳佳妈妈沟通了一下,妈妈表示非常愿意配合老师督促他利用业余时间练习,那真是太好了,相信佳佳肯定不会让我失望,只要在水中多练习,很快就能找到感觉。

　　片段二:

　　第二次练习下水蹬腿,佳佳信心满满地来跟我说:"老师,我回家自己练过了哦,等等你要看我蹬腿哦!"我摸了摸他的头,说道:"好!等等就看你的喽!"说完,佳佳拿起浮板,一头扎进水里,漂出很远。漂了一会儿,等速度缓下来后,佳佳开始进攻,一次完整的"收、翻、蹬、滑",接着第二次蹬腿动作。咦?!佳佳的腿这次很放松,而且蹬出去时速度也是由慢到快,有足够的爆发力,力量算是用得恰到好处,可怎么前进速度还是那么慢。我又仔细盯着他在水里身体的位置和动作,他蹬腿时脚垂在水下,上身水平位置很高,再看看他的小脑袋,三分之二露在水面上了。哦,我明白了!原来问题出在这儿!我召唤着佳佳过来，笑眯眯地对他说："嗯！老师看出来你这次是花了很多功夫加强了练习，只要努力，一定会有进步的。来，再游一次给我看看吧！""好！"佳佳一口答应，想想自己的努力终于没白费，得到了老师的肯定，他觉得很满足。很快，他又一咕噜扑到水里，我走到他身边，在他漂浮还没发力的时候悄悄地将他的脑袋向下压了一压，直到佳佳的头百分之八十都浸没在水中。只见佳佳慢慢收起腿，翻脚跟，这时，我用另一只手托住他的肚子，使他的身体基本与水面平行。脚跟用力一蹬，慢慢夹住两腿间的水，身子向前滑行。在他整个游的过程中，我的手一直放在他的头部，让他始终保持头是充分浸在水里。佳佳这次三两下就游到了对岸，起身抬头朝我望，我立刻给他竖起大拇指："真不错！记住哦，游的时候把头伸在水下一点，身体是平平的，这样就会游得快啦。看，这次不就很快到终点啦！等会儿自己再去试一试吧！"在我辅导其他孩子时，我时不时地就看看他在一旁自己练习。佳佳好像打足了气，很认真地遵照我的嘱咐，尝试让自己的身体保持水平。

【反思】

1. 多些鼓励，少些批评

在案例中，佳佳是个平时在各方面都很优秀、自信、好强的孩子。对于这样个性的孩子来说，在他反复出现错误的时候不适合一直不停地告诉他做得不对、不好，而我是利用在他已经知道自己有不足之处时，鼓励他多多练习，因为了解他是个认真好学的孩子，所以他一定会听老师的话自己加强练习。当他再次出现问题时，给他适当的点拨，他很快就能掌握技巧。对孩子的教育强调多鼓励，并不是说对孩子的缺点和错误视而不见或者忽略不计，那就犯了很多家长易犯的错误：溺爱。合理的方法是将对缺点的批评转为以鼓励的方式指出，对错误特别是较为严重的错误，则应当坚持在一对一的情况下平等地、客观地、就事论事地批评，随后，还得以鼓励的语言要求改正。千万不要当着第三者的面，甚至在大庭广众之下加以批评。我们应当学会换位思考，站在孩子的立场上多想一想，即可避免这种最为伤害孩子自尊心的情形出现。

2. 打好基础，成功前提

蛙泳的腿部技术动作是推动身体前进的主要动力，所以腿部技术的好坏是掌握蛙泳技术的前提和基础。学习蛙泳切勿急躁，这样才能为之后学习臂

部动作和完整的配合动作打好基础。佳佳本身运动条件优秀,又加上在蛙泳腿部动作的陆上模仿练习中奠定了基础,他的问题只出现在水中练习时收腿太快,收腿、蹬腿时脚的位置太低,就只要多加练习基本就能解决。对于绝大多数孩子来说,还是需要大量的基础训练,不管是陆上模仿练习还是水中蹬腿练习,每一个分解动作都是关键,而每个动作必须循序渐进,千万不能急于求成而忽略这些零散的分解动作。

3. 纠正错误,反复练习

教师必须及时发现每个孩子遇到的不同问题,帮助他们尽快找到正确的方法。像蛙泳蹬腿动作中常常会出现"蹬腿时不翻脚""收腿、蹬腿时脚的位置太低""收腿、蹬腿时臀部上下起伏""收腿太快"这四个问题。针对不同的问题有不同的解决方法。如"收腿、蹬腿时脚的位置太低",纠正方法是让学习者低头提臀,腰腹肌适当紧张,身体平卧,积极伸小腿,蹬腿时先伸髋等等。像这样找到了纠错的方法后还需要学习者反复练习,加强对这一动作的记忆,一旦养成习惯,原来的错误动作就慢慢地被改正。

浦东新区东方幼儿园　陶怡君

重 拾 自 信

【背景】

　　游泳是我园的特色课程。幼儿园的游泳教学并不过分强调每个幼儿完全掌握游泳技能,而是通过有趣多变的教学手段,在游戏的过程中学习最基本的动作,并且根据每个幼儿的身体素质、动作协调性、反应灵敏性等特质初步培养幼儿的游泳兴趣和游泳习惯。

　　跨入中班,幼儿将不使用浮板,在闷水打腿的基础上,将尝试在水中进行自由泳划手练习分为两步。第一步:划手准备动作,双手往前伸直并拢,低头手臂紧贴耳朵,身体正直站立;第二步:划手开始动作,手心朝下,手臂伸直,左手手掌自然向下划手一圈,与右手手掌重叠换手,双手轮流交替练习。

　　经过了一年的练习,大部分幼儿已能在水中闷水 10 秒。有了闷水打腿的基础,不使用板后加划手的动作自然不在话下,然而现实还是有一定的落差——部分幼儿没有了浮板,会产生强烈的不安全感,这就需要他们克服心理因素,没有了安全保障,幼儿在学习游泳的过程中会由于自身心理的不安全感导致身体无法保持平衡,从而出现逃避游泳的现象,琪琪就是其中的一个。

【过程】

　　琪琪是班中能力比较弱,年龄偏小的孩子。记得小班刚学游泳时只要下水就开始浑身发抖,那时的他总是用力地扶着岸边。一听说游泳课就哭闹不愿来学校,因为家长的开脱,逃了两次课。到了练习闷水的时候,就开始苦恼,拼命地在岸边窜逃。好不容易在老师的坚持和沟通引导下才过了闷水这关,可以说一路坎坷地到了中班。当然，他只是其中的一个，胆怯游泳的不止他一人。

升入中班之后，由于在小班对于学习游泳的抗拒，致使琪琪的父母在送孩子来学习游泳课时存在很大的不放心。记得有一次，在游泳课还没有开始之前，我接到了琪琪妈妈打来的电话，说是琪琪身体不舒服，不能参加今天的游泳课学习了。我回忆起在小班学习游泳的时候也出现过这一情况，因此立刻引起了怀疑，随后给琪琪的妈妈打了个电话，听出我的疑惑之后，琪琪的妈妈承认说了谎，说是孩子一听是上游泳课就哭闹不休，不愿去上课，她也是没有办法。听了这一番话，我把琪琪在上一次参加游泳课的情况告诉了琪琪的妈妈。现在的琪琪游泳水平相比小班的时候有了很大的进步，在进行游泳划手学习的时候也不像学习闷水那么困难。记得刚开始学习游泳的时候他是非常害怕水的，来到泳池旁边看见水就哇哇大哭，但是现在他已经不再惧怕水了。他妈妈听到这一情况，同时在我的不断劝说下，把琪琪送来了，虽然琪琪很不愿意，但是，看着妈妈那坚决的眼神也只能服从，就在一切逐渐步入正常轨道的时候，出现了一些小插曲。

一次琪琪在家玩耍，一不小心手指被夹在了门缝中间，出现了骨裂的现象，医生建议休息一个月，这样，琪琪就一个月不能参加游泳的学习，由于刚开始对游泳划手的学习产生了一些兴趣，在别的小朋友练习游泳划手的时候，他只能是在一旁观看，看着小朋友都在水中进行游泳划手的学习，可以看得出他也非常想参加，但是由于手指的原因他也没有办法。在一个月的修养之后，琪琪的手指得到了很好的恢复，在手指恢复后的第一节游泳课，小朋友们大多数都掌握了自由泳划手的动作，琪琪为自己能够和其他小朋友一样参加游泳非常高兴，但是，等自己真正开始练习的时候却发现自己什么都不会，已经比其他幼儿落下很多的他，慢慢地失去了学习的信心，在以后每次训练学习的时候他都是躲到队伍后面。我发现这一现象之后，就对他进行耐心辅导，同时也把这一现象告诉了琪琪的妈妈，让琪琪的妈妈多给予琪琪一些鼓励，在学习的时候我也不断地激励他，对于他做的每一个动作，即便是不够标准我也会用夸奖的话语鼓舞他，渐渐地他的脸上露出了欢乐的笑容。就在大家都为这一转变开始欣慰的时候，当中又发生了段小插曲，这一天，琪琪又躲到了队伍的后面，原因是他不舒服，当时我也没太注意，只是以为他为逃避游泳练习找了小小的借口，以为这一转变还没有很好的开始就要结束了。在我的坚持下，琪琪还是完成了自由泳划手的练习,那天的琪琪显得有些心不在焉。等到晚上,琪琪的妈妈打来电话带着一种质问的语气问琪琪在学校的情况,我才恍然知道琪琪下午是真的病了,并不是为了躲避划手的练习,我当时心里就非常自责。

其实,在这一段时间里,琪琪从一开始的害怕水、抗拒学习游泳,到现在的对学习游泳产生了一定的兴趣,这一过程正是他的一次很好的成长。当然,在这一成长的过程中离不开家长以及老师对他的鼓励,大家的鼓励使他幼小的心灵得到了启发,从而对自己产生了自信,在自信心的带领下,慢慢地对游泳的学习不再烦躁而是喜爱。因此,在幼儿的游泳学习过程中,对他们自信心的培养是非常重要的。

【反思】

如今随着独生子女的日趋增多和人们生活水平的不断提高,许多幼儿从出生以来就没有吃过苦、受过累,自然难以承受游泳训练所带来的挫折,也就很难在游泳活动中有优秀的表现。最后,也是关键所在就是家长因素。许多家长对游泳活动的认识不够,看见自己的孩子不想游泳,就顺着幼儿的意愿,甚至有些家长会为幼儿的逃避找理由开脱,使得幼儿更加没有足够的动力和信心坚持游泳。了解了缘由,作为教师的我们就能够对症下药,对幼儿、对家长展开必要的引导。

在游泳学习中孩子会对不熟悉的水、不熟悉的环境产生恐惧的心理,教师可以采用游戏的方法进行水感培养,当他们从游泳学习中获得乐趣,得到了老师的表扬、家长的认可、同伴的羡慕后,他们都会表现得相当活跃,这时他们的自信在增加,会表现得相当勇敢,也会渐渐尝试以前不敢做的动作。因此,在学习游泳过程中,一定要帮助孩子跨过难关,坚持卜去,否则孩子接收到的就会是负性情绪与负性信息。所以,这也是一种很好的抗挫折教育机会,家长一方面应相信教练指导的科学与安全,一方面要鼓励孩子在战胜困难与挫折中学会坚强。一旦最终成功学会游泳,孩子将在整个过程中积累成功的经验,今后更加敢于面对各种挑战。

在幼儿学习游泳的过程中我们可以发现,当幼儿经过第一阶段的游泳学习训练时,他们会对游泳产生一定的兴趣,这一现象不管是对于幼儿还是对于老师来讲都是好的,因此,要不断地加强幼儿自信心的培养,只有培养了一定的自信心才能更好地去学习游泳。同时,在学习的过程中家长要给予最大的支持,只有得到了家长的支持,减少家长的庇护,幼儿才能有意识地自主学习,才能消除依赖心理,为学好游泳课程奠定基础。

通过这个案例,我们看到了在游泳活动中增强孩子们自信心的重要性,因此,家长和老师在教育的过程中要不断培养孩子的自信心,只有有了一定的自信心,才能更好地学习闷水和游泳划手。

浦东新区东方幼儿园　张刘敏

自由泳换气"四部曲"

【背景】

在自由泳、蛙泳、蝶泳和仰泳中，自由泳是学起来最快的一种泳姿，动作相对简单、易学，适合长距离游。在自由泳活动中，幼儿可以得到全身运动，身体素质也得以提高。学会自由泳还有一个好处，那就是非常有助于学习仰泳和蝶泳。因为仰泳被称为"翻过身来的自由泳"，两者的一脉相承由此可见；蝶泳单侧的臂部及腿部动作几乎完全复制了自由泳。蛙泳动作是最特殊的，相对自成体系。

自由泳学习过程中最难的也是最关键的是转头换气，自由泳换气是在摆臂的时候同时把头偏向一侧张嘴换气的，不需要抬起来头。在中班的学习过程中，我班幼儿已能掌握自由泳闷水打腿动作，大部分幼儿能闷水前行20～30米，从大班上学期开始幼儿将学习自由泳划转头换气动作。

【过程】

一、序曲"岸上划水练习"

在学习自由泳的第一阶段，我让幼儿站在岸边进行上半身动作的练习。根据幼儿年龄特征，只要求单边转头换气，大部分情况下幼儿是往右边转头的。我请幼儿成立正状，两手竖直上举贴紧在自己的耳朵后方，并在头顶正上方相交，之后左右手交替划水，以左手开始划，每划四下向右转一次头，做换气动作。转头的要求是，眼睛能看见自己的右侧肩膀，只转头不转身体。

在第一次练习中,大部分孩子都能按动作要领进行练习,有 5 个孩子在转头时出现了转动身体的现象。于是,我请做得好的唐宝小朋友来做小老师进行示范,让孩子们比比自己和他的不同,及时发现自己的问题。有三个孩子在看了小老师的示范后,纠正了自己的动作,但两个孩子仍在转动身体。于是,我上前帮助了他们,我用手将他们的肩膀固定,然后告诉孩子,在转头的时候尽量不转动身体,让孩子减慢划手的速度,体验正确的换气技术。慢慢地这两个孩子开始能够控制好自己的转头动作,身体转动的现状明显有所改善。接着,我再放开了帮他们固定肩膀的手,让他们能自由地进行转头换气动作,经过几次练习,孩子们的动作开始越做越好了。

在之后的几次练习中,我也让生病的孩子在岸边跟着一起做,以免他们跟不上进度。此外,孩子们也要跟着老师一起数:"一、二、三、四、一、二、三、四。"以帮助自己控制好划手和呼吸的节拍,并为在水中的动作做好准备。

二、小步舞曲"水中岸边练习"

当所有的孩子都能在岸上做好转头换气的上半身动作后,我请孩子们进入游泳池,进行水中岸边练习。所谓的水中岸边练习,也就是让孩子双手抓住游泳边缘,身体浮起,进行最简单的水中换气练习。由于孩子将头闷在了水中,我帮孩子数起了口令,并让孩子们在心里默默地跟着念。

随着一声令下,孩子们开始了水中练习。由于一下子到了水中,孩子边打腿边划手换气,许多孩子的动作都出现了问题,手忙脚乱地在水中扑腾,我就想,那么多的孩子都不能做好,一定是我的教学方式出现了问题。我思考了一下在水中岸边练习动作的三要素:手、脚、转头。虽然在岸边已经让孩子做了划手和转头的动作,但是到了水里,立刻加上了打腿,孩子们是不是不能适应呢?于是,我改变了教学方式,请孩子们人浮在水面上,不打腿只做划水动作,让幼儿在做顺了手和头的动作后,再加入打腿。

在之后的练习中,幼儿就保持了身体的水平,每划四下手转头一次。就在这个时候,问题又出现了,有 4 个孩子按照要求做了动作,也转了头,可是他们出现了呛水的情况。这是怎么回事呢?我让他们几个放慢了速度做动作,又仔细回想了转头的要领。原来,这几个孩子胆小,怕呛水,转头的动作角度不够,导致嘴巴、鼻子都还闷在水里就已经把头转了回去,想吸气吸不到,就呛水了。看来,让这些孩子努力地把头转出来,是练习的关键。"眼睛的余光要看到肩膀",这是在岸边活动练习时的要求,可是到了水中,当孩子们能看见肩膀时,转头的幅度仍有点小。于是我调整了第一次的要求,在转头时把后脑勺放入水中,一边的小耳朵也要碰到水,眼睛向斜上方看。对于个别胆小的孩子,我站到了他们的身边用手托住了他们的头,让孩子感受了转头的角度,经过几次低头转头的练习,孩子能呼吸到空气了,他们的神色也没有本来那么紧张了,然后让孩子再自己练习,慢慢地他们就记住了这个动作的要领,能够顺利地进行转头换气了。

当孩子们能够将划手加转头换气做好之后,我让孩子们加上腿部的练习。显然,这次的效果比一上来就打腿划水换气要好多了,孩子们因为已经熟悉了手部动作,也做顺了这个动作,加上了腿部动作也不会顾此即彼了。

三、奏鸣曲"手持浮板练习"

经过了一段时间的水中岸边练习后,我们的孩子要开始手持浮板练习了。手持浮板练习相对岸边练习,对身体的平衡要求更高,在换气的同时也要做到前行。

孩子们拿着浮板开始了,大家就像小船一般前行。要求仍然是每划四下转头换气一次。这时,有几个孩子的泳姿引起了我的注意,他们的板总是在晃动,前行的速度也非常慢,这是什么原因呢? 于是,我查阅了许多资料,看了自由泳的教学视频,试图帮助他们找到原因。经过反复观察这些孩子的动作之后,我发现是他们打腿姿势的问题导致了浮板强烈的晃动和身体前行缓慢。有两个孩子小腿的动作在水面做勾伸动作,这种动作会激起较大的水花和声音,如敲木鱼 般,木鱼式打腿不太会前进。有一个孩子双脚的膝盖用力打直,造成腿部如木棍般僵硬,这样的动作造成腿部需非常费力上下摆动打腿,因此浮板也会随之左右摇摆。

在幼儿园里,我们每周有两次游泳课,每次活动时间大约 1 小时,这样的练习强度要一下子纠正孩子的打腿问题似乎是有难度的。于是,我和这几个孩子的家长进行了沟通,希望他们在家也能帮助孩子一起练习打腿姿势。我告诉了他们自由泳打腿的要点:打腿时,双腿略直,膝盖放松,脚板打平,由大腿带动整个腿部,小腿放松,抬至接近水面。整套动作如鞭子在甩动,最大的

力量刚好在整条腿的尾端,产生最大的推进力。

班中幼儿的家长非常配合,经过一段时间的家园共育,这几个孩子的打腿姿势有所改进,他们的前行速度变快了,晃板的现象也减少了。

四、变奏曲"转头换气练习"

前面的三个练习大约占用了三个星期的课时,现在终于到了孩子们脱手练习的时候啦! 大家要将两手交叉放在头顶,然后往前扑入水中,开始了真正的自由换气练习。

孩子们经过了中班时的闷水练习,对于能换气的自由泳没有了恐惧感,兴致也非常地高昂。游着游着,问题又来了,有 3 个孩子每次换气时都会身体翻转,有一个孩子翻的都能看见小肚子了。这又是怎么回事呢? 回想之前的三个环节,孩子们并没有这样的问题发生呀。于是我请教了游泳教练,教练看了这几个孩子的动作后,请孩子左手拿板,右手放在打腿边,做打腿和转头的练习。这样一手拿板可以固定幼儿的身体不易翻转,很好地纠正了这些幼儿的侧翻动作。

【反思】

一、游泳教学是有序的

在这次的自由换气教学中,让我深刻地体会到了游泳学习是一个循序渐进的过程。四个学习环节是环环相扣、层层递进的。当孩子每做好一个环节,都给之后的环节打下了坚实的基础。

在第二个环节刚开始的时候,我要求孩子同时进行手脚和换气的配合就略显急躁了,在调整了教学方法,让幼儿逐步提高动作难度后,幼儿明显更易于接受。

二、家园配合是有益的

在整个教学过程中,家长对活动的配合起到了推进作用。家长在家中给孩子练习打腿姿势。有的孩子生病了不能参加游泳,家长仍会在家让他们巩固划水转头的动作。让孩子熟悉动作要领,入水后也能较快地跟上班级进度。

三、分层教学是必要的

在整个教学过程中,我们可以看到一些能力弱的孩子或者没有领会动作要点的孩子,出现这样那样的问题。作为老师就是要帮助这些孩子解决问题的,虽然这个活动主要是集体教学,但我们还是需要对不同层次的孩子有针对性地进行练习,或者布置额外的任务。在以后的教学中,我会用幼儿易懂的语言讲清要求,必要时也可以用形象的肢体语言讲解,并及时纠正幼儿的错误动作。

浦东新区东方幼儿园　张娴静

能脱板的自由泳

【背景】

  游泳是最受欢迎的健身运动项目之一。适当地进行游泳锻炼,不仅能给人带来心理上的愉悦,塑造流畅和优美的体型,还能够增强心血管系统的机能,增强体质,提高协调性。许多运动项目都容易给机体造成劳损或损伤,但游泳是劳损和损伤率最低的体育活动。因此,游泳是一项很好的、可以终身进行锻炼的健身运动。

  在幼儿园开展游泳活动,不仅能增强幼儿体质、促进身心健康、发展动作的灵活性和协调性,而且能提高自我保护和生存的意识和能力,这些都与《上海市学前教育纲要》中教育目标第三条:"积极活动,增强体质,提高运动能力和行动的安全性"相吻合。因此,我园在严格贯彻纲要和指南精神的基础上,把幼儿游泳活动作为园本特色课程,进行一系列的实践和探索。

【过程】

  进入中班,幼儿开始学习自由泳了。有了小班一年的学习、练习基础,大部分幼儿都已经不怕水,能够初步控制自己的身体,使自己能够借助浮板在水中漂浮打腿,而且还能大胆地将头钻进水里进行憋气练习。因此,我教幼儿学习自由泳的动作还是比较顺利的。开始时,在徒手练习自由泳手臂动作后,我给幼儿每人背上小背包,手拿浮板在水中学习自由泳,数次练习后,我根据幼儿的游泳情况,给部分泳姿正确、身体放松的幼儿卸掉小背包,只用一块小浮板增加浮力,最后,当幼儿摆脱小浮板了,就基本学会了自由泳动作(换气动作另外学)。随着一次次的学习、练习,班里脱板自由泳的幼儿越来越多,最后只剩下卉卉还拿着小浮板了。

看到卉卉在自由泳的时候,身体能够平平地漂浮在水面上,手臂和腿部的动作节奏还比较稳定,我也鼓励她去掉小浮板进行自由泳。卉卉很开心,可不知是紧张还是没准备好,卉卉游了两下身子就往下沉,她一下子站了起来,还咳嗽了几声,一副要哭的样子,看来是呛到水了。我安慰了她,并鼓励她继续,但吃到苦头的卉卉说什么也不愿意了,一定要拿板才行。为了消除卉卉的紧张情绪,我只能采用缓兵之计,同意让她拿板练习。手里有板,卉卉又开心地和同伴一起练习了。在下一次的游泳活动中,我趁着卉卉游得顺畅的时候,鼓励她脱板,她还是说不要,我说:"我会用手拉住你、保护你的,你试试看,老师说话算数的。"看着我坚定的表情,卉卉还是有点将信将疑,于是,我抓住她泳衣背上的花边,鼓励说:"胆子大点,试一试,老师抓住你,是吗? 这样不会沉下去的。"然后,在卉卉游泳的时候,我就抓住她衣服跟着她走,给了她充分的精神安慰和心理暗示。几次下来,看到卉卉精神上有所放松了,我又说:"刚才,老师拉住你的衣服太多了,影响你划水的动作,现在我轻轻地拉住你再试试,一定会更加好。"于是,我用两只手指捏住卉卉泳衣的花边,跟着她练习自由泳,每游完一次,都及时给予鼓励和表扬。后来,我偷偷放了手,卉卉也游得不错。我说:"卉卉,你又进步了,刚才老师的手滑了一下,没有抓住你的衣服,你自己就一个人游了,真是太厉害了!"看到卉卉高兴的表情,我继续说:"卉卉,你再试试,老师不拉你,但我会在旁边保护你的。"于是,卉卉在我的鼓励声中开始她真正的脱板自由泳,结果,她成功了,我高兴地说:"卉卉,你现在跟大家一样都不用小板了,学会自由泳了!"

【反思】

水中活动完全区别于陆地上的活动,幼儿在水中存在心理障碍的现象非常普遍,在水里面很容易出现怕水、胆怯、恐惧等心理障碍,学习游泳的过程,就是克服这些困难的过程。如何帮助幼儿消除心理障碍,使其掌握游泳技巧并享受到人在水中畅游的快乐呢? 我是从以下两个方面着手。

一、从幼儿的心理素质入手

幼儿因为年龄小,身体机能和心理素质方面都不完善,由于意志品质较差,缺乏勇敢顽强的精神,虽然掌握了相应的技术,具备了完成动作的能力,但是因为心里害怕而出现犹豫不决、动作失调等现象,结果不能完成动作,从而产生恐惧心理。

通过观察、分析,卉卉就是如此,明明已经掌握了动作要领,但因为胆怯,自信心不足,从而导致初次脱板就紧张,引发身体下沉而呛水,从而产生恐惧心理。手中的小浮板就成了卉卉的"救命稻草"。针对卉卉的心理问题,我从语言上进行鼓励、行动上给予帮助,一步步地消除其恐惧心理,增强自信心,最后成功地"脱板"。

二、从教师的教学方法入手

在幼儿游泳活动中,我观察不同幼儿的不同心理障碍表现,并对各种心理障碍的原因进行分析,采用循序渐进法、心理训练法、分层教学法、语言诱导法和游戏比赛法等教学方法来帮助幼儿克服心理障碍,克服怕水、胆怯、恐惧心理,激发他们的学习兴趣,增强学习游泳的自信心,提高游泳技能。

在自由泳练习中,还有部分幼儿因为能力问题,使得班级游泳技能的学习产生差距,我就根据幼儿的实际学习情况,运用渐进法,逐步卸去小背包,然后脱板,最后真正学会徒手自由泳。

《3—6岁儿童学习与发展指南(试行)》指出:尊重幼儿发展的个体差异。幼儿的发展是一个持续、渐进的过程,每个幼儿在沿着相似进程发展的过程中,各自的发展速度和到达某一水平的时间不完全相同。要充分理解和尊重幼儿发展进程中的个别差异,支持和引导他们从原有水平向更高水平发展,切忌用一把"尺子"衡量所有幼儿。

浦东新区东方幼儿园　王　勤

纠结的妈妈

【背景】

　　刚开始幼儿对水都会因陌生感产生害怕情绪,这种害怕情绪根据幼儿的年龄大小、对水接触的多少而不同,但其实人在出生前就生活在母体的水中(羊水),所以人类游泳可以算是本能了,这种惧怕感会在多接触水、对水池产生信任感后渐渐消失。在东方幼儿园,从小班第一个学期就会进行每周两次的游泳活动,小班幼儿的年龄在 3～4 岁,但是每个班级都会有个别幼儿的惧怕情绪特别强烈和严重,抵触游泳、逃避游泳,作为教师,在游泳前要让幼儿有接触水的思想准备,告诉幼儿我们要学习游泳,我们会换上和平时不一样的衣服——泳衣,在游泳池里还会有许多好玩的游戏。在小班真正上游泳课前,教师可以播放一些游泳的视频和录像给幼儿观看,让他们对游泳有更多的认识,还可以带幼儿参观中班、大班哥哥姐姐的游泳活动,让他们对游泳活动产生更直观的体验,增加对游泳的了解、激发对游泳活动的兴趣。结合了前期对游泳活动的铺垫,在游泳过程中教师也要表现出耐心和爱心,注意观察幼儿对游泳活动的生理接受能力和情绪变化,以便及时调整游泳活动的进度和策略。小班幼儿的年龄特点是喜欢以游戏的方式参与活动,所以教师在刚刚开展游泳活动时,除了尽快让幼儿适应泳池内的浮力,还可以多以游戏的方式去开展活动,让幼儿在游戏中适应泳池、喜欢上游泳。

【过程】

　　今天又是一周中游泳的日子,早上在校门口就碰到了正要晨检的小白,他

牵着妈妈的手正在笑嘻嘻地和医生妈妈打招呼，班主任张老师也笑眯眯向小白打招呼，可是小白看到自己的老师后好像突然想到了什么，马上多云到阴再到雷阵雨，哇哇大哭起来。原来小白是他们班级年龄比较小的孩子，开学已经一个月了，从开始接触游泳到现在抵触情绪是班级最强烈的。这不，他刚刚看到自己的老师，马上联系到游泳，所以哇哇大哭起来。妈妈看到小白这么害怕游泳，一把抱起小白，轻声安慰起来，然后用眼神向老师求助，妈妈的安慰并没有安抚小白，反而使哭声更加来势汹汹，小白妈招架不住小白的哭闹，终于开口询问老师："我们今天先不游泳了吧？"

其实这种情况已经不是第一次发生了，还有一次也是游泳的日子，小白先是在门口磨蹭着不想进教室，好不容易和妈妈一起进了教室，眼眶里噙着泪水，不愿意和妈妈分开，这时老师抱起小白，和她打招呼，还轻声安慰了她，小白的情绪也渐渐好转，可是在窗口迟迟不肯离开的妈妈又冲进教室，从老师手里抱过小白，想要安慰她，妈妈的拥抱不仅没有帮助到小白，反而又让小白的情绪再一次爆发，大哭不止，最后，妈妈向老师请假，带小白回家休息一天……从第二周游泳到现在，一共进行了六次游泳活动，班级中大部分幼儿都已经渐渐适应游泳，但是小白却对游泳持续恐惧，情绪起伏也最大最强烈，每周的游泳活动都会遇到阻力，无法正常进行，难道小白就真的过不了游泳这一关吗？

看着小白妈关爱担心的眼神和小白的眼泪，张老师觉得再也不能一直这样下去了，这样继续逃避游泳，不仅无法将游泳的基本功打扎实，就连来园的情绪也造成了极大的影响，有时还会波动其他幼儿的情绪，对幼儿的发展非常不利。

于是，在每次游泳活动进行时，张老师都会给小白"开小灶"，每次游泳结束后都会表扬小白，哪怕是一点点进步，张老师都会好好鼓励她、表扬她，小白得到表扬后也会非常开心，回家和妈妈分享自己得到的表扬。每次游泳活动结束的当天，张老师都会发消息给小白妈妈，和小白妈妈分享女儿今天在游泳活动中的表现，客观分析小白今天游泳活动的进步和不足，有时还会和小白妈通电话，在电波中告诉她东方幼儿园游泳活动的起源、发展、进程，普及游泳的好处，也会一起探讨一下育儿知识，让小白妈知道家长的焦虑心理也会"传染"给自己的孩子，加深幼儿内心的恐惧。在一条条短信和一次次的电话中，小白妈的焦虑情绪得到了疏导，也学着正确对待女儿在游泳活动中出现的情绪波动，在小白妈的正确疏导下，小白也慢慢发生了变化。

开学第六周,遇到游泳的日子,虽然小白还是会抱着妈妈不肯松手,可是在得到妈妈的鼓励和安慰后,也愿意自己走到教室里跟着小朋友开始一天的活动,从以前哭着进游泳池不敢下水,到现在可以自己扶着池壁走动甚至和小朋友一起玩一会玩具,虽然她还不敢走到水中央和更深的地方,但是这样的进步已经让老师和家长惊喜。不仅如此,小白妈从刚开始对东方幼儿园游泳活动的不理解到现在支持小白参加每一次游泳活动,从刚开始抱着小白不肯放手,到现在交给老师就马上离开,从以前每周一条长短信的疑惑,到现在安慰鼓励其他家长,这些小小的改变却有着大大的成功。

第七周的周二,又到了小一班游泳的时候了,本来这天的游泳课并没有什么不同,但是小白却跨出了让张老师惊喜的一步!在游泳课的自由活动时间,小白自己慢慢走到了泳池的中间,这时泳池的水已经没过了她的肩膀,可是她依然慢慢地但是坚定地往前走着,终于她走到了泳池水最深的地方,张老师将这一切都看在眼里,可是她的内心是紧张又激动的,她不知道小白为什么会鼓起勇气朝水最深的地方走去,可是这不就是她一直期待的吗?终于小白走到了自己的目的地,原来小白的好朋友圆圆正在那里摆弄水中玩具,平时圆圆和小白是最要好的好朋友,她们住在一个小区的一幢楼里,上学、放学经常在一起,今天小白走到水最深的地方是因为她想和圆圆一起玩呀!虽然是因为一个简单的原因,但是对小白来说可一点都不简单。

这天下午刚放学没多久,张老师就接到了小白妈妈的电话,电话里小白妈妈的声音显得特别激动,"张老师,谢谢你,谢谢你,今天小白回家告诉我她敢走到游泳池任何一个地方,还和圆圆一起玩了!"小白妈妈难掩的激动是想让陪她"奋战"的张老师一起分享这个令人开心、激动的进步。从这一天起,小白妈妈对小白更有信心了,对老师也更信任,在游泳这件事情上彻底变成了老师的同盟军,帮助小白在游泳上越来越有信心,越来越好。

【反思】

在幼儿刚刚接触游泳时,肯定会产生一些抵触情绪,这时家长和教师的疏导就显得非常重要,当幼儿渐渐摆脱对游泳的恐惧,愿意去尝试,慢慢喜欢上游泳时,最激动的除了家长,还有老师。

小班幼儿年龄小,对于陌生和新鲜事物的接受能力较弱,教师除了要鼓励幼儿、指导幼儿以及称赞幼儿获得的进步外,还要鼓励和疏导家长内心的情绪,刚入园,一下子要面对入园焦虑、游泳焦虑,相信家长此时也是焦头烂额,刚开始教师与家长之间很难马上建立信任的桥梁,这时,教师应该更主动去联系家长,分享幼儿在幼儿园的情况,解开家长对幼儿园情况的疑惑和不理解,在信任的基础上,教师还是一名育儿专家,可以告诉家长一些科学的育儿观念,疏导家长的焦虑,鼓励家长支持幼儿园工作和活动,让家长切身体会到幼儿园的活动,家长的支持是取得游泳活动成功的一大步。

在获得了家长的支持后,对待个别特别害怕游泳的幼儿,教师可以在游泳活动中适度降低游泳的强度和要求,逐步提升幼儿的游泳技能,将一个游泳要求分为两个层次,让幼儿拥有自己的最近发展区,逐步达到制定的活动目标。

通过这个案例,我们看到了在游泳活动中一些原本持反对态度的家长摇身一变成为幼儿园游泳活动的支持者。希望每一个参与幼儿园游泳活动的幼儿家长都能在内心深处给东方幼儿园的游泳活动点一个赞!

浦东新区东方幼儿园　雍明君

我 变 小 青 蛙

【背景】

大班下学期,幼儿需要在教师的带领下学习一种新的泳姿——蛙泳。蛙泳是模仿青蛙游泳动作的一种泳姿。在游泳过程中,身体位置随手腿动作不断变化,两臂和两腿的动作在同一水平面上同时进行。蛙泳是一种既实用又容易学会的泳姿,但对幼儿而言,其动作结构较为复杂,掌握起来有一定难度。

蛙泳的腿部动作是推动身体前进的主要动力,所以腿部动作的好坏是掌握蛙泳的前提和基础。蛙泳的腿部动作由收腿、翻脚、蹬腿和滑行四个部分构成。幼儿先前掌握的两种泳姿自由泳和仰泳,其腿部动作都是两腿上下打水,与蛙泳的腿部动作有很大区别,因此教师需要在岸上强化幼儿的腿部动作,为接下来的水中练习打好基础。

【案例】

蛙泳对大班幼儿而言是一种全新的泳姿,为了引起幼儿学习的兴趣,老师亲自为幼儿示范了蛙泳。孩子们看到老师像灵活的小青蛙一样,手脚并用地在水中游来游去,无不欢呼雀跃,拍手叫好。还没等老师提问,孩子们就迫不及待地说道:"这是蛙泳!我们也要学!"在和孩子们讨论一番后,老师开始讲解示范蛙泳的腿部动作:"准备动作,双腿并拢抬高,平行于泳池,慢慢地收回双腿同时膝盖向外打开,然后脚掌向外翻,两条腿快速、用力地蹬出去,用你的脚掌画一个椭圆形,最后腿并拢,这样一个蛙泳腿部动作就完成了。"

孩子们学着老师的样子纷纷做起蛙泳腿部动作,有的孩子兴奋地快速收蹬腿,有的孩子则做着慢而轻柔的动作,丝毫没有把老师示范讲解时的动作要领做出来。于是,老师再次示范,并请幼儿跟着自己一起做动作,强调收腿时动作要慢,蹬腿时脚掌外翻快速蹬腿。幼儿跟着老师一起练习了几次,动作整齐多了,孩子们模仿得有模有样,有几个小朋友的动作还挺标准呢。

休息片刻后,老师请幼儿自己练习蛙泳腿部动作,但没有了老师的带领,孩子们又做得乱七八糟,有快有慢,动作也不如刚才标准。无奈,老师只好再一次喊停。蛙泳腿部动作的难点之一是收腿慢、蹬腿快,该如何让幼儿掌握这个难点呢?这回,老师通过喊口令的方法来控制幼儿收、蹬腿的速度。口令一二三四,完成收腿动作,口令五六,完成蹬夹腿动作,口令七八保持腿并拢动作,一个八拍就是一个完整的蛙泳腿部动作。在老师的口令声中,幼儿渐渐地放慢收腿速度,加快蹬腿速度,逐步掌握了收蹬腿的节奏。

收腿的速度总算是放慢了,可在蹬腿时不少幼儿会忘记向外翻脚。翻脚蹬腿是蛙泳腿部动作的另一个难点,翻脚时腿部肌肉有种紧张感,需要用力才能达到效果。在全体指导时,老师会顾此失彼,因此老师将幼儿分成两组,一组幼儿在岸上练习动作,另一组幼儿站在水中,负责监督。有了一对一的监督,孩子们做起动作来分外认真、到位。经过几组动作练习后,大部分孩子掌握了蹬腿前翻脚的动作要领。

由于翻脚会使得腿部肌肉有紧张感,有些孩子觉得有些不适,个别孩子的翻脚动作不到位,只是轻轻地勾着脚,没有用整个脚掌去推水。老师把这几个孩子集中起来,请他们做翻脚练习,并且用手帮助他们翻脚,让孩子体验翻脚时肌肉的感觉。经过强化练习后,这几个孩子掌握了翻脚蹬腿的动作技能。

【反思】

蛙泳腿部动作是掌握蛙泳的基础,因此教师需要在岸上帮助幼儿熟练掌握正确的蛙泳腿部动作。案例中,教师成功地让幼儿学会了一组复杂的腿部动作,教学中的亮点有三个。第一,熟悉泳姿,了解动作技能的难点。教师在示范讲解时,详细清楚地向幼儿讲解示范分解动作,突出难点,并把难点化繁为简,使幼儿容易达成。比如"蹬夹腿"动作,教师讲解成"用脚画一个椭圆形",对幼儿来说具体形象,易于理解,便于操作。第二,灵活地调整教学策略。在案例中,当幼儿无法掌握收、蹬腿节奏的时候,教师用了"喊口令"的策略,巧妙地解决了快与慢的节奏问题。在解决"翻脚"问题时,教师分身乏术,于是采用了分组的策略,让幼儿指导幼儿,利用"生生互动"提高教学效率。第三,合理地运用多种教学方法。教学一开始,教师先进行集体示范讲解,让幼儿对蛙泳腿部动作有全面的认识。然后,教师逐一指导幼儿动作,反复纠正错误动作。最后,待大部分幼儿都掌握后,针对个别幼儿进行强化训练。

正是由于教师对教学重点与难点的把握,灵活地调整教学策略以及合理地运用多种教学方法,才提高了游泳教学的效率。若在教学中,能增加一些游戏或竞赛环节,则更能提高大班幼儿的学习热情,把枯燥的训练变得更有趣。

浦东新区东方幼儿园　潘佳燕

一 个 约 定

【背景】

　　游泳,是东方幼儿园的特色教学活动之一。教师对于每个年龄段的幼儿都设定了不同的要求,而对小班幼儿的学习目标是能够借助浮板进行闷水打腿。众所周知,学习游泳的第一关是要学会闷水,所以闷水是幼儿要跨过的第一道难关。十月初的两个星期内,手扶泳池边在水中闷水五秒是幼儿要掌握的游泳技能,教师通过"吐泡泡""开火车"等生动的情境模仿让幼儿明白闷水的原理,减轻对闷水的恐惧。

【过程】

　　对于新小班来说,一开学就要学习游泳,小朋友的压力非常大。本学期幼儿学习游泳的时间尤其早,在刚刚度过欢乐周之后就要开始第一轮的游泳学习。幼儿还在慢慢熟悉幼儿园这个新环境新班级以及新朋友新老师,有的幼儿还没从离开父母的转变中适应过来就要面对这个新的挑战。虽说为了让幼儿更好地适应游泳池的环境,教师将前两节课的内容都设置的较为简单,只是让幼儿在水中沿着池边慢慢行走,也创设了较有趣的情境:请幼儿扮演小兔子在水中跳一跳感受水的浮力,但还是有不少幼儿比较害怕,在泳池中不断哭泣,不愿参与集体活动,抗拒这个环境。

　　然然是一个很开朗的男孩子,他在适应游泳池环境的过程中则表现得比较自然,他显然是被这个新环境给吸引了。他在水中不断地跳动着,感受着人体在水中的独特感觉。在带领幼儿沿着泳池边走了数圈后,教师组织了有趣的水中集体游戏:听到口哨声就往前走,再听到一遍口哨声就往回走,看谁反应最快。大家对这个游戏非常感兴趣,并且随着教师吹口哨的频率越来越快,小朋友的情绪也渐渐被带向了高潮,他们仿佛忘记了自己置身水中,快乐地参与着游戏。

经过了两节课的放松和游戏,幼儿对泳池的环境有了一个初步的认识,不再对这个环境感到陌生,大多数幼儿能够带着愉快而稳定的情绪进入游泳池。就在这个时候,难题来了,幼儿要开始学闷水了。整个闷水的授课分为三个部分,先是将嘴巴放到水底下,再是鼻子和嘴巴一起进入水中,最后是整个头都进入水中。在第一课时时,教师首先面对全部的幼儿讲解了一下在水中吐气是怎样的感受,并且以示范法让幼儿看到在水中吐气是会有泡泡浮现在水面上的,告诉幼儿就像在开火车一样会发出"呜呜呜"的声音。然后在每个幼儿的掌心都吹了一口气,让幼儿充分感受吐气。然然对教师在演示闷水的时候会发出"呜呜呜"的声音很感兴趣,他是个非常好奇的孩子,只见他学着老师的样慢慢地将嘴巴放入水中开始吐气。当他发现确实会有好听的声音出来时他感到非常兴奋,大声地对教师说:"老师,你看,我也能发出声音。"教师来到然然身边,让然然重新演示了一遍,然后给了他一个赞许的大拇指。

第二课时的时候,教师提出了进一步的要求:要将嘴巴和鼻子都放入水中。在教师讲解的时候,然然和旁边小朋友说着话,兴奋地笑着。突然教师的一声口哨,其他幼儿都开始闷水了,然然看到后马上也把脸闷入水中。可是他马上就又抬起了头,拼命地咳嗽着。原来是他刚刚太过着急,没有准备好就开始闷水,被水呛到了,鼻子里吸进了水。然然一下子就哭了,双手胡乱地抹着脸上的水。教师来到然然身边,轻轻拍打着他的背,对他说:"没关系的,然然不哭了,我们再来一次。好吗?"然然拼命地哭着,说什么也不肯再试一次。在接下去的一次游泳学习中,然然表现出了对闷水的抗拒。在幼儿集体闷水的时候他总是偷懒只将嘴巴放入水中,而在教师单独指导他的时候他也总是非常倔强地不肯将头放入水中。其他幼儿都在教师的指导下完成了在水中闷水五秒的动作,然然一个人站在角落,双手紧紧抓着泳池边缘,面对教师的话他一句也听不进去,嘴里不断地问着:"我可以不闷了吗?我可以不闷了吗?"

第二天来园的时候,然然有些抗拒,他平时来园都是笑眯眯的,而那天早上他却躲在妈妈背后不肯出来,问:"老师今天我们游泳吗?"在听到教师的否定回答后,他才露出了笑脸,从妈妈身后走了出来。接下去的几天依然如此。

对此,教师和然然妈妈进行了一次晨间谈话,了解到然然在家中也表现得很焦虑,尤其是每晚睡前都要跟妈妈确认很多遍明天游不游泳。妈妈说,在前段时间然然还和爸爸一起去过游泳池,他一点都不抗拒。至此,教师认为一定是那次呛水导致然然有了抵触心理。教师把然然叫来和他做了个约定:"如果你明天高高兴兴地来幼儿园,那老师就同意你明天可以不闷水。"然然听了很高兴地答应了。教师也和妈妈做了个约定:让然然在家中在妈妈的陪伴下练习闷水,但是要慢慢来,帮助他摆脱恐惧。有了这个约定,然然来园时总能笑眯眯地自己走进班级,而教师也遵守了约定没有让他再闷水。直到再一次的游泳课上,教师想要请一名幼儿来当小老师演示闷水。由于然然在班中一直表现不错,所以教师第一个就想到了他。在问过然然的意愿后,他表示愿意来做小老师,于是他来到泳池中央听教师的口令展示了一遍闷水。教师惊奇地发现然然的动作非常到位,于是和其他小朋友一起给了他热烈的掌声,然然的脸上露出开心的笑容。从此以后,然然像忘记了那个约定一样非常坦然地面对闷水、面对游泳。

【反思】

1. 适时沟通是桥梁。

家长对于幼儿在幼儿园中的情况可能了解得不是很透彻,所以教师和家长之间的有效沟通是促进幼儿发展的主要途径之一。面对幼儿在园中的表现,教师要主动去和家长进行沟通,了解其在家中的情况。家园互动才是良好的教育手段。面对然然突然对来园的抗拒,教师在疑惑之余,主动和家长进行了交流,找出了根源——不想游泳。

2. 教育要有紧有松。

教育就像一根橡皮筋,要有紧有松,如果拉得太紧它就会断裂。针对然然的情况,教师从妈妈的口中了解了然然在家中还是愿意进行闷水练习的,于是请妈妈督促,让然然在家中练习闷水,而在园中就先"放松"一下。其实然然不愿意继续在幼儿园中游泳的根源是那次呛水。我们都知道,突然呛水是非常难受的,更何况是一名四岁的幼儿面对这种突发情况,然然所受的惊吓我们能够理解。这时的"放松"并不是让幼儿放弃学习游泳,而是教师在了解幼儿学习程度的情况下采取的短时措施,是为了帮助幼儿自我调节对闷水的恐惧,重新建立起信心。

　　闷水是学习游泳要跨越的最大的一个坎,班级中害怕闷水的幼儿不在少数。教师要给予幼儿耐心的指导,帮助幼儿缓解紧张的情绪。另外,除了教师对幼儿的指导外,幼儿也要对自己建立起信心,才能更快更好地学会游泳。

浦东新区东方幼儿园　刘佳芸

"小美人鱼"成长记

【背景】

"加油！加油！加油！……"孩子们的喝彩声一浪高过一浪,整个室内游泳房里都充溢着兴奋激动的气息。这是大班的孩子们在进行家长开放日活动。在这一天,孩子们要将自己在幼儿园学会的本领一一展现给爸爸妈妈们看。大二班的孩子们正在进行游泳展示,只见孩子们如同一条条灵活快乐的小鱼,在蓝色起伏的水浪中自如前行。而在这群孩子中,一个枚红色的身影格外轻巧,特别引人注目。这是大二班的"小美人鱼"雯雯,她在水中的姿态和速度,让窗外的家长们赞叹不已。可谁又曾想到,三年前,这条"小美人鱼",却是班里游泳课上数一数二的"困难户"? 望着雯雯上岸后自信的笑脸,林老师的思绪不禁回到了三年前。

【过程】

三年前,在小二班的第一节游泳课上,有一个女孩儿成了众人的焦点。"爸爸妈妈,你们快来救救我……我不要……我害怕……"孩子的哭声像利刃一样划破了走廊的宁静。这就是三年前的雯雯。"不要害怕,没关系的。我们只是玩水。我会陪着你。"林老师蹲下身来抱着雯雯,尽力安抚着她的情绪。身边的小朋友们在老师阿姨的帮助下,陆陆续续地换上了游泳衣,只有雯雯提着更衣篮,站在更衣室的长凳前伤心号啕。林老师帮雯雯换上了游泳衣,拉着她的手,带着孩子们进行冲淋,然后一起进了游泳房。在第一节游泳课上,林老师并没有让孩子们进行实质性的游泳训练,考虑到很多孩子对于游泳是零经验零基础的,为了帮助孩子们有一个适应的过程,林老师为孩子们准备了许多水上玩具。孩子们拿着自己喜欢的各种玩具,在水里走一走,跳一跳,感受着水的温度和浮力,渐渐地对在水中运动有了一定的感知,那些小脸蛋上充斥着的紧张焦虑也逐渐消散开来。只有雯雯一个人紧紧地贴着泳池的边壁,不愿意玩任何玩具,也不愿往前再踏出一步。林老师发现,她的小拳头攥得紧紧的,瘦小的身躯微微发抖——她是真的很害怕。林老师明白,现在让她尝试着走进水里,是徒劳的,只会徒增她的焦虑和逆反。于是,林老师站在她的身边,用手捧起一拨拨的水,轻轻地泼在她的身上,用最柔和的方式引导雯雯去了解水,明白水并不可怕。雯雯就像一尊小小的石头雕像,一动不动地在水边站了整整一节课。林老师不禁对雯雯接下来的训练有了一丝忧虑。

在之后的几节游泳课上,林老师都安排了玩水。孩子们自由地选择玩具在水里嬉戏,而林老师则和孩子们一起玩耍,在与孩子们一起游戏的过程中观察每个孩子的反应。林老师时不时地用小盆捞起一些水,浇到孩子们的身上与头上。有些孩子特别喜欢这种泼水游戏,还会主动和林老师互泼;有些孩子看到有水从天而降,马上眯起眼睛,缩起脖子,发出咯咯的笑声……而雯雯看到林老师拿着小盆在水中慢慢前行,却赶紧躲闪移步走开,离林老师远远的。她那双扑闪闪的大眼睛里,写满了紧张不安,生怕林老师把水浇到她的身上。看到她那着急忙慌的样子,林老师又好气又好笑。林老师知道要帮助雯雯接受水,接受每周两次的游泳训练,绝非易事。但林老师暗自下了决心,一定要帮助雯雯脱离对水的恐惧,即便倾注再多的时间和精力。

一转眼,开学已经一个多月了。游泳课程也从一开始的玩水,逐步进入到正式练习的阶段。可是,每次游泳课上,雯雯依然是泪眼婆娑,不是躲在浴室里迟迟不肯进入游泳房,就是坐在更衣室里拖拖拉拉。面对这个吓得发抖的孩子,林老师不禁沉思:是不是应该放下老师的架子,站在她的角度看看这个泳池,手把手和她一起活动呢? 于是,林老师游到雯雯身边,微微笑着对她说:"雯雯,我们来做个游戏好吗?"雯雯迟疑地看着林老师,一脸的疑惑和胆怯。林老师说:"雯雯你看,小朋友都喜欢和我做游戏。其实我知道,你也很喜欢我,想跟我一起做游戏,对不对?"雯雯睁大了双眼看着林老师,轻轻点了点头。这一点头,林老师心里大大地松了一口气——至少,雯雯是接受她的。只要让孩子接受老师、相信老师,那么帮助孩子学会游泳并不是太难的事情。林老师

说:"这样吧,今天我们来做一个海豚公主的游戏。有一个小公主啊,她会骑海豚在大海上游泳哦。现在我来做海豚,你来做海豚背上的小公主,好吗?"一听要做公主,雯雯不禁露出了笑容,弯弯的嘴巴咧开,露出了贝壳般白亮的小牙齿,那模样可爱极了。林老师把雯雯放在她的胸口,双腿一蹬,以仰泳的姿势飞快地游到了泳池当中。周围的孩子们都发出了欢呼声,兴奋地拍着小手。雯雯趴在林老师的身上,紧紧地拽住林老师的泳衣,看得出她很紧张,但是,就为了能做一回公主,看来她是下了十二万分的决心啊!林老师在池里游了一个来回,雯雯稳稳地趴在她的身上,回到岸边,似乎不再那么害怕。林老师问她:"雯雯,游泳池吓人吗?"雯雯居然露出了害羞的神情:"还可以……""其实泳池不那么吓人,对吗?你想不想再做一次公主?""想!"雯雯不假思索地回应,眼里充满了期待。林老师这回把雯雯放在她的背上,在池子里游了好几圈。雯雯比上一次轻松多了,偶尔还用小手划划水,看得出她对水的恐惧已经消除了一大半。林老师心里充满了成就感。她坚信自己一定能帮助这个孩子接受游泳,学会游泳。

那天,雯雯第一次笑嘻嘻地离开泳池。林老师不禁期待起下一次的游泳课来……

没想到,意料之外的事情发生了。雯雯的爸爸妈妈十分担心雯雯的游泳学习,他们怕孩子的压力太大,于是决定要转学,放弃雯雯的游泳学习。林老师听闻这个消息,心中顿感失落。原本心中已有了圆满的规划,难道就此落幕了吗?林老师知道雯雯的父母也是出于家长的爱,怕孩子因为游泳留下阴影。于是她决定与雯雯的父母沟通一下,想办法获取他们的信任和帮助,一起引导雯雯学习游泳。

林老师通过电话联系到了雯雯的爸爸妈妈,大方邀请他们来幼儿园看一看女儿学习游泳的情况。林老师相信,只要雯雯的爸爸妈妈看到女儿在游泳课上跟其他孩子一样,是快乐积极的,那么雯雯父母就会放下包袱。果不其然,雯雯的爸爸妈妈来到幼儿园,在不起眼的角落里观察了两节课。他们发现雯雯其实并没有他们想象中那么怕游泳,是自己多虑了。于是,雯雯的父母打消了为雯雯转学的念头,并表示愿意积极配合林老师帮助雯雯勇敢面对游泳学习。

也许,是老师和父母的双重鼓励起了作用,一到游泳课的日子,雯雯不再流眼泪,取而代之的是她兴奋开心的模样。在林老师一对一的陪伴下,雯雯已能在水里自由活动,拍拍水、蹬蹬腿、玩玩水枪,即便被水淋湿了脸颊,她也是甩甩水珠,一副满不在乎的样子。林老师知道,雯雯已经可以加入到集体的训练中去了。为了让那些怕水的孩子们不把训练看作负担,林老师设计了一整套游戏来帮助孩子们锻炼技能。看,林老师正带着孩子们开火车呢。孩子们一个搭着一个的肩膀,在林老师缓慢的带领下,在水里开起了小火车。小火车从浅水区出发,慢慢驶向深水区。林老师带着他们一会儿直起身,一会儿弯下腰,高高低低地上下山坡。孩子们在林老师的口令引导下玩得不亦乐乎,就连最怕水的雯雯,都笑得格外灿烂,全然忘记了自己是在水位没到胸口的深水区。

为了帮助雯雯练习闷水,林老师专门去买了一些乒乓球。"你们知道这乒乓球怎么玩吗?"林老师神秘地晃着手里的乒乓球。只见她将乒乓球放在水面上,轻轻地吹气,乒乓球便向前漂动起来。"吸一口长长的气,把乒乓球吹到前面去。吹呀吹呀,看谁能最先把乒乓球吹到终点。"在林老师的示范下,孩子们跃跃欲试。林老师把孩子们分成了两组,进行吹乒乓球比赛。看得出,这是一个简单又巧妙的好方法,孩子们在这个过程中既亲近了水,也练习了自己的肺活量,为接下来的正式闷水打下了基础。别说,雯雯还特别喜欢吹乒乓球呢!比赛结束后,她在自由活动时一个人拿着小球,吹呀吹,玩得很入迷。林老师看到她的样子,心里甜滋滋的。

最终,孩子们进入了学习闷水的正式阶段。林老师设计了一个游戏"小鱼吐泡泡"。小鱼儿们长吸一口气,先把嘴巴放进水里,用嘴巴吐气,看谁吐出的泡泡多。在熟悉了这个方法后,小鱼儿们需要把鼻子也放进水里,用嘴巴在水下吐泡泡。接着,要把眼睛也放进水里吐泡泡。最后,小鱼儿们的头顶也要放进水里,看谁能吐出最多的泡泡。一步一步循序渐进,孩子们不会感觉生硬突兀,在游戏的情境下,逐步学习了正确闷水的方法,也不会发生鼻子呛水的情况。雯雯"小鱼"很喜欢吐泡泡,虽然在把眼睛放进水里的阶段,她说:"林老师,我怕水钻进我的眼睛里。"林老师说:"轻轻闭上眼睛,只要你记住是用嘴巴吐出泡泡,其他地方都关起来,水就钻不进来了。"在尝试了几次之后,有了成功的体验,雯雯果然没有了顾虑,直至把头顶也埋进水里,都做得十分到位。林老师甚至有些暗自惊奇,她没有想到,当初这个哭得拳打脚踢的孩子,小小的身躯里竟是那么勇敢,对于游泳似乎也有一些天赋。

【反思】

事实上,在雯雯学会了闷水之后,她的游泳学习就踏出了最重要的一步。万事开头难,她克服了最初的恐惧,之后的学习就顺利了很多。在成功的体验之后,配合林老师的游戏课程,加上林老师和爸爸妈妈不断的鼓励,雯雯之后的游泳训练似乎是那样地水到渠成,打腿、手部动作、浮板训练、脱板练习……雯雯和其他孩子一样,认真地进行每一节课的学习。而且,雯雯对于游泳是很有天赋的,她学得比其他孩子更快,更积极。因为她的进步是飞跃式的,她从中得到的满足与自豪是成倍的。

从最初的旱鸭子,到如今的美人鱼。没有人会想到,一个孩子的变化会如此巨大。也许林老师当初往后退一步,放下执着,雯雯可能时至今日都不会游泳。正因为有了她当初的耐心陪伴、得当的教学方法,才有了今天在游泳池里光彩照人的雯雯;而雯雯的成长,也更坚定了林老师作为一名老师的执着与信念。

林老师的成功之处在于帮助了毫无游泳经验且对游泳深感恐惧的雯雯学会了游泳课程中最难的闷水,打破了雯雯游泳学习的瓶颈。

之所以能够成功引导雯雯学会游泳,得益于林老师正确巧妙的教学方法——利用幼儿最喜欢的情境和游戏来帮助幼儿进行训练。同时也是因为林老师善于和孩子交流,用自己的耐心和包容来引导孩子慢慢接受信任自己,从而帮助孩子喜欢老师,喜欢游泳。当然,其中也少不了林老师的家长工作。林老师能够主动取得和家长的沟通,赢得家长的支持和信任,形成家园合力,一致努力,从而使孩子的学习获得最大化的助力。

对于游泳训练,需要探索的东西太多。如何帮助孩子快乐地学习这门技能,路漫漫其修远兮,吾将上下而求索。

浦东新区东方幼儿园　黄雯雯

我是一条自由自在的小鱼

【背景】

经历过小班的有兴趣尝试和中班的充分感受之后,到了大班,孩子们在游泳运动中需要逐步提高身体的灵活性,掌握准确、协调的动作节奏,增加游距,体验成功的快乐。

对已有一到两年学习自由泳经历的大班孩子而言,自由泳是熟悉的,也是陌生的。熟悉是每个孩子都能按着自由泳的要求在水中"扑腾",陌生是因为自由泳中每个分解动作如何协调地完成,对孩子们还是有挑战的。通过一些模仿练习、结合一些有趣的教学形式、由简至难地让孩子们把自由泳动作表现得更流畅,成为泳池里的一条条小鱼,真正地自由自在起来,是大班自由泳学习过程中很重要的一个内容。

【过程】

● 说口诀,念口令,动作要领记心上

大一班大多数孩子真的已经爱上游泳了,凡是遇上游泳课,他们总是早早地就来到学校,拎好小篮子,拿好泳衣泳镜,迫不及待地要到泳池里去伸展腿脚。只是,有些小朋友最近有些愁眉不展,复杂与连贯的自由泳动作他们记不住,小手要划,小腿要打,头还要转着换气,这些"小鱼"到了水中实在是有些手忙脚乱。

喧闹潮湿的泳池不适合沟通与交流,是不是换个场所,把"水中游好泳"暂搁下,先从"岸上用心说"开始会更好呢?讨教了游泳教练朋友,上网搜索了一些自由泳动作要领,我把自由泳的动作变成了四套小口诀。完整自由泳——身体平稳水中趴、两臂交叉轮流划、两腿用力上下打、慢呼快吸向前划;划手——划臂放松插肩膀、小小手掌对准水、找到中线把速加、两臂轮流交替划;打腿——大腿发力带小腿、两腿交替来打水;换气——头在水中慢吐气、转头张嘴快吸气。在游泳前、户外运动时、自由活动时间都带着孩子们说说、再跟着口令配合动作做做。有了这些简明的口诀,帮助孩子们记下了动作的先后顺序和如何做好的要领,让他们的小脑袋里有了理性的印象,待孩子们再到水中,他们的动作还真是顺畅了很多,看来口诀还真是起了点作用。

- **简至繁,慢至快,循序渐进练动作**

协调能力是一种非常复杂的人体运动能力,需要中枢神经系统对肌肉活动的支配和调节功能。要想提高大班孩子自由泳的协调性绝非一件易事。有计划、有目的地选择有效的练习手段,并和其他素质的发展有机结合起来,以使各种身体素质得到均衡发展,从而达到提高协调性这一能力是必需的。简而言之,就是要循序渐进。一步步地开展陆上划臂、单臂划水、正压肩、转肩、换气等动作,既能帮助不同水平的孩子扫清障碍,又能通过改变练习的密度和强度来帮助优秀的孩子不断超越自己。

于是,你能看到大一班的孩子每次游泳前十分钟的热身会分组练习不同的动作,有的划手、有的打腿、有的换气、有的做小指导,大家各忙各的,笃悠悠地把技能练熟了,谁说协调性的提升是个大工程,但孩子们就是在投入到每一次练习之中时不知不觉地向着更标准、更协调在转变。

- **看比赛,观小鱼,完美从模仿开始**

要进行游泳比赛了,大一班的小家伙们开始跃跃欲试,平常的"小兄弟"誓要在赛场上比个高下,女孩子们也在互相打气,都说要加油取得好成绩。现阶段的问题是,大一班的孩子开始迫切地希望自己这条小鱼能游得再快一些,得到荣耀成为大班孩子自我实现的重要表现。

孩子们听爸爸妈妈说美国有个游泳名将叫菲尔普斯,他在奥运会上得了很多枚金牌,大家都叫他游泳神童。于是,我带来了菲尔普斯的游泳视频,选择了放慢速度给孩子们仔细看看他的手脚配合与换气动作。孩子们很激动,也跟着竞相模仿,虽说和世界冠军没得比,但激动的心情和简单的模仿让孩子们的夺冠信心愈加浓烈,向着世界冠军走进从模仿开始。

另外,既然想做一条自由的小鱼,看小鱼游泳、感受小鱼自由自在地快乐,是必需的。凑巧的是,大一班的自然角里,多多带来了小金鱼,孩子们对小金鱼相当感兴趣,也从小鱼身上找到了游得开心、玩得愉快的正能量,于是我"乘胜追击",鼓励孩子一起在游泳时模仿和感受"如鱼得水"的快乐。

【反思】

1. 为了提升孩子的自由泳协调性,我们的很多努力都产生了双赢甚至多赢的效果。当初的口诀、模仿和循序渐进只是为了帮助全班的孩子都能在自由泳的学习上获得更大的进步或是弥补部分孩子的不足。实践过后却发现,这样的方式带来了更大的让人意想不到的成效。譬如,孩子们的自信心得到了提升,对游泳这项活动有了更深的热爱,成就感逐步提升,流畅的动作吸引来了爸爸妈妈、老师阿姨羡慕和佩服的目光。

2. 不管采用什么形式,结合孩子的年龄特点,通过充分利用有趣的教学形式展开是至关重要的。要让孩子们感受到游泳课就是其乐无穷的。于是,我们在游泳教学中经常利用语言、手势、眼神来提示幼儿做动作;组织他们学习游泳的儿歌,做水中的游戏(拾石子、钻山洞等),开展水中比赛(抢球、划船比赛等),营造出热闹的气氛吸引幼儿。多采用比喻法、榜样法教学,并针对个别有差距的幼儿,采取个别指导、慢慢诱导、鼓励他向在游泳活动中进步大的同伴学习,使大家互相学习、共同进步。我们的最终目的始终是帮助孩子在快乐中体验成功。

3. 幼儿园老师对幼儿运动机能的了解还不很全面和科学,如何进一步地通过学习游泳教学的理论知识,并结合本专业的幼儿教育的特点,将游泳活动开展得更符合幼儿身心发展规律是需要进一步努力的方向。

4. 在幼儿开始游泳的初期,我们时常会邀请爸爸妈妈参与进来,帮助一起通过家园合作改善幼儿的恐惧情绪。但当幼儿成功度过这个阶段之后,充分利用家园合作来辅助幼儿的游泳学习就相对缺乏。提升大班幼儿自由泳的协调性还是个大工程,如何用好爸爸妈妈的能量,完成这个大工程值得好好思量。

浦东新区东方幼儿园　王　岚

我们都是 SUPERMEN

【背景】

　　闷水是学习游泳的第一关，也是必须经历的一关。会闷水、能换气的游泳才叫会游泳，才算真正掌握水上求生技能，因此闷水是必须掌握的。

　　刚开始学习游泳时，有些幼儿因害怕闷水而阻碍了学游泳的进程。这部分幼儿在最初接触游泳时，可能有过呛水的经历。由于幼儿对呼吸气流的控制能力较弱，导致不能在水中均匀地吐气和在水面上快速地吸气，水容易进入鼻腔和气管，呛水的现象便产生了。这种不愉快的体验会在记忆中停留许久，对学习游泳造成一定的障碍。

　　因为害怕呛水，孩子们会在游泳前产生一系列的心理负担，害怕、哭闹，甚至出现呕吐现象；进入泳池后，孩子们对水的排斥感直接升级，具体表现在头不肯浸入水中、不肯屏气、沾到水后马上抬起头来、始终紧闭嘴巴……对于闷水连尝试都不愿意，还怎么学游泳呢？

　　由此可见，学闷水首先要过的是心理关。在下水前，我们可以先了解一下幼儿怕水心理的起因，再学习克服怕水心理的方法，以减少其下水时的心理负担。

　　可能引起恐水心理的原因：

　　1. 不会屏气闷水，不敢去尝试。

　　2. 有过呛水经历，不愿再体验。

　　3. 不太会站立，无法控制身体。

　　4. 缺乏安全感，需要有依靠。

　　5. 受同伴影响，产生恐惧感。

要解决以上问题,教师必须对症下药。当孩子从未尝试过闷水时,可以在传授正确屏气方法后,通过小游戏的方式鼓励孩子大胆尝试;当孩子有过呛水经历时,我们必须先解除他的心理恐惧,传授正确屏气方法,告诉他只要掌握了正确的方法,在水里没什么可怕的;当孩子因为漂浮或者游泳的时候身体不受自身控制,脚底没有接触到实质而害怕时,我们可以让他知道其实水并不深,你完全可以站起来;当孩子缺乏安全感或受同伴情绪影响时,我们更应身体力行,陪伴他鼓励他,用更多的安全感冲淡他的不安情绪。

游泳怕水心理人人都有,尤其是小年龄的幼儿。如果跨过了这道坎,克服心理障碍,便会发现学游泳其实是一件简单的事。

【案例】

幼儿情况介绍

姓名:孙安迪

年龄:4 岁半

国籍:美国

所在班级:东方幼儿园联洋部中 6 班

孙安迪,美籍华人儿童。父母由于工作的缘故回到中国,并在联洋附近购置的居所。安迪于当年 9 月加入了东方幼儿园联洋部中六班这个温暖的大集体。

可能由于中美两国的饮食结构不同,4 岁半的安迪长得人高马大,比班里同龄的孩子都要高出一个头,乌溜溜的大眼睛镶嵌在圆圆的脸盘上,一脸聪明相,深得老师和同伴们的喜欢。

安迪的运动能力很强,是个活泼好动的孩子。他总说自己是 SUPERMAN(超人),要为同伴伸张正义,维护世界和平。

安迪一直自诩是个勇敢的孩子,但他的勇敢遇到游泳就烟消云散了。

由于上一次练习闷水时呛过几口水,安迪对游泳产生了极大的抗拒,每逢游泳的日子便会闹情绪。好在父母始终坚持送他来园。

游泳课开始了,孩子们陆陆续续换好泳衣,走出更衣室,在泳池边排好队。安迪总是拖到最后一个出来,因为他那聪明的小脑瓜认为,越晚出来游泳的时间就越少。

"孙安迪,过来! 请你排到前面来。"游泳教练毫不留情地打破了他的小九九,躲在同伴身后的想法破灭了,安迪当即变了脸。

"我不要! 我不要闷水!"他大声抗议,边说边往后退。

教练丝毫不理会他的抗议,径直向他走去。

"安迪,别害怕,勇敢一点!"我在一旁加油鼓劲儿。安迪挣扎着拨开水向我渡来,像抓救命稻草般抓住我的手臂,躲在我身后,大声喊:"我不要闷水! 我! 不! 要! 闷! 水!"

看他如此抗拒,为顾全大局,避免影响其他幼儿的情绪,教练打算先放他一马,让他在一旁看看别的小朋友如何练习闷水,放松一下情绪。整整 10 分钟过去了,安迪抓着我的手始终没有松开过。

一直拖延也不是个办法,既然相比较教练而言,孩子更信任我,我决定转变攻势了。

第一招:信心激励法。

"安迪,你看,好多小朋友都学会闷水了! 你不是说你是 SUPERMAN 吗? SUPERMAN 什么都不怕,怎么会怕水呢! 你一定行的,来试一试!"

安迪眨眨眼睛:"SUPERMAN 是在天上飞的,从来不游泳! 我不要!"

第一招,失败!

第二招:奖励诱惑法。

"你看,完成闷水的小朋友都在玩玩具喽,多开心呀! 其实闷水很容易的,就闷一下,闷好了,让你挑个最喜欢的玩具,还有好吃的巧克力送给你! 怎么样?"

谁知安迪根本不为所动:"我不要玩,我不要巧克力。我不要闷水!"他又大叫起来。

第二招,失败!

好言好语说遍了,他依旧不愿尝试。这样下去只是浪费时间,看来不来点硬的不行了。

第三招:共同潜水法。

趁安迪不注意,我突然一把抱起了他。同时告诫说:"我们要一起潜水喽。如果你不想呛水的话,在水里就闭上小嘴巴,屏住呼吸。"

"我不要! 我不要!"安迪话还没说完,我就抱着他作势蹲了下去,临近水面的时候,停顿了一秒钟,出于本能反应,安迪在这一秒钟内屏住了呼吸……

我们一起潜入水中,很快便站了起来。

这只是热身而已。

"第二次,准备!"我发出了指令。"我不要,我不要,我……"话音未落,我们又再一次潜入水中,这次比上一次久了一点点。在水中,我观察到安迪将嘴巴和眼睛都闭得牢牢的。

"再来!"还要再来! 安迪彻底崩溃了,他不顾一切地乱抓乱挠,一把将我的脖子抓出三条血痕……没等他抓第二次,我再度抱着他潜入水中,这一次,足足停留了 5 秒钟。安迪在水中吐出了小泡泡。

我俩又一次跃出水面,安迪刚要哭泣,我突然指着脖子上的血痕对他说:"你看,我们俩在一起,闷了三次水,一次都没有呛到,看来游泳并不会让我们受到伤害。可是我却因为你的害怕和乱抓受伤了,你说怎么办吧?"

不知是不是因为内疚,安迪突然不吭声也不吵闹了。

"有我在,别怕! 科科老师陪着你。我不怕疼,只怕你乱踢乱抓会伤害到自己。你看你刚才在水里的表现就非常好,闭上嘴,屏住气,不让自己呛到水。"

"我们再来一次吧! 科科老师陪你一起闷,记住入水前深吸一口气,在水里闭上小嘴巴,起来时先吐气再张大嘴巴吸气。好,开始了!"这一次安迪的表现非常出色,不哭也不闹,很配合地做好了闭气动作潜入水中。

离开水面的时候,安迪还有一些小紧张,喝了一口水,咳嗽了几下。相比之前,他对水的恐惧淡化了许多。

"安迪,来! 我们一起带上游泳眼镜,试试在水里睁开眼睛看一看,其实水里一点儿都不可怕,还非常有趣哦!"我替安迪带上了游泳眼镜。现在的安迪已经不再抗拒,他牵着我的手尝试着把头埋进水里,并张开眼睛好奇地张望着,我在水里比了一个大拇指送给他,看得出,他的情绪非常棒!

这一次,安迪自己从水里站了起来,他对闷水的恐惧已经通过与我一起一次次的尝试逐渐远去。在心理上克服了学习游泳的第一关,一切都变得容易起来。

游泳结束,在给孩子们淋浴更衣时,安迪突然问我:"科科老师,你疼吗?"呵呵,原来他还关心着我脖子上的伤呢,真是个温暖的孩子。

"没关系,已经不疼啦! 我们都是勇敢的 superman,下次游泳课的时候你要表现得更棒哦! give me five!"击掌!

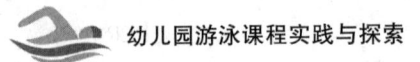

这就是我们的约定。

【反思】

一、孩子为什么怕水？

从心理学来说，它是一个非常复杂的发展过程，它的产生有各种起因，如刺激产生的类型、幼儿对游泳环境的熟悉度、儿童本身的发展差异等等。我们必须了解儿童产生害怕的原因，才能预知儿童在游泳教学中可能出现的害怕心理，以便有效疏导与克服。安迪对水的惧怕是源于他曾经呛水的不愉快体验，这种体验带给他的负面影响导致他产生极端抗拒的行为。充分的安全感是克服这种心理问题的灵丹妙药，教师的榜样示范、言语疏导、携手并进在心理上和生理上都给予了孩子极大的安全感，这也是安迪能克服心理障碍不可或缺的一部分。

二、孩子如何亲水？

1. 循循善诱

幼儿在游泳学习的各阶段都可能产生怕水情绪，教师可用简单的道理或示范讲解使他们对所要进行的练习有一个比较清楚的认识，有正确方法的指导，或多或少都能消除一些孩子的怕水心理。教师在每一次闷水前重复闷水的技巧，对于安迪在水中正确闭气不再呛水起到正确的指导作用。正是因为安迪运用正确方法尝到甜头，发现自己不再呛水，才逐渐克服了怕水的心理。

2. 鼓励肯定

帮助儿童建立克服怕水的信心对于教师来讲是非常重要的。幼儿学游泳归根结底还是要靠自己来完成，所以如何使学生对游泳发生兴趣，建立信心，超越自我，是一个很有研究意义的问题。安迪在一次一次的闷水尝试中获得了教师的肯定与鼓励，同时也发现自己有能力完成挑战，由此逐渐建立信心，变被动为主动。

3. 爱与安全感

和谐的师幼关系对于幼儿克服怕水心理有很大作用。幼儿希望有一个自己熟悉、信赖、喜爱的教师来教自己,以获得心理上的满足,因此教师在幼儿练习游泳,尤其是遇到困难时应予以鼓励、支持、帮助来解决儿童心理上的冲突,从而达到克服怕水的目的。教师的贴身陪伴让安迪减少了不安情绪,提升了安全感;在误伤教师后,教师的宽容与谅解以及深深的内疚感使安迪瞬间控制住了自己的失控行为,从而平静地在老师的陪伴下进行了闷水练习。

教师在幼儿心里是行为楷模,是孩子的信任和依赖。师幼共同潜水使安迪通过直观感受在脑海里对闷水动作有了深刻的印象。教师的指导好比一部有趣的动画片,让孩子喜欢你,能够读懂你,才能使孩子在愉快的教学中更加喜爱游泳,早日掌握游泳技能。

浦东新区东方幼儿园　陈科静

专题论文

幼儿游泳兴趣的培养

兴趣：指兴致，对事物喜好或关注的情绪，是一个人渴求认识、探究某种事物的强烈的心理倾向。它能够使人优先对某些事物给予注意，并带有积极情绪色彩。在实践活动中，兴趣能使人们工作目标明确，积极主动，从而自觉克服各种艰难困苦，获取所从事活动的最大成就，并能在活动过程中不断体验成功的愉悦。

兴趣对一个人个性的形成和发展尤为重要。从小培养和关注幼儿的学习兴趣，能够为幼儿将来的学习和生活打好基础。学习兴趣能激发幼儿的潜力，一名幼儿如果对某一方面或者某一事物感兴趣，就会主动地学习研究，从而培养积极的思维习惯；幼儿的潜力是无穷的，当其对某一事物产生浓厚兴趣时，才会不断地发掘出内在潜力，持之以恒。学习兴趣在幼儿的成长过程中发挥着非常关键的作用，间接影响着幼儿的性格和其他方面的培养，帮助幼儿不断提高和完善自己。

游泳兴趣是指幼儿从事游泳这项体育运动的意识倾向和参与热情。要培养幼儿的游泳素质就必须抓好游泳兴趣的培养。爱玩好动是幼儿的天性，他们兴趣广泛，好奇心强，比较容易模仿和接受新鲜事物，常常以直接兴趣为动力。游泳教学应侧重从幼儿的情趣特点出发，采取灵活多样的游戏形式，寓教于玩，这样既能提高幼儿参加游泳活动的兴趣，也能在游戏中体现教学内容，并达到游泳教学的目的。

一、幼儿游泳兴趣培养的重要意义

当今社会，"健康"是主打牌，很多家长意识到让孩子参加体育锻炼，增强

体质的重要性,希望孩子接受比较系统、专业的体育学习与锻炼。我园的特色课程——游泳,满足了家长与幼儿的这一需求。

游泳运动具有竞技与娱乐并存的特点,经常参加游泳运动不仅能改善人体中枢神经系统和内脏器官的功能,又能提高人的力量、速度、柔韧、灵敏、耐力等专项身体素质和能力,培养与锻炼良好的心理素质,培养勤奋、助人、拼搏的优秀品质。

经研究人员的大量科学测试,论证了在幼儿园开展游泳活动的非凡意义:游泳活动对幼儿最大的好处是可以促进其呼吸系统和心血管系统机能的提高,如游泳锻炼后幼儿的肺活量可提高74%,这将使孩子受益终身;游泳还能提高幼儿抗御疾病的能力,由于长期游泳,幼儿适应了冷的刺激,身体对于外界温度变化的调节能力相应提高,对于突变性气温能较快地适应,经常游泳的幼儿免疫力强,不易生病;游泳运动需要全身许多肌肉参与,有助于提高幼儿身体素质,促进幼儿体能全面发展。

对幼儿来说,兴趣是参加游泳活动和练习的主要动力。爱因斯坦曾说过:"兴趣是最好的老师。"幼儿有了兴趣,才会产生愿意学的欲望。培养幼儿的自信心首先要激发幼儿对活动的兴趣。例如:刚入园的小班幼儿,可能会产生惧水心理,通过带领他们观看中班、大班哥哥姐姐的游泳活动,进行有趣的水中游戏,开展有关"好玩的水"相关主题活动等可以增加幼儿的见识和体验活动的乐趣,产生学习游泳的欲望。具有并保持对游泳运动的兴趣,是学习游泳的先决条件。

一名幼儿如果对游泳有了积极强烈的学习欲望,那么他对学习游泳就会表现出浓厚的兴趣和积极的态度,在学习过程中他会表现出有高度的注意力和克服困难的毅力,会对游泳活动表现出肯定的态度,并带有积极、满意的情绪色彩和向往心理去接触它、研究它,最终掌握它。在游泳教学过程中,兴趣的作用很大,儿童在这一"催化剂"的作用下就会自觉地克服学习过程中一个又一个的困难,完成教师布置的任务。

实践表明:儿童的最佳学习状态往往出现在他们对学习最感兴趣的时刻,由此可见,兴趣在儿童游泳教学中的作用确实不容小觑。在游泳活动中,注意激发和培养儿童的游泳兴趣是提高游泳教学效果的重要途径。

二、幼儿游泳兴趣培养的策略和方法

幼儿的年龄特点决定了幼儿容易被新鲜事物所吸引从而产生学习兴趣。但也正因这一特点使他们的兴趣很难长期保持,这就必须依靠教师的科学引导和培养,使幼儿游泳教学与练习在内容、方法和手段等方面不断地进行调整和更新。

教师牢牢把握幼儿的年龄特点,遵循幼儿生长发育规律,使教学与练习安排符合幼儿的能力,增强幼儿的自信心,进而使幼儿从玩水、亲水的兴趣逐渐转化为对掌握游泳技能的兴趣。在游泳练习时应根据不同年龄阶段幼儿的心理特点,减少紧张剧烈、较长时间的单调练习,增加趣味性、游戏性和竞争性。同时,在游泳教学活动过程中,要渗透师生情感交流,对幼儿进行正面引导与鼓励,为幼儿营造安全的心理氛围。以下五种方法可有效促进幼儿游泳兴趣的培养:

1. 情境法

创设安全、丰富、有效的环境,激发幼儿的参与兴趣。

皮亚杰认为:"儿童发展就其过程而言应该是一样的,是不以人的意志为转移的。而环境条件如何,儿童接受刺激机会如何,直接影响着儿童发展的速度。"要使幼儿亲水,必须更多地接触与水有关的环境。因此,我们进行了"好玩的水"相关主题环境的创设:在各班活动室门口的走廊内,布置了各班近期正在开展以及将要开展的有关水中游戏的主题内容。

小班的"水里的朋友真多呀",我们创设了海洋和池塘的场景,投放了小鱼、海龟、小鸭子等许多生活在水里的动物玩具。孩子们可以自由摆弄,在对"水里的朋友"产生兴趣的同时也丰富相关的知识经验。同时,我们在游泳池中也投放了这些动物朋友,孩子们在玩水的过程中与"水里的朋友"建立起亲密的关系,从喜欢"水里的朋友"逐渐变为喜欢在水里玩。

中班的走廊里投放了"游泳池边的游戏",我们根据孩子的兴趣和知识点投放了"纸兜捞鱼""沉与浮""乒乓球过河"等小游戏,孩子们可以在走廊里尝试进行操作游戏,但人数有限,浅尝即止。真正的游戏场景是在泳池中开展的。就拿"纸兜捞鱼"来说吧,我们在泳池中投放了许多橡塑纸制作的小鱼,彩色小鱼漂浮在水面上,煞是好看。进入泳池后,孩子们每人手持一个自制纸兜

开展"纸兜捞鱼大赛",随机捕捞,直到纸兜破掉为止。情景游戏过程中,每个孩子都全神贯注,即使在水中跌倒也会立刻站立起来,继续捞鱼,偶尔呛一口水也无所谓,完全把惧水抛诸脑后。游戏化的情境激发了孩子参与游泳活动的积极兴趣,每到游泳活动的当天,孩子们便会兴奋地询问:"今天要制作纸兜吗? 可以玩纸兜捞鱼吗?"他们翘首以盼水里的那一池鱼儿。

大班幼儿已经掌握了游泳的一些基本技能,不存在"惧水"问题。为了进一步激发幼儿参与游泳活动的兴趣,我们创设了"水的秘密大擂台"主题区域,展示了孩子们自己收集整理的有关水的知识,幼儿游泳进步的情况等。家长为了帮助孩子打擂台,及时地将各种知识、信息以口述、带孩子外出观摩等形式传授给孩子,孩子的问题多了,对水的探究劲头足了,对游泳活动的积极性也更高了。

幼儿园大环境也时时处处渗透着亲水的理念,在园所的大厅、走廊、操场随处可见幼儿水中游戏的身影,在各班的家园联系栏中陆续刊出了游泳活动的意义、亲子玩水游戏指导、优秀运动员成长介绍及游泳明星照片剪辑等,处处洋溢着水中游戏的欢乐气氛,幼儿的积极参与和表现使幼儿参与游泳活动的兴趣与积极性大有提高。

同时,我们将游泳元素与户外运动相结合,以幼儿应习得的游泳技能与心理品质要素为主线,创编与之相匹配的游泳游戏活动和律动操。每天户外活动时,幼儿听着优美的、富有节奏的音乐,伴随着自己的遐想做游泳律动操,锻炼身体,陶冶性情。在洋溢着浓浓游泳氛围的环境中,幼儿对游泳活动的兴趣自然而然得到了提升。

2. 游戏法

幼儿游泳教学与训练初期的主要兴趣来自游泳活动的趣味性和娱乐性。身体素质的教学和基本动作的训练则更要讲究其趣味性,陈鹤琴先生告诉我们,儿童天生喜欢游戏,教师应当利用儿童的"游戏心",使游泳教学在愉快中进行。喜爱游戏是幼儿的天性,因此必须以游戏的方式进行渗透。利用游戏开展动作训练不但可以提高幼儿启蒙游泳时期的学习兴趣和快乐的情绪体验,而且有利于促进幼儿心理的健康发展,消除畏难、退缩等消极情绪。

例如:小班游戏"赛船高手",幼儿手持漂浮板,通过双腿打腿动作让自身向前移动。在活动中,教师可以让幼儿扮演小船长,通过自身的努力让小船移动起来,体验身体在水中移动的独特感受,最后通过比赛的形式,感受与同伴一起在水中游戏的乐趣。

又如：中班游戏"出水芙蓉"，幼儿与同伴手拉手，在教师的帮助下两人同时仰面浮在水面上，教师再将3～4组仰面漂浮的幼儿连接起来围成一个圈，就变成"出水芙蓉"，通过合作游戏，幼儿在感受成功的喜悦之后，开始对仰泳产生向往，并锻炼了自己的胆量。

再如：大班游戏"排排坐向前走"，幼儿分组排成纵队，每人将双手搭在前面一名幼儿的肩上，然后大家一面屈膝、一面慢慢地坐到后面一名幼儿的膝上。待所有人都坐好后，最后面的一个幼儿发令"走"。此时，大家步调一致地向前走。此游戏需大家密切配合，要做好确实不容易，只要有一个人配合不好就会影响全体。

以上这些游戏，利用幼儿好奇、好胜的心理，根据不同的年龄特点以游戏的形式进行技能动作的练习，使他们在基本动作训练中更加主动、自觉，在畅快的情绪和良好的心理状态下圆满地完成练习任务；同时，使他们体会到在水中的深浅度、速度、位移的感觉，建立信心，增强他们对游泳的兴趣。

3. 示范法

（1）图片视频示范

模仿是儿童的天性，它对儿童学习具有非常重要的作用。为增加幼儿对游泳活动的兴趣，可以让孩子们观看一些游泳技术图片、电影、电视、各种比赛以及教师、优秀运动员的教学示范，边看边讲，通过对游泳运动项目的介绍和精彩片断的欣赏和了解，激发幼儿对游泳运动的热爱，让孩子们在全方位的视觉听觉刺激中了解游泳运动给人带来的快乐以及对人的发展和影响。

图片视频示范的直观效应能带给幼儿强烈的感官刺激，在教师的解说和积极引导下，幼儿可以感受赛场的激烈气氛，模仿明星游泳的动作，而且还可以体会他们努力拼搏的运动精神，为幼儿意志、人格的培养打好基础。

（2）教师榜样示范

在孩子眼中，最崇拜最信任的就是朝夕相处的教师。幼儿的游泳兴趣能否长期保持，与教师的魅力有着直接关系。担任游泳教学的教师与教练，不仅要提高专业技术和教学能力，更要在个人修养、仪表风度等方面进行为人师表的完善，通过提高教授能力和行为风范，增强人格魅力。

儿童有强烈的"亲师"心理，游泳教师的魅力提高了，游泳对幼儿的吸引力也必然随之增强。教师风范的影响是长久的，长久的影响必然促成儿童对游泳长久的兴趣。

4. 表扬鼓励法

常常有孩子因为教师的一句赞扬和一个小小的五角星而自豪不已,表扬鼓励是增进幼儿游泳兴趣的灵丹妙药,也是鼓励幼儿坚持开展游泳练习的神奇法宝。幼儿喜欢得到教师的爱和表扬。因此,教师必须充分利用这一心理,通过适时的表扬与鼓励,使幼儿感受到教师对他们的真挚关爱,增进师生友谊。在游泳教学活动中注重表扬鼓励,加强师幼情感交流,在无形中拉近了师幼之间的距离,增加了幼儿对教师的认同感。表扬鼓励的出发点,是要使幼儿看到自己学习游泳的收获的进步,产生一种成就感和自豪感,从而加强自信,激励精神,增强兴趣。

定期邀请家长来园观摩幼儿游泳活动也是提高幼儿游泳积极性的方法。幼儿在家长面前展现自己游泳水平进步的同时,得到家长和教师的表扬和鼓励,会对自己产生极大的认同感,从而进一步激发游泳兴趣,产生进一步提高游泳水平的欲望。表扬鼓励分为不同的层次和形式:可以采用较隆重的形式,举行表彰奖励仪式,如在亲子游泳竞赛之后给成绩优异的幼儿颁发奖状和奖品。这属于较高的层次。一般的层次可以采用口头形式,对幼儿进行随机的表扬鼓励。这是更经常更大量要做的工作,如对在游泳课上学习态度比较认真的、完成动作比较好的、游泳水平有进步的,都要加以表扬鼓励,积极的表扬与肯定使幼儿焕发精神,再接再厉。同时,对那些学习游泳相对差一点的幼儿,要给予更多的关心帮助,尽量发现他的闪光点,只要幼儿有了点滴进步和积极表现就应及时表扬鼓励,使他加强信心,增长兴趣,尽快赶上去。千万不要随便批评指责,否则很可能使幼儿失去信心,熄灭兴趣,同时对游泳产生排斥心理。

5. 家园共育法

家长的支持与配合也是提高幼儿游泳情趣的重要部分。教师可以通过集体讲座、个别交流,利用家长通讯、幼儿园网站论坛等形式向家长宣传健康的幼教理念,同步更新家长的教育观念。

有个别家长因为担心孩子因游泳而生病,提出不想让孩子继续参加游泳活动,教师就拿出孩子成长的各类记录、数据,和家长聊聊孩子近阶段在性格、行为上的表现,家长看见了孩子的转变,欣然决定让孩子继续学习游泳;有些孩子刚开始游泳时十分惧水,经教师与家长沟通后,家长每周末都带孩子去练习游泳,并严格按照老师的要求,指导幼儿开展练习。在集体环境中,教师可能无法给予每个幼儿充分的指导时间,家长的配合很好地进行了补充。通过家长的陪练,幼儿掌握了游泳动作和技能,变得有自信,愿意在同伴面前进行展示了,对参加游泳活动的兴趣也有大大的提升。有个别大班插班幼儿的家长强烈要求让幼儿参加游泳,我们的老师对其坦言,如果想在一个学期里让孩子学会游泳技能,那是比较困难的,如果你是从孩子的整体发展考虑的,我们欢迎你的加入。家长说我现在正是理解了你们的教育理念才坚持让孩子转入东方幼儿园,参加游泳学习的。这位家长的肺腑之言说明了家长的育儿观念发生了根本性的转变。过去,家长非常关注幼儿直接的、外显的知识、技能的掌握,而现在家长说:"我的孩子自从参加了幼儿园的游泳活动后,身体素质明显提高,感冒发烧明显减少,更重要的是孩子参与活动的自信心、表现欲大大提高了,喜欢在亲戚朋友面前表现自己了,遇到困难也不再大惊小怪,有一定的面对困难、挫折的能力。孩子比以前爱提问了,这种积极学习的态度是我们家长最感欣慰的。尽管现在她还没学会游泳,但由游泳活动所带给孩子的隐性影响是不可估量的。"越来越多的家长正逐渐理解我们的园本特殊课程,支持我们的素质教育与二期课改理念。

三、幼儿游泳兴趣培养的注意点

1. 温水泳池有利于幼儿学习游泳。幼儿没有许多脂肪层来隔热,温暖的池水能放松肌肉,舒缓情绪。积极情感有利于培养对游泳活动的兴趣。

2. 幼儿在游泳学习过程中容易丧失兴趣。他们的年龄特点决定了他们对学习的随意性、趋新性,要不断改变教学策略才能维持幼儿游泳情趣的持久度。

3. 经常与幼儿一同下水。成人的陪伴将给予孩子极大的安全感。与孩子一同待在水中,保持镇静,随时给孩子以支持。孩子看起来是坚持了几周或几个月,并且他们通常会进步,但在下次游泳时,孩子对水还是会感到恐惧。等到这种恐惧消失时,他们会对在水中世界玩耍产生极大的兴趣,会让你付出的耐心得到更多的回报。

4. 关注不同幼儿在水中的表现,幼儿间存在个别差异,同时进行培训的幼儿由于接受能力不同,表现力也会呈现差异。教师的指导要因人而异,让不同层次的幼儿都能获得成功体验,建立信心,保持兴趣。

在游泳活动中,教师关注游泳兴趣的培养,充分发掘他们每个人的潜力,引导孩子成为活动的主人。幼儿在游泳活动中从胆怯害怕到喜欢,对水性从不熟悉到了解,对水中游戏从不会玩到会玩,玩法从一种扩大至数种,解决了许多在游泳及其他活动中产生的胆怯、孤独、害怕等心理。幼儿克服心理障碍、战胜一切困难的精神得到培养,自信心得到很大的提高,这些对幼儿的全面发展非常有意义的。

培养幼儿的游泳兴趣,让幼儿丰富有趣的游泳活动中互相学习、积极协作,塑造健康体魄,培养坚韧品质,为幼儿的后继学习与终身发展奠定良好的素质基础。

浦东新区东方幼儿园　陈科静

幼儿游泳兴趣多样性的培养

兴趣是人们力求认识某种事物和从事某项活动的意识倾向，是学习的内在动力。幼儿在学习游泳的过程中会遇到几种泳姿——自由泳、仰泳、蛙泳等。游泳兴趣的多样性指的就是对于多种泳姿学习的兴趣。

游泳兴趣多样性的培养有利于幼儿习得多种游泳的方法，从而达到全方面的健身效果，磨炼幼儿的意志品质。一方面，不同泳姿有其特定的锻炼价值，十分适合作为幼儿的健康课程；另一方面，幼儿在学习游泳中要克服多种心理障碍，对其心理素质的培养也很有帮助。所以，幼儿游泳兴趣多样性的培养十分重要。

幼儿游泳兴趣多样性的价值在哪里呢？我认为体现在其健康教育方面——身体的健康和心理的健康。

一、有利于身体的健康。游泳兴趣多样性有利于帮助幼儿锻炼不同的身体部位，从而达到锻炼身体的目的。众所周知，不同的体育项目可以帮助人们锻炼身体的不同部位，锻炼的重点也不一样。游泳的泳姿分为蝶泳、仰泳、蛙泳和自由泳四种竞速项目。幼儿园一般学习自由泳、蛙泳和仰泳三种泳姿。泳姿的多样性可以帮助幼儿的身体得到全方位的锻炼。例如，游泳有利于帮助幼儿发展大肌肉的动作，而不同的游泳姿势则有利于发展其不同的肌肉部位。《科学大观园》2008年23期《不同游泳姿势锻炼哪些部位肌肉》一文中有很好的分析。蛙泳——腿部力量。自由泳、仰泳的大腿方式都是上下鞭打，只有蛙泳是蹬夹，前者能够使腿更修长，而后者更多用到大腿股四头肌，因此对加强腿部力量很有效。自由泳——臂部力量。自由泳时，上臂的肱二头肌、肱三头肌用力较多，可以有效锻炼臂部肌肉，同时对肩部肌肉力量的提高，也具有一定的推动作用。仰泳——背部力量。仰泳时，背扩肌用力会较多。当然，游泳还有利于帮助幼儿提高肺活量、加强皮肤血液循环、增强抵抗力、增强对温度的适应能力等各种好处。

二、帮助幼儿克服游泳带来的心理恐惧。游泳兴趣多样性的培养有利于幼儿的生理健康发展,对于幼儿的心理健康发展也是很有帮助的。幼儿在初学游泳时,一定会遇到不同程度的恐惧心理。幼儿对于游泳的恐惧心理的产生原因大致可以分为:人体重心的变化;水对身体压力的增大引起不适应;呼吸方式的变化引起恐惧心理。如果能够成功克服这些恐惧心理,那么对幼儿心理承受力的发展也是很有好处的。培养游泳兴趣的多样性就显得很重要。我在游泳教学的时候,曾经遇到一位孩子,他在初学游泳时十分害怕闷水,常常是因为呼吸方式的改变使他的动作协调出现问题。后来,我进行了个别辅导,鼓励他尝试运用仰泳的方式先"躺"在水面上,他发现原来游泳也可以不用闷水。于是,他对仰泳产生了兴趣,回家让爸爸妈妈带他练习这种"新本领",一个月后他学会了仰泳。俗话说:触类旁通,他在自由泳的时候竟然不害怕闷水了,他和我说:"老师,我发觉只要把身体变平,我也不害怕闷水了。好像我的力气变大了。"可能就像孩子说的那样,他并不是力气变大了,而是身体的协调能力增强了,对于自由泳的换气方式也掌握了,适应了呼吸方式的变化,从而克服了心理恐惧。游泳兴趣多样性的培养可以弥补不同泳姿练习中孩子产生心理恐惧,从而"触类旁通"。

幼儿游泳兴趣多样性的培养对于幼儿学习游泳很重要。那么,如何才能培养幼儿游泳兴趣多样性呢?

一、游泳兴趣多样性的培养要打好基础

游泳兴趣的多样性犹如一棵树的生长规律,首先是树干的生长,再是逐渐才会长出许多树枝,然后慢慢成为一棵枝繁叶茂的大树。这里打好基础是很重要的。自由泳、仰泳和蛙泳是幼儿常学的三种泳姿。这三种泳姿牵涉到三种比较基本的动作——打腿、划手和换气。幼儿在学习游泳时基本不会考虑后果和其他间接的目的,表现出强烈的随意性、趋新性,这主要是由于幼儿总是把他们当前从事的活动当成娱乐方式,因此游泳教学效果也就随着幼儿兴趣的增减而起伏。我们常常在游泳池中发现一些小朋友,他们只对一种泳姿感兴趣。原因是打腿、划手和换气的错误方式制约了他游泳学习的发展。让

他只对一种泳姿感兴趣,对于其他泳姿产生抵触情绪。比如,一个孩子换气的方式出现问题时,他会喜欢仰泳,因为仰泳不需要水下换气。划手方法不对的孩子常常用力地打腿让自己向前,从而每次都气喘吁吁,对游泳产生抵触。所以,在初学时打好基础为今后的游泳兴趣多样性的培养奠定了基石。

二、游泳兴趣多样性的培养需要幼儿间的互动

通过观察,我发现有这样一个兴趣。孩子们自发的练习往往出现在他们互相间的比赛,在比赛中他们的学习热情会提高。我经常在游泳的课程中穿插一些竞赛,提高孩子们的兴趣。例如,在大班我们会定期举行"花样游泳"的比赛,孩子们在比赛中获得乐趣,游泳兴趣的多样性也得到了培养。

三、游泳兴趣多样性的培养需要激励表扬

每个孩子都希望获得荣誉和掌声。我们在幼儿园中设立了一个"全能健将"的称号。从小班到大班,在每次的阶段性测试后,由我们的分部院长为考试通过的孩子们颁发小奖牌,这里要特别说明的是幼儿园的游泳阶段性测试是以鼓励幼儿为主,95%的幼儿都可以获得小奖牌,没有得到奖牌的幼儿在今后的学习中如果进步了,也会由班主任老师颁发。在大班毕业前,得到 6 枚奖牌的孩子都会得到"全能健将"的称号。阶段性鼓励表扬遵循着孩子们的"最近发展区"原则,让他们学会更多的游泳技能,对于培养孩子游泳兴趣多样性起到了推动作用。

四、游泳兴趣多样性的培养需要榜样的力量

塞内加曾说:"教诲是条漫长的道路,榜样是条捷径。"我们幼儿园会定期组织幼儿观看游泳比赛的视频,甚至会请一些"运动员哥哥"来幼儿园为孩子们做表演。他们都是幼儿的好榜样,有些幼儿会说:"哇!哥哥们会好多泳姿,我也要像他们一样,也学会这么多泳姿。"还有的会说:"我要像他们一样多多学习仰泳,怕我学得不好啊!"当然,树立榜样还有很多方法,比如老师的教学示范、孩子们中的游泳健将、游泳拿手的家长都会成为孩子们榜样,使他们游

泳兴趣多样化。

五、游泳兴趣多样性的培养离不开家园共育

从客观条件上说,在保证幼儿一日活动各个环节的前提下,幼儿园一般安排幼儿一周两次的游泳学习。可幼儿发展有差异性,有时老师兼顾不到个性化的教育,这时就需要家园共育了。老师和家长及时反映最近幼儿游泳学习的进度和兴趣十分重要。凯凯是一个十分爱游泳的孩子,但是因为协调性发展比较滞后,他的游泳学习比较单一,只喜欢自由泳。每次"花样游泳"的比赛都在班级里排名靠后,他对游泳的兴趣也降低了。通过和家长的及时沟通,我建议凯凯家长可以周末带他到小区里的游泳池练习,平时多让他玩些与平衡有关的游戏,调节他的协调能力和身体力量,经过半年的时间,凯凯竟然可以和别的孩子一样学会了仰泳和蛙泳,他在"花样游泳"的比赛中也能取得好的名次了。

幼儿游泳兴趣多样性的培养离不开好的方法,但在实施好的方法的过程中有哪些需要我们注意的呢?

培养幼儿游泳兴趣的多样性要以适切的目标来引领。幼儿的发展我们要遵循"最近发展区"的发展规律。在游泳兴趣多样性的培养上,一方面我们要仔细观察孩子的发展,制定适合孩子发展的目标,让幼儿"向前游一点"就能触碰到"岸",让幼儿的兴趣保持新鲜感。另一方面,游泳兴趣的多样性的培养要符合小、中、大三个年龄阶段的基本教学内容和教学进度。

培养幼儿游泳兴趣多样性要有趣味性,这里要提到三个方面。环境的趣味,幼儿园游泳池的环境创设不能像普通游泳池,要充满童趣,吸引幼儿去游泳池。教师语言的趣味,教师用语方面注意不能太生硬,尽量用儿童化的语言来进行游泳教学。教学内容的趣味,在教学方面可以采用游戏或比赛的方式吸引幼儿。

培养幼儿游泳兴趣多样性要体现游戏性。整个游泳课程重视培养幼儿亲水玩水的兴趣,淡化技能的训练。例如,创编了大量丰富多彩、形式多样的水中游戏,将换气、平浮、打腿等基本游戏技能融入游戏之中,并使其在三年的教学目标中循序渐进地达成。

幼儿游泳兴趣多样性的培养是幼儿游泳这门健康课程中重要的一个环

节。它有利于幼儿锻炼身体,培养好的意志品质。可是,在课程的实施中也存在着一些问题。比如,游泳课程时间的安排;幼儿游泳中的个性化发展;如何建立良好的家园共育等问题。我建议可以开展家长座谈会和问卷调查,多多向家长开放游泳活动的次数,结合幼儿园和家长的力量培养幼儿游泳兴趣多样性。

浦东新区东方幼儿园　傅　毅

幼儿游泳兴趣发展性的培养

兴趣是人的认识需要的心理表现,是指一个人渴求认识、探究某种事物的强烈的心理倾向。学习的最好刺激是兴趣,美国杰出的教育家心理学家杰罗姆·布鲁纳说:"学习的最好刺激,乃是对所学材料的兴趣,而不是诸如等级或竞争等外表目标。"运动心理学家认为,学习兴趣是学习积极性中最现实最活跃的心理因素。兴趣具有激发功能、指向功能、维持和调节功能。兴趣是幼儿参加游泳活动的主要动力,对于幼儿游泳教学的作用是肯定的。幼儿对于某种事物的认识和活动兴趣的持续度极易受到内在因素(如情绪、机体状况)和外在因素(如天气、教学方法、游戏的变化、同伴间的关系)的影响,他们基本不会考虑后果和其他间接的目的,表现出强烈的随意性、趋新性,这主要是由于幼儿总是把他们当前从事的活动当成娱乐方式,因此游泳教学效果也就随着幼儿兴趣的增减持续性而起伏。要引发孩子的游泳兴趣以及培养孩子的游泳兴趣相对容易,但是要做好幼儿游泳兴趣发展性的培养是非常有必要但又极其困难的一项工作。

一、幼儿游泳兴趣发展性培养的意义

进行游泳启蒙教学,一般都是在家长、教师的建议和推荐下参加的,幼儿对游泳运动的了解很少,对游泳教学与训练更是一无所知,学习目的和动机与教学任务有着很大的差别。在教学与训练的初期,他们兴趣浓烈,教学效果明显。但是,随着游泳教学与训练的深入,艰苦复杂的训练会使幼儿兴趣减退,甚至消失,致使一些幼儿在参加了 2~3 个月的游泳教学与训练后放弃继续学习。因此,对幼儿游泳教学与训练兴趣的培养不再是可有可无的事。保持和增强幼儿的直接兴趣,培养他们的间接兴趣,是搞好游泳启蒙教学,并最终有所成就的前提,因此幼儿游泳兴趣发展性培养是保证幼儿游泳活动取得良好效果不可或缺的重要条件。

当幼儿受到心理和身体的某种严重伤害时,极易产生强烈的防范反应,兴趣消失,在以后看到或参加这类活动时就会激发这种心理活动,产生抵触情绪,而且种种心理机制一旦形成,是很难消除的。这样必然会影响幼儿游泳教学的效果和质量。易变性和不可逆性是直接兴趣的主要特征。除了占主导地位的直接兴趣以外,持久和更稳定的积极心理倾向,它是保证参加游泳教学与训练动机的主要因素。因此,游泳教学过程中的游泳兴趣发展性在幼儿游泳素养培养中的作用尤为重要,组织幼儿学习游泳就必须重视游泳兴趣发展性的培养。

二、幼儿游泳兴趣发展性培养的实践

恰当、长期保持兴趣并不是天生的,它源于科学的引导和培养,这就使得幼儿游泳教学与训练在内容、方法和手段等方面需要不断地进行调整和更新。我们应钻研游泳技术和幼儿的生长发育特点,使教学与训练安排符合幼儿的能力,增强幼儿的自信心,进而使幼儿对活动过程的兴趣逐渐转化为对活动目的的兴趣,在游泳活动中更为投入,并取得更好的锻炼和学习效果。

(一) 幼儿游泳有趣性的培养

幼儿游泳教学与训练初期的主要兴趣来自游泳活动的趣味性和娱乐性。幼儿直观形象思维能力相对较强,善于模仿,所以他们对示范等直观形象教学容易接受。基于幼儿的这种特点,在小班初学游泳活动前,我们会组织幼儿观摩大班哥哥姐姐的游泳活动,从大班哥哥姐姐拿游泳篮筐,到拿泳衣换泳衣,然后进泳池做准备活动,最后再看到哥哥姐姐轻松地以各种泳姿游着,小班的孩子对大班哥哥姐姐十分崇拜。在这一系列的过程中,小班孩子也跃跃欲试,从而使他们对游泳活动产生了浓厚的兴趣。

幼儿的活动多数都是游戏活动,在游泳教学中游戏当然是激发幼儿游泳兴趣发展性培养必不可少的环节。小班初期的游戏活动以让孩子熟悉水性为目的,于是我们设计了"开轮船""大皮球、小皮球"等游戏,让孩子们在水中行走,体验水的阻力和浮力,同时老师们会自编一些简单的儿歌,配合这些游戏就能使小班初期的游泳活动更有趣。例如,儿歌《大皮球,小皮球》:皮球皮球圆又圆,变成一个大皮球;皮球皮球真好玩,变成一个小皮球。所有小朋友手拉手在水中形成一个大皮球;三到四名幼儿手拉手即可变成一个小皮球,教练和教师可以通过这种情境,让幼儿在水中行走,寻找伙伴,围成一个圆圈,逐渐熟悉水性。

到了小班后期,我们就设计了"吹乒乓球""水中寻宝""潜水艇"等游戏,让幼儿在游泳游戏中开始逐渐尝试练习憋气。起初,我们让孩子们在水中"吹乒乓球",这样先让孩子的嘴和泳池水来个亲密接触,渐渐过渡到"水中寻宝"和"潜水艇",让孩子们在佩戴泳镜的情况下,将整个脑袋放到水里,慢慢憋气,在水底下寻找玩具或者钥匙等物件。虽然会有些孩子害怕,但是看到大多数幼儿都能做到,个别不能做到的幼儿也会不甘示弱地努力去尝试。在有趣的游戏和个人荣誉感的驱使下,每个孩子都能顺利攻克游泳闷水这个难关。

(二) 幼儿游泳乐趣性的培养

到了中班阶段,孩子们就要正式开始学习自由泳的正确姿势了,这时候教练的示范便是孩子们第一位榜样。

教练(边示范边讲解):"大家应该看到过轮船的螺旋桨吧,我们已经学会了"开轮船",现在,我要用我的手臂来做"螺旋桨",让我这艘"轮船"开得更快。大家一起来试试看。"教练和老师就用这种情境性的语言来将枯燥的自由泳划手姿势,用游戏、情境性的方式,让孩子们反复练习。接着,教练和老师就开始寻找做得比较好的幼儿来做示范,这样,孩子们的积极性就更高了。

学习打腿姿势时,教练则先请孩子们坐在泳池边,学习小鸭子,进行打水花的比赛,然后就是双手扶着池壁,在水中闷水打腿。闷水打腿对于孩子来说有一定难度,于是,老师可以先让孩子们在教室里看钢琴琴键,然后到泳池后,孩子们一起来做"水上钢琴曲"。男孩做黑键,女孩做白键,然后做憋气打腿,这样就是我们在演奏钢琴曲。练习一段时间后,教练充当钢琴演奏的指挥,用口哨来控制,一次男孩憋气打腿(黑键演奏),再吹一次则换女孩憋气打腿(白键演奏),继续练习。最后,谁憋气打腿(演奏)时间长,她/他就可以做指挥。这样钢琴演奏会结束,孩子们也已经基本掌握了憋气打腿的方法。

　　尽管在游泳训练中我们能做到科学训练,但长期的训练也难免使幼儿产生心理疲劳、身体疲劳和厌水情绪。所以,在幼儿乐趣性培养的过程中,我们要注意变换练习方法,根据幼儿不同年龄段,设计不同情境的游戏、比赛,来让枯燥的反复练习变得有乐趣,这样,孩子们就能持久保持对游泳活动的兴趣,幼儿学习游泳才会变得更主动、更投入。

(三) 幼儿游泳志趣性的培养

　　幼儿有强烈的"亲师"心理,幼儿游泳兴趣能否长期保持,并养成把游泳作为终身锻炼项目的习惯,与教练、教师的魅力有着直接关系。教练亲自参与幼儿的学习过程中,和他们一起进行游泳游戏等,这无形拉近了师生之间的距离,增加了幼儿对教练的认同感。因此,教练不仅要提高专业技术和教学能力,还要了解幼儿不同年龄的生理、心理特点,还要在个人修养、仪表风度等方面进行为人师表的完善,通过提高教授能力和行为风范,增强人格魅力。教练的魅力提升了,游泳对幼儿的吸引力必然也会随之增强。幼儿还喜欢得到教练和老师的爱和表扬,我们必须充分利用这一心理,教练和教师在游泳运动学习活动过程中,多给予孩子表扬鼓励,是幼儿游泳兴趣发展性培养的加油站。表扬鼓励的出发点,是要使幼儿看到自己学习游泳的成绩和亮点,产生一种成就感和自豪感,从而加强自信,使幼儿对游泳活动更加集中、明确和持久,在练习时敢练、肯练、苦练,最终成为一种自觉主动的行为。

三、幼儿游泳兴趣发展性培养的若干注意点

(一) 有序性

　　根据幼儿的发展需要和游泳活动的实际要求,我们在明确幼儿园游泳活动开展的总体目标后,便可以根据幼儿各个年龄段的生理、心理特点,有序地设置目标,这对幼儿游泳学习的效果、兴趣和情绪有着积极的影响。

　　一般小班的目标设置为:不怕水、喜欢水、愿意在水中愉快地投入学习,对游泳学习产生浓厚的兴趣。中班的目标为:通过丰富多样的教学活动和各种水中游戏,增加亲水、玩水活动的兴趣,初步学习自由泳动作。大班的目标设置为:积极投入游泳活动,愿意自我挑战,参与到规则性的游戏和竞赛中,

体验和同伴共同游戏和表演的乐趣。

（二）趣味性

幼儿园游泳教学并不过分强调每个幼儿完全掌握游泳技能，而是通过有趣多变的教学手段，在游戏的过程中学习一些呼吸、漂浮等最基本的动作，并根据每个幼儿的身体素质、动作协调性、反应灵敏性等特质，初步培养幼儿的游泳兴趣和游泳习惯。在明确游泳教学的目标后，教练和教师要做的，就是运用不同的组织形式：模仿示范、情境性游戏、游泳竞赛等，让幼儿在不同阶段、不同动作的游泳学习中能够始终、持久的保持对游泳活动充满高昂的学习兴趣。

（三）情感性

教练和教师在游泳教学活动中，应该热情投入、积极引导、鼓舞激励每个幼儿充满兴趣地参与游泳活动，把一个个复杂的游泳技能分解成若干个简单的动作，并将每个动作的学习设计成一个个小游戏，让幼儿在愉快的氛围中玩玩游戏，学学本领。

（四）坚持性

教师和教练在教授幼儿新动作、新技能的同时，要注意帮助幼儿将过去学过的内容进行复习，让幼儿温故知新，不断积累，把学过的东西融会贯通，灵活运用。教师和教练还要观察每个幼儿在游泳学习活动中的发展，了解每个孩子不同的身心特点，充分调动每个幼儿对游泳学习的积极性，并使幼儿在游泳学习的过程中始终保持强烈而浓厚的兴趣，促进幼儿游泳学习兴趣发展性的培养，提升幼儿游泳学习的效果。

总之，开展幼儿游泳具有竞技与娱乐并存的特点，人人都能参与。经常参加游泳活动，能提升幼儿的力量、速度、柔韧、灵敏、耐力、身高等专项身体和一般身体素质，对培养幼儿心理素质和优秀品质起到良好的作用。我们应该利用有趣的教学形式，帮助幼儿战胜游泳学习过程中的困难，建立游泳学习的自信心，调动幼儿在游泳活动中的兴趣，营造热闹的气氛，让幼儿觉得游泳活动是其乐无穷的，让幼儿体验成功的快乐，这些是教练和教师在幼儿游泳学习活动中必须研究并坚持做好的工作，这样幼儿游泳兴趣发展性的培养才能更好地保证幼儿游泳活动的持续开展,并为取得良好的游泳教学效果打好坚实的基础。

浦东新区东方幼儿园　梅　莲

幼儿游泳兴趣稳定性的培养

兴趣是一切学习活动的本源,缺乏兴趣对于学习而言具有不可忽视的阻挠和反作用力。同样,幼儿游泳活动的本源就是幼儿对于游泳充满热情的兴趣。在这样的前提下,幼儿游泳兴趣的稳定性培养就具备了研究的价值。

幼儿游泳兴趣稳定性是指维持幼儿游泳兴趣稳固安定的特性。对于持续三年在幼儿园内不断接触游泳技能学习的幼儿而言,游泳兴趣稳定性的培养对于幼儿游泳技能的培养、幼儿运动精神的培养、小中大三个年龄段幼儿坚持不懈地参加游泳活动、在学习过程中不断达到预设目标的意义无疑是重要且必需的。因此,无论是对于游泳课程的建设,还是对于培养幼儿游泳素质而言,研究如何培养幼儿游泳兴趣稳定性就显得格外重要了。

一、幼儿游泳兴趣稳定性培养的意义

1. 对于幼儿坚持长期参加游泳学习具有价值

在幼儿园长达三年、每周两次、每次持续四十五分钟至一小时的游泳学习活动过程中,不可避免地会遇到许多阻碍游泳活动继续开展的因素。常见的因素有:由于季节变换导致的游泳不适应、幼儿自身身体出现的小恙(生病因素是不可避免的,应排除在外)、新学习目标的出现为幼儿带来的新挑战(如进入新泳姿或新动作技能的学习)、家庭因素对于幼儿日常游泳活动的影响等等。影响幼儿坚持参加游泳活动的因素多种多样,且具有不可预估性,但幼儿游泳兴趣是可以受到影响并能在一定程度上控制的。只要游泳对于幼儿而言具备兴趣,他们就能克服许多一般性的困难,即使是外界施加在他们身上的压力,他们也可以借由兴趣来克服。那么,对于长期参加游泳活动的幼儿来说,其游泳兴趣稳定性的维持就相当具有价值了。

2. 对于幼儿有效获得游泳经验技能具有价值

幼儿学习游泳的过程无疑是具有一定挑战性的。对于成人而言在短时间内难以掌握的自由泳、仰泳、蛙泳的技能技巧,对于幼儿来说更具有难度。成人在短时间可以掌握的一些技巧如自由泳换气,幼儿可能需要整整两周的时间不断练习才能较好地掌握。文首提到:兴趣是一切学习活动的本源。同时,兴趣也是让学习活动更有效的主要因素。在相对而言较为枯燥的自我练习的过程中,保持对于游泳的兴趣和热情很有必要,也是激发幼儿更好达成活动目标、习得游泳技能和经验的极佳途径之一。在活动过程中,保持幼儿的游泳兴趣,尽量限制其他因素影响兴趣,维持稳定性,并能稳步提升兴趣,对于整个游泳活动过程也是非常重要的。

3. 对于幼儿积极获得体育锻炼效果具有价值

无论如何,在幼儿园阶段,游泳活动的目的绝不仅仅是习得游泳技能这唯一一条。增强幼儿的身体素质、塑造良好的身形、获得普遍性体育锻炼的效果,才是开展幼儿阶段游泳活动的终极目标。在日常的游泳教学活动过程中,教师也不应仅仅着眼于达成当次活动目标这一点上。在鼓励幼儿不断练习的过程中,不知不觉地达到体育锻炼的效果,也是非常重要的。因此,在游泳活动中可以借由活动本身的众多要素,开展一些除了游泳技能锻炼之外的兴趣锻炼活动。这不仅可以更好地达到锻炼效果,也能适当的提升幼儿游泳兴趣。从这一角度而言,这两者相辅相成,且呈现出良性循环的趋势。

二、幼儿游泳兴趣稳定性培养的策略

1. 互动发展策略

新指南背景下,注重幼儿自身发展被进一步的重视和放大了。在某些情况下,师幼互动的意义和价值不如生生互动之间的那样具备有效性了。生生互动中,不仅呈现出交往和社会化的作用,还能扩充教师预设的活动内容和目标。在游泳活动中,保持幼儿游泳兴趣的稳定性,可以从推动幼儿之间的互动开始做起。鼓励幼儿互相鼓励、让个别幼儿进行示范和模仿、开展幼儿之间的游戏和竞赛、让能力强的幼儿带动能力较弱的幼儿共同练习等。同时,也应当注意,培养幼儿游泳兴趣的稳定性,不应仅仅在游泳活动开展的过程中进行,

也应在活动之外开展时间相对较少的谈话和分享活动,这样的活动往往可以起到事半功倍的效果。当然,这一切都是建立在有效的生生互动的基础上。让幼儿充分地表达自己的意愿,并让其他幼儿与其互动起来,或许是最好的策略之一。

2. 鼓励表扬策略

教师在游泳活动中无疑是处于主导地位的。在指导幼儿游泳活动的时候,教师采取的主要策略应当是鼓励表扬的策略。尤其是在刚开始游泳的初级阶段(个别幼儿对水感到畏惧)、游泳新目标出现的时候(不适应新泳姿的开始阶段)、长期病假之后参与游泳活动等情况。当然,上述列出的是一些需要特别注重的时刻,鼓励表扬的策略本就应贯穿在日常游泳活动中,甚至包含游泳前后的分享和谈话活动当中。在个别幼儿出现一定状况之后(如获得了明显的提升或遇到技能问题暂时无法跨越的时候),教师应及时介入,根据幼儿的实际情况给予鼓励。这就对游泳活动中的教师提出了相当高的要求,能及时关注到每一个幼儿的即时情况。鼓励表扬对于幼儿精神上的提升效果是明显的,同时也应当注意在使用此策略的时候,切忌毫无目的和毫无根据,这样易引起反作用。

3. 有序推进策略

有序推进策略指的是幼儿游泳活动设置的难度和目标,根据幼儿实际发展的情况,应遵循由简到难的顺序依次进行,并允许在过程中及时根据实际情况调整目标和难度。在小班幼儿刚接触游泳时,游泳活动组织的形式和内容应更多地从简单的游戏入手;而在幼儿进入自由泳或仰泳学习后半阶段时,应根据幼儿实际的能力,开展更多的具有挑战性的竞赛内容,鼓励幼儿更好地发挥自己的技能;在遇到一些较难的技能学习时,则应暂时停下目标的实施,有耐心地通过多种途径完成目标之后,再继续往下一个目标前进。教师应及时审视自己所制定的每一个游泳活动的目标,并能根据绝大部分幼儿实际游泳所达到的技能水平,进行调整。同时,要兼顾的不仅仅是幼儿的技能水平,也应当考虑到幼儿实际的心理上的需求,不能急于前进。

4. 关注差异策略

每一个幼儿都是一个独立的个体,都有自己的发展需求和速度,因此在游泳活动中关注个别幼儿差异就很有必要了。无论是在哪一个集体中,都存在着发展好与不好的幼儿,且两极之间的差距很大。这时候就需要教师及时的关注和实施有效的策略了。除了之前提到的有序推进策略之外,关注个体差异,并及时施加影响很重要。当遇到个别幼儿碰到困难的时候,教师除了可以及时鼓励表扬之外,还应促进这些幼儿身边的其他幼儿与其发生积极有效且向上的生生互动。另外,由于集体当中必定存在一些能力较强的幼儿,如何让这些能力强的幼儿在发展自己能力的同时,带动能力较弱的幼儿前进,这需要教师的积极介入。当遇到这些情况的时候,如何发挥示范作用,如何通过竞赛的形式带入他们,如何发挥同伴之间的自我鼓励和相互鼓励,这些都是教师应当思考的契机。

5. 情境创设策略

情景化的学习环境创设,对于维持幼儿学习兴趣的稳定性具有很大的直接效果。尤其是对于学前年龄阶段的幼儿来说,年龄越小,效果越好。园所中游泳池的环境创设本身就应当是充满童趣和满足幼儿心理需求的。在游泳活动过程中使用的学具,如浮板、救生圈等,也应当根据实际情况,如一定的主题环境下,进行适当的改变。在学习过程中,教师的语言在很多时候也往往能提供直接有效的情景,如在小班打腿练习过程中,教师借用小物件和浮板,营造出"送小船去运货"的情景化创设,对于小班幼儿的学习积极性会有很大的帮助。此外,借助幼儿自身的想象力,进行更多的谈话分享,对于下一次游泳活动的情境创设会有很好的铺垫作用。在实施过程中,应注意避免一些超出幼儿生活经验的情境创设,如成人化的语言、情境等,以免适得其反。

6. 家园互动策略

幼儿园的工作离不开家庭对于幼儿的支持和影响。这与当前幼儿的年龄特点和生活作息有关。幼儿在此阶段的心理状态,离不开父母或一直在身边的亲人,同时,一天当中一半以上的时间,是和家人在一起的,所以家庭对于幼儿的影响是相当大的。对于刚接触游泳的学前年龄段的幼儿来说,游泳活动本身就是一件对于他们影响较大的活动。因此,家庭能够给予他们的正面或负面的影响也就重要了。在游泳活动开展的时候,教师可以通过多种途径与家长一起分享正在进行的游泳进度,如面谈、家园之窗、网络平台、家长会等,并针对最近所接触的重难点进行适度的解读。此外,个别幼儿的特殊情况,也应及时与家长沟通,保证幼儿不会受到忽视。游泳活动的家园互动中,更偏向于幼儿心理方面的建设,而非动作技能经验上的练习。

三、幼儿游泳兴趣稳定性培养的要点

1. 要以适切的目标来引领

游泳活动的目标是活动开展的重中之重。游泳目标的制定切忌冒进,应当符合幼儿身心发展的规律,由简到难循序渐进的推进。以幼儿为本是目标制定的基本原则,同时也要根据幼儿的当前状况尤其是幼儿的兴趣及时调整当前目标,这样才能满足大部分幼儿的需求,同时也能有效地达成目标。所以,制定目标时应着眼于全体幼儿,而不应只关注个别幼儿。另外,在目标制定的时候不仅应在技能经验上提要求,也要顾及幼儿情感发展的目标,引发幼儿自主学习的愿望。这样游泳活动才能与幼儿发生良性循环互动。

2. 要用科学的方法来操作

在游泳活动的实际操作过程中,教师如何科学有效地起到引导作用,是保持幼儿游泳兴趣稳定性的实现途径之一。不能根据自己的喜好和一时的心血来潮来开展活动。从观察幼儿开始,形成对幼儿一定的认知基础之后,制定一个中长期的大方向计划,再进行实施。在实施过程中,观察和计划是在不断进行着的,以便及时调整活动安排。在这个过程中,幼儿的游泳兴趣应当是放在首位考虑的,但还是要注意用严谨的科学方法去实施。可以根据幼儿的喜好、最近开展的主题,以及社会上某些较为流行且符合幼儿认知的因素整合进活动中,以期达到最好的效果。

3. 要以一定的手段来检测

不论是用什么样的途径、形式、方法来实施活动,最终的一个检测是非常重要的。某一阶段后的检测对于反思这个活动的实施情况和对下一次活动更好地开展具备很大的意义。幼儿游泳活动的检测主要是采用类似测试的方法对幼儿游泳技能水平进行评价,但不可忽视的是在幼儿游泳兴趣方面的测试和判断也是非常重要的。在此方面的检测方法主要是通过谈话活动来进行判断。幼儿对于游泳是否还有兴趣?对前一阶段的学习内容有什么不同的想法?是否有兴趣继续参与下一个活动?类似的问题可以就实际情况来设计,但始终要遵循的原则是围绕幼儿游泳兴趣的稳定性。

4. 要以细致的情感来鼓励

在漫长而艰苦的游泳练习过程中,幼儿能够保持游泳兴趣的最重要因素是不断有新的能引发他们兴趣的事物产生。除了这些之外,有一个安全的心理氛围和温暖的环境也是他们能保持兴趣稳定性的重要因素之一。在活动中处于主导作用的教师该如何营造这样的心理氛围? 除了使用之前所提到过的鼓励表扬的策略之外,细致入微的观察和体贴到位的情感关怀才是实施该策略的核心原则。教师只有带着这样的心态和情绪投入到活动中,并积极实施教育方针和策略,才能达到保持幼儿游泳兴趣稳定性的最终目的。

当然,在整个实施过程中必定会遇到各种各样所不能想到的问题。例如,幼儿自身的问题,部分幼儿由于身体技能发展还未完全到位,在练习游泳的过程中始终处于活动的边缘,因此游泳兴趣也会慢慢消耗殆尽;再如,由于幼儿家庭环境的特殊性,导致幼儿在家庭中得不到应当给予的鼓励,也会影响到游泳兴趣的继续发展。此外,在教师实施游泳活动的过程中,也会遇到各种问题,如个别化差异太大,或由于一些客观原因导致兴趣的连续性受到感染等等。

在遇到问题的时候,如果能做到两点,即情感性切实和目标性明确,那么许多问题都是可以迎刃而解的。从幼儿的心理需求出发,且能在实施过程中朝着正确的目标进发,相信维持幼儿游泳兴趣稳定性的课题一定可以解决。

浦东新区东方幼儿园　刘树樑

幼儿游泳知识的培养

知识，是指人类在实践中认识客观世界（包括人类自身）的成果。游泳知识，是指在游泳前、游泳中、游泳后积累的相关经验以及成果。在普及游泳知识的过程中让幼儿学习穿泳衣的方法，为游泳做好最基础的准备；让幼儿了解游泳的作用与意义，掌握游泳的安全知识，形成自我保护的能力；让幼儿感受游泳是一种既有趣又有益健康的运动。无论是游泳前、游泳中还是游泳后，其知识的内容都始终贯穿于其中，没有知识的奠基，游泳活动是空洞的、没有支架的，让幼儿明白什么是"是"和什么是"不是"，能让他们对游泳有一个直观和感性的认识，从而促进幼儿的游泳实践能力发展，所以要提高幼儿游泳素质必须抓好幼儿游泳知识的培养。

一、幼儿游泳知识培养的意义

1. 增强幼儿游泳活动中的生活自理能力

游泳活动是一种体育运动项目，它有别于其他的运动，需要有特殊的装备在特殊的环境下才能进行。这些装备的使用能增强幼儿的生活自理能力。在游泳活动前通过对游泳装备穿戴的练习，及游泳前后冲淋卫生习惯的培养，能让幼儿的生活自理能力得到提高。

2. 形成幼儿游泳活动中的自我保护能力

游泳活动有许多的安全隐患，如果没有得到任何训练及安保能力的培养很容易出现溺亡等事故。在学习游泳知识时，要普及游泳活动的安全事项，让幼儿了解游泳活动中有哪些地方是存在安全隐患的，了解避免发生安全事故的方法，出现安全问题后该如何解决。对幼儿来说这些知识是可以提高自身的保护能力的。另外,在他人出现危险时,游泳还可以作为救人的一种技能,让幼儿了解游泳不仅是体育锻炼也是一种自救与互救的技能。

3. 提高幼儿游泳活动中的技能掌握速度

游泳活动的主要学习方法是反复练习,如果加上理论知识的学习会让幼儿的游泳学习事半功倍。游泳知识的学习不仅可以在游泳课堂上,也可以在游泳课堂外,对学习的环境要求低,通过点滴的学习让幼儿对游泳活动有更深层次的认识。游泳知识作为技能的补充学习不仅能增加幼儿游泳活动的兴趣,更能为幼儿学习游泳技能奠定基础,加快幼儿游泳技能的掌握速度。

二、幼儿游泳知识培养的实践

1. 游泳基本用具知识的培养

在游泳活动前,幼儿可以先了解什么是游泳衣,什么是游泳用具。然后学习穿脱游泳衣和穿戴用具的方法,知道怎样才能快速地穿脱泳衣。在穿泳衣时还有一些注意事项,比如:为了降低着凉的概率,男孩先脱裤子穿泳裤后再脱上衣;女孩尽量穿连体泳衣,这样能减少寻找衣服和穿衣服的时间;泳帽和泳镜要最后戴等,让幼儿养成良好的穿戴用具的习惯。

2. 游泳安全知识的培养

游泳活动不同于其他体育运动,稍不留神,容易对幼儿造成生命威胁。每次游泳前不可忽略对幼儿进行安全教育。比如,让幼儿知道游泳池地面滑,走路要慢慢走;游泳前要先活动筋骨做预备动作等。平时给幼儿讲有关安全游泳的故事及一些由于不规范游泳而引发安全事故的故事,看一些关于游泳的录像、书籍等。正确并严肃认识游泳安全的重要性。

3. 游泳人物知识的培养

我国游泳项目在全世界游泳锦标赛及奥运会中产生了许多的冠军,比如较早的庄泳、乐靖宜,如今的孙杨、刘子歌、叶诗文等,还有一些为中国游泳事业作出贡献的人都可以让幼儿了解一下。为幼儿进行这些人物的介绍,能让幼儿认识我国游泳事业的发展,知道学好游泳不仅可以让自己身强体壮还可以为国争光,对学习游泳有一定的促进作用。

4. 游泳项目知识的培养

游泳有自由泳、仰泳、蛙泳、蝶泳四种泳姿。在学习游泳过程中,要让幼儿了解游泳有不同的姿势,每一种姿势都有其特定的名字和不同的动作要领。在学习每一种泳姿前先要让幼儿了解正确的动作姿势,然后再参与学习。我园幼儿学习前三种泳姿,即自由泳、仰泳、蛙泳,学习前教师对其重点介绍,让幼儿深刻了解动作要领。不仅如此,为了拓展幼儿游泳经验,我们还让幼儿了解一些水上运动,如跳水、水上芭蕾等等,从而增加幼儿对游泳活动的兴趣。

三、幼儿游泳知识培养的若干注意点

1. 目标性

每一个知识的介绍与巩固都是有其目的性的,对于游泳知识的教育我们都是制定了小班、中班、大班的目标。小班幼儿学习游泳前要对他们进行游泳知识的宣传,能让幼儿产生游泳的兴趣。再进行穿戴知识及自理能力的培养,然后逐渐学习一些自我保护的能力,及配合游泳技能的知识学习。到幼儿大班时对游泳的知识已经有了系统的认识,再增加一些拓展知识的学习,如欣赏水上运动项目、蝶泳表演等,进一步增强幼儿学习多种游泳姿势的兴趣。

2. 计划性

游泳知识的教育和技能的训练一样,不是一蹴而就的。就自我保护知识培养为例:小班是在活动中体验、感知,了解和掌握基本卫生、游泳安全知识,形成自我保护和保健的基本能力;中班是在活动中体验、感知,了解和掌握基本卫生、游泳安全知识,形成自我保护和保健的基本能力;大班是通过看看说说,帮助幼儿分清哪些地点是游泳安全的地方,哪些是会产生危险的地方,不去江、河等水源中游泳嬉戏。这些知识是根据幼儿年龄特点一步步深入了解与学习的。

3. 实践性

知识与实践永远是并行的,有了知识必须付诸实践,才能巩固自己的知识,从而转化为自身的经验。在学习游泳知识的过程中,我们总是需要让幼儿理论联系实际,先学习游泳过程中所需的知识,然后在游泳中身体力行,去感知、感受这一知识。避免光学不练、光练不学的情况。例如,大班幼儿学习蛙泳前,先观看蛙泳的视频,让幼儿了解蛙泳的动作要领,而后在游泳时再分步骤练习,亲身体验,逐步掌握蛙泳的动作要领。

浦东新区东方幼儿园　龚硕娟

游泳基本用品知识的培养

游泳基本用品是指幼儿在游泳前、游泳时和游泳后所需要的常备物品,包括游泳衣、游泳帽、游泳眼镜、浮板、背漂、水中玩具、毛巾、眼药水等。游泳基本用品知识是指幼儿对游泳基本用品的名称、作用和使用方法的认识。游泳基本用品知识的培养可以增长幼儿对游泳活动的认识,帮助幼儿了解游泳前如何正确地穿戴泳衣,游泳时各类浮板的作用,游泳后身体的清洁和保护;培养幼儿在游泳活动中的自理能力,能独立或在成人的帮助下正确穿戴泳衣、泳帽和泳镜;提高幼儿学习游泳的兴趣,借助水中玩具,创设游戏环境来激发幼儿学习和练习的愿望。游泳基本用品知识的培养是游泳知识的重要组成部分,是幼儿下水学习前必不可少的知识经验准备。因此,在幼儿开始水中练习前一定要进行游泳基本用品知识的培养。

一、游泳基本用品知识培养的作用

1. 游泳基本用品知识的培养可以增长幼儿对游泳活动的认识

在进行游泳基本用品知识的培养时,幼儿首先会了解游泳时要穿上专门的衣服,穿戴泳衣泳帽和泳镜是为了美观、文明和保护自己的身体。其次,幼儿会了解浮板和背漂作用和使用方法,浮板和背漂可以在幼儿学习新的动作技能时,帮助其保持身体平衡,通过支撑身体的局部来帮助幼儿完成动作,是初学者的必备用品,认识浮板和背漂可以为今后幼儿的学习实践打下基础。第三,幼儿能够了解游泳后清洁和保护身体的重要性。为了保持泳池水的洁净度,专业人员会在水中添加一定量的消毒剂,幼儿游泳结束后要进行淋浴,同时用毛巾擦拭身体,把残留在身体上消毒剂清洗掉。并且,为了避免眼睛里细菌感染,游泳结束后一定要滴眼药水。幼儿了解了游泳后身体清洁的重要性后,就能配合成人完成游泳后的清洁工作,不排斥淋浴和滴眼药水。

2. 游泳基本用品知识的培养可以提高幼儿在游泳活动中的自理能力

在知识培养的过程中,幼儿会了解泳衣、泳帽和泳镜的穿戴方法和它们的作用。在多次练习泳衣穿戴的过程中,幼儿能学会正确地、快速地穿脱衣服的方法,学习如何整理、叠放和保管自己的衣服等物品,提高生活自理能力。

3. 游泳基本用品知识的培养可以激发幼儿参与游泳活动的愿望

在游泳基本用品知识方面时,教师为幼儿介绍各种游泳的基本用品,色彩鲜艳、形态各异的游泳用品能大大地吸引幼儿的眼球,大小各异、种类繁多的水中玩具更能激发起幼儿的兴趣,幼儿渴望穿上爸爸妈妈为自己选购的泳衣,并在水里玩一玩水中玩具,产生强烈的参与游泳活动的愿望。

二、游泳基本用品知识培养的基本做法

幼儿的思维模式是具体形象的,通过直观的感受和直接的接触来接受知识经验。因此,教师在对幼儿进行知识培养时要通过各种方法,借助多种手段来达到认知的目的。

1. 游泳前基本用品知识认知的基本做法

游泳前的基本用品知识包括认识游泳衣,知道游泳时穿泳衣是为了文明、美观和卫生,知道男孩穿泳裤,女孩穿泳衣,学习正确穿戴泳衣和泳帽的方法;知道戴游泳眼镜的作用,学习戴游泳眼镜的方法。知识教育的基本方法如下。

(1) 设置情景,提出问题

设置情景是指将有关知识放在一定的情景中,把幼儿带入一个故事或者一个问题中,让其有身临其境的感觉,提高学习的兴趣。为幼儿介绍游泳衣时,教师可以设计一个简短的故事情境,故事中出现两个孩子的卡通形象,一名男孩和一名女孩去游泳,他们分不清自己的游泳衣,需要请小朋友帮助他们分辨。教师再提出难题,男孩和女孩都觉得自己的游泳衣白白的,样子不好看,想请小朋友为他们设计装饰一下他们的游泳衣。通过设置情景,幼儿与故事中的卡通形象产生互动,不仅学会了分辨男孩女孩不同的游泳衣,还通过涂涂画画巩固了知识经验。

（2）呈现视频，组织实践

游泳衣、游泳帽和游泳眼镜的穿戴对初学游泳的幼儿来说是一个大挑战。幼儿不仅要辨认出自己的游泳衣，还要正确穿戴游泳衣。此时，幼儿需要一个清晰完整的示范。年龄相仿的幼儿示范更能引起孩子的共鸣，教师事先请大班幼儿录制一段穿游泳衣的视频，然后在课上播放给小年龄的孩子观看。反复观看后，和孩子们讨论穿游泳衣的顺序。"哥哥姐姐是怎么穿游泳衣的？"让幼儿畅所欲言，最后教师总结提升。在正式开始游泳活动时，教师要为幼儿多留一些准备的时间，可以在幼儿实践前复习一下穿游泳衣的顺序，幼儿在练习穿游泳衣时，教师要鼓励做得好的孩子，发挥榜样的作用，同时对能力弱的孩子要个别指导。幼儿经过几次练习后，就能独立穿游泳衣了。

2. 游泳时基本用品知识培养的基本做法

游泳时的基本用品知识包括认识浮板和背漂，知道它们的作用和使用方法；认识水中玩具，知道它们的玩法。具体方法如下。

（1）沉浮实验，迁移经验

浮板和背漂都能在水上漂浮，都能作为辅助工具支撑幼儿的局部身体。为了让幼儿进一步感受"漂浮"的现象，教师设计了关于沉浮的集体活动。教师准备许多不同材质、不同大小的材料，如塑料空瓶子、塑料积木、木头积木、铁质玩具、泡沫塑料等，请幼儿把这些材料放入大水缸中，观察不同的物体在水中的沉浮情况，请幼儿说说自己的观察发现。然后，教师拿出浮板和背漂，将其放入水中，把准备好的玩具小动物放在浮板上当作小动物乘船，让幼儿感受浮板漂浮的功能。最后，播放视频，内容为哥哥姐姐用浮板和背漂学本领。沉浮的实验让幼儿获得了有些物体能漂浮在水面的知识经验，从而知道了浮板和背漂能帮助自己漂浮在水面上。

（2）带领观摩，组织游戏

水中玩具具有能在水面上漂浮的特性，幼儿可以在水里摆弄、扔抛玩具，水中玩具能帮助幼儿熟悉水性，提高幼儿参与游泳活动的兴趣。教师带幼儿去游泳池观摩其他小朋友在游泳池快乐游戏的情景，让幼儿找一找游泳池有哪些好玩的玩具，说说自己最喜欢的是什么。并且，教师可带回一些水中玩具，把玩具投放入几个大的水缸里，让幼儿玩一玩这些玩具，激发幼儿的游戏热情，为下水做好准备。

3. 游泳后基本用品知识教育的基本做法

游泳后的基本用品知识包括知道在淋浴时要用毛巾擦拭身体，愿意配合成人完成清洁身体的工作；知道眼药水能帮助杀菌，能配合地点眼药水，不逃避。具体方法如下。

（1）音乐游戏，模拟洗澡

游泳后幼儿需要淋浴洗澡，用毛巾擦拭身体，把残留在身体上的消毒剂洗干净。有些幼儿怕水流到眼睛里不愿意洗澡，为了减少这种情况的发生，教师设计了音乐游戏：洗澡舞。教师带领幼儿跟着轻快的音乐节奏，按照歌词里的内容模拟洗澡的动作，并增加道具——毛巾，强调毛巾可以帮助小朋友把身体上看不见的脏东西洗掉。音乐游戏可以让幼儿在游戏中学习洗澡的动作，乐意接受用毛巾擦拭身体，以快乐的游戏代替枯燥的说教。

（2）请来医生，示范指导

滴眼药水是幼儿游泳后的必要步骤，可以避免眼睛细菌感染。但滴入眼睛的眼药水会使幼儿的眼睛产生刺痛的感觉，不少幼儿非常排斥、害怕滴眼药水。这时，教师可请"医生妈妈"帮忙。医生在幼儿的心目中是权威的，比起老师，医生更加有说服力。教师可请幼儿园的保健医生录一段视频，视频中告诉孩子滴眼药水的作用和眼睛发炎的后果，并亲自示范滴眼药水的方法。幼儿观看视频后就知道为什么要滴眼药水，降低幼儿抗拒眼药水的状况。

三、游泳基本用品知识培养的一般要求

1. 制定合理的目标来引领

在对幼儿进行游泳基本用品知识的培养过程中，要结合幼儿的年龄特点和实际情况，考虑幼儿的接受能力。制定目标时要定位在感知、认识、体验和了解的层面，幼儿在没有亲身实践的情况下不容易真正理解和掌握，因此目标要合理。

2. 筛选适合的内容来呈现

游泳用品的种类很丰富，但需要幼儿了解的是游泳基本用品的知识，是幼儿在游泳实践活动中一定会用到的相关知识。在对幼儿进行知识培养时，教师需要筛选适合幼儿学习，与幼儿密切相关的那部分内容来呈现。

3. 利用多元的形式来实施

在知识培养的过程中,要注意避免传统的说教模式。教师要根据幼儿的学习特点,利用听故事、看视频、现场观摩等多种形式来增加学习的趣味性。

浦东新区东方幼儿园　潘佳燕

幼儿游泳安全知识的培养

安全是人类最基本和最主要的需求,安全就是生命。《幼儿园教育指导纲要(试行)》指出:幼儿园必须把保护幼儿的生命和促进幼儿的健康放在工作的首位。这就指明了幼儿园的安全工作特别是幼儿的安全是至关重要的。我们幼儿教师一定要把安全工作置于首要位置,把幼儿安全教育知识的培养渗透在幼儿园一日生活的各个环节。游泳活动作为我园的特色体育活动之一,它也是幼儿园安全教育的重要组成部分。我们知道游泳是一项很好的体育运动,同时又是风险性较大的运动方式,稍有不慎,就可能发生溺水死亡事故。因此,游泳安全必须引起高度重视。幼儿园的幼儿由于年龄较小,自我保护意识淡薄,更易发生意外事故。为了有效防范游泳活动中的各种安全事故,幼儿游泳安全知识的教育显得尤为重要。在确保幼儿安全的前提下,我们才能更好地进行游泳教学。幼儿游泳安全知识的培养,不仅是学习知识,提高防范意识,更重要的是让幼儿在生活中遇到危险情况时,运用掌握的知识去应对,为自己营造一个最安全的生活方式,提高自我保护的能力。

一、幼儿游泳安全知识培养的必要性

1. 提高幼儿安全意识

游泳活动不同于其他体育游戏,一不留神,容易对幼儿造成生命危险。同时幼儿园的幼儿由于年龄较小,自我保护意识更是淡薄,常常不能预见自己的行为会产生什么样的后果,因此幼儿游泳安全知识的教育显得尤为重要。这不仅仅是幼儿游泳知识的丰富,同时也让幼儿明白安全的重要性,更是帮助幼儿提高游泳安全意识,让幼儿明白确保安全游泳要做些什么,更需要让幼儿懂得如何才能使游泳安全得到保障,提高了自身的保护意识。要知道人要有安全的意识,才会有安全的行为;有了安全的行为,才能保证安全。

2. 掌握自我保护技能

培养幼儿自我保护的意识,重要的是不仅应该让幼儿知道哪里有危险,还应该让他们学习如何征服危险,在征服危险的过程中怎样保护自己。自我保护是一个人生存所需要的重要能力,掌握自我保护技能是安全游泳必不可少的一个环节。我们知道幼儿游泳活动中,可能会出现呛水、紧张抽筋、跳水碰撞、岸边滑倒等意外,不及时发现和处理,很容易造成意外事故。在提高幼儿游泳安全意识的基础上,更要幼儿掌握一些相关的自我保护技能,及时对发生的意外情况做出相应的处理,知道遇到危急情况应向成人呼救。这样才能更好地避免意外发生,也能让幼儿更好地保护自己。

3. 保障游泳活动开展

幼儿游泳安全知识的培养,让幼儿树立自我保护意识,掌握自我保护技能,更是保障了游泳活动的顺利开展。我们知道幼儿园的根本是安全,只有在安全的基础上,才能谈得上教育,谈得上多种模式,只有安全,孩子们才能开心地在幼儿园成长。同样,在游泳教学活动中教师必须把安全放在首位,有了安全的保障,我们才能更好地进行游泳教学,幼儿才能更好、更尽兴地投入到游泳活动,从而保障游泳活动的顺利进行。

二、幼儿游泳安全知识培养的实践操作

1. 幼儿进泳池前的安全

珍爱生命,安全第一。首先,每次游泳前不可忽略对幼儿进行安全教育。进游泳池前每位幼儿都要正确穿戴泳衣和泳镜,不当的穿戴不仅给幼儿的游泳带来阻碍,也存在着一定的安全隐患。特别是小女孩穿的有肩带的泳衣,如果穿得不正确,如肩带交叉容易勒住脖子,在剧烈运动后易造成呼吸困难;小男孩裤子若没有提好,走路易摔跤,同时也不易于游泳活动的正常开展等等。进游泳池前幼儿还应注意穿拖鞋慢走。泳池四周的地面比较湿,幼儿穿的又是拖鞋,再加上孩子们天性好动,若在上面追逐打闹,一旦摔倒,就会出现危险。在幼儿换好泳衣后,应教育和引导幼儿有序地慢慢走向泳池,告诉幼儿不要在游泳池四周打闹。同时在泳池边不可任意推人下水,以免撞到他人或撞

到池边受伤。更要教育幼儿不能跳入水池,要知道,幼儿园的水池是以幼儿为标准来建造的,不同于社会上的泳池,水较浅,若是不小心易造成颈椎受伤等意外伤害。其次,游泳前还要提醒幼儿进行温水冲淋,以适应水温,同时还应做好充分的暖身运动,否则易导致身体的不适感,还易发生脚抽筋的现象。平时,教师还应尽可能利用休息时间给幼儿讲有关安全游泳的故事,看有关书籍、录像,让幼儿对安全游泳有进一步的认识。

2. 幼儿在泳池中的安全

我们知道游泳是一项益处与危险并存的运动,那么在游泳中幼儿需要掌握哪些安全知识来避免意外的发生呢? 首先,要让幼儿知道哪些是在泳池中不应该做的,其次是学一些基本的小常识来保护自己,避免发生意外事故。

"坏榜样我不学。"首先,切勿跳入水中。在游泳活动中,教师可能会采用水陆训练相结合的方法,因此不可避免地幼儿会有入泳池和出泳池的动作。有的幼儿喜欢在池边跳水,认为很刺激,殊不知这里面却隐藏着险情。例如,幼儿跳水时若身体稍微一斜,下嘴巴很容易碰到池边磕破下巴。还有的幼儿转着身子跳水,若不注意,也会出现险情。有的幼儿头朝下猛钻,认为很好玩,殊不知幼儿园泳池浅水区的水是非常浅的,用力过猛,头触池底极易碰破头,严重的会有生命危险。在这样的一些环节中,教师要时刻提醒和督促幼儿注意安全,不要做一些危险的动作,要以脚先入水较为安全。其次,不要用鼻子吸气。游泳时用鼻子吸气,最容易引起呛水。特别是初学游泳的幼儿,由于心理紧张,很容易闭着嘴巴一头闷水,时间长了,憋不住就用鼻子吸气,这样极易呛水。更有幼儿一头猛扎闷水,直憋到自己脸红脖子粗才起来,这样也容易造成意外的发生。如果呛了水,幼儿要掌握的是:首先要张大嘴,做深呼吸,哪怕喝上几口水,也一定要张大嘴,而不能用鼻子喘气。还有,不应在游泳中和同伴追逐打闹;戏水时,不可将同伴压入水中不放,以免因呛水而窒息等等。

"小常识我来学。"在泳池中若发生一些意外伤害,幼儿最应掌握的是要及时向教师和阿姨求助。幼儿年龄小,反应慢,不能及时处理发生的意外事故,若是感觉不舒服或者已经发生了意外,要学会大声呼叫,让教师和阿姨及时发现,让大人来处理。更不要让幼儿自己去帮助发生意外的幼儿,让幼儿懂得自己年幼,不宜救人,要知道一个处理不当可能让意外伤害更加严重,或者自己也受到不必要的伤害。遇到危急情况时,若是想帮忙,最好的办好还是应及时向成人呼救,寻求帮助。当然了,若遇到一些小问题时,幼儿可以尝试自己来试一试。例如,耳朵进水跳一跳。幼儿游泳时如果耳朵灌进水去,可以将头歪向耳朵进水的一侧,用力拉住耳垂,用同侧腿单脚跳一跳。或者手心对准耳道,用手把耳朵堵严压紧,左耳进水就把头歪向左边,右耳进水就把头歪向右边,然后迅速将手挪开,水就会被吸出来。呕吐了,怎么办?孩子游泳时由于鼻子呛水、喝进水、疲乏劳累、情绪紧张,有的会造成一时性的反胃,这时应及时靠泳池边,能上岸的马上上岸,若是需要帮助及时呼叫,寻求帮助。还有,闷水抬头后,用手顺水流的方向撸掉水,这样眼睛不会进水也容易睁开,同时也不会使鼻子进水而导致呛水情况的出现。在游泳训练中,还要时刻注意要和同伴保持一定的距离,避免在做动作中伤害对方等等。

3. 幼儿出泳池后的安全

愉快而大运动量的活动结束后,更不可忽视幼儿的安全问题。作为教师要及时对幼儿提出安全注意点和要求。出泳池时不可争抢上岸,引导幼儿分批、有序地从浅水区上岸。要知道,活动刚结束,幼儿还处于亢奋阶段,对于自己的一些行为不能很好地控制,这时需要教师及时提醒,避免意外发生。幼儿上岸后,应及时去小便和冲淋,过道中不要停留。长时间在水中,幼儿一下子出水面可能会产生骤冷感,要引导幼儿及时冲淋,让自己的身体冲暖以防感冒。在冲淋时,提醒幼儿不可随意调节水温,过冷易感冒,过热容易烫伤。同时,还要提醒大年龄的幼儿(小年龄的幼儿有教师和阿姨帮助)清洗身上每一个部位,避免游泳池水中的化学药剂留在皮肤上,造成皮肤过敏。冲淋后及时擦干身体,穿上衣物,以防感冒,同时更应该把脚擦干,以防生脚癣。还有,对于整理好衣物的幼儿及时滴眼药水,叮嘱其不可随意开关门,让冷风进来,从而导致未穿好衣服的幼儿感冒生病等。

三、幼儿游泳安全知识培养的若干问题

1. 情景性地创设教育环境

《纲要》中明确指出对幼儿实施环境育人。同样,对幼儿游泳安全意识的教育过程,要情景性地创设培养环境,从而帮助幼儿进一步加深游泳的安全意识。首先,互动式的讨论引发情景创设。教师可以利用课余时间和幼儿一起讨论游泳活动中的安全问题,让幼儿来说说要如何做,才能更好地避免危险的产生。其次,图片警示的出现推进情景创设。为了更好地让幼儿注意游泳中

安全问题,教师可以引导幼儿自己动手收集和制作一些警示图片,贴在泳池各个醒目的地方,明确告诉大家哪些是不可以做的事情,同时提醒大家容易发生意外的地方,如地滑、不奔跑、不乱玩热水器开关等图示。最后,以"小老师"的督促完善情景创设。为了更好地培养幼儿游泳安全意识,请个别幼儿充当"小老师",时刻提醒其他幼儿在游泳活动中该注意的安全问题。这样情景性地创设培养环境,加强了环境与幼儿之间的互动,更有效地提高幼儿游泳安全意识的培养。

2. 针对性地制定教育目标

适切的教学目标是实现集体教学活动有效性的基础,因此制定培养活动目标时,要具体、明确,要有较强的针对性。首先,要让幼儿明确为什么要培养他们的安全意识,让他们知道在泳池中若自己不注意,会产生怎样严重的后果,会发生怎样的意外伤害,有针对性地制定前期目标。其次,按不同年龄阶段和不同教学时间段制定培养过程目标,不一概而论,分年龄,分层次,制定不同目标,针对性较强。最后,每次活动内容的目标要有针对性。每一次的活动要培养幼儿哪方面的安全意识要明确说明,不能含糊其辞,一概以"安全意识"来定目标,要写清楚具体的方面,某一个点,或者某一个内容,否则教育活动目标就失去了它的指导作用,也会使得活动组织起来比较困难。

3. 科学性地选择教育方法

科学地进行教育活动是幼儿游泳安全知识掌握必不可少的一个途径。好的培养方法,事半功倍,能让幼儿更好更快地提高自我保护的安全意识。在选择培养方法上,教师要懂得合理利用,科学实施。正面教育,让幼儿明辨对错。明确指出幼儿错误的地方,并及时让幼儿改正,知道以后该怎么做才能避免发生这样的事情。随机教育,让幼儿第一时间分辨对错,不失为安全教育的好方法。教师可在活动时及时记录幼儿突发的状况,及时与幼儿分享和处理,并进行重点教育。互动教育,让幼儿更主动学习。活动前应多与幼儿沟通,让幼儿来说一说、做一做,分辨对错,探寻正确的保护自己的方法。教师还应注意不要为了提醒幼儿去揭幼儿的"伤疤"。也不可一味地批评幼儿错误的地方,强硬地告知幼儿这个不能做,那个不能做,这样容易使幼儿产生逆反心理,从而产生教师越是不允许他做,他偏要做的行为。

4. 有序性地组织教育过程

幼儿游泳安全意识的养成需要很长的一段时间,不是一两节活动就能达成的,它是一个由简单到复杂的逐渐形成的过程,因此幼儿游泳安全意识培养应该是一个循序渐进的过程,教师应有序地组织和培养。合理安排教育过程,有序地组织培养活动,我们可根据幼儿的年龄特点,根据教育的具体内容,结合幼儿安全意识的形成的程度和习惯的养成,循序渐进,逐步提出具体的切实可行的要求,使他们良好的安全意识由小到大、由点到面,持续稳定地得到发展。

游泳教学是让幼儿在一个陌生的水环境中学习技术、技能的过程。教师上课必须把安全放在首位,因此幼儿游泳安全知识的培养过程,保障了游泳活动顺利开展,更是让幼儿提高了安全防范意识,学会了自我保护。特别是在经过一系列的培养过程后,孩子们的自我保护意识加强了,游泳活动中的意外发生率在逐步减少。同时在平时的幼儿园生活中,孩子们也渐渐关注起生活中的一些安全问题,通过讨论,总结出相应的经验,丰富了安全知识,提高了自我的保护能力。对生活中突发的一些危险情况也能运用掌握的知识去应对。当然,为了更好地增强幼儿游泳的安全意识,提高自我保护能力,教师更要深刻反思、总结经验、不断改进,让幼儿游泳安全意识培养的重点从知识的传授转变到幼儿能自觉养成自我保护的好习惯,由意识逐步转化为个人的认知,逐步形成相应的观念、态度、行为。幼儿年龄小,自觉性和自制力都比较差,而习惯的养成又不是一两次教育就能奏效的。因此,教师除了提出要求,教授幼儿安全知识外,还应注意及时督促和检查,经常提醒幼儿,使幼儿良好的习惯得到不断强化,逐步形成自觉的行为。那么,我们的教育目标才能更好地达成,幼儿才能更安全地进行游泳活动。千般呵护,不如自护。只有让安全意识培养教育走进幼儿,不断提高幼儿的自我保护能力,才能让每个幼儿都能安全、快乐、尽情地参与游泳活动。

浦东新区东方幼儿园　任　花

幼儿游泳项目知识的培养

游泳运动是男女老幼都喜欢的体育项目之一。游泳包括蝶泳、仰泳、蛙泳和自由泳四种泳姿的竞速项目以及花样游泳等,而幼儿游泳项目包括自由泳、仰泳和蛙泳。

游泳项目知识培养是学习游泳前重要的前期准备,也是幼儿学习游泳过程中兴趣激发的源泉,要培养幼儿游泳兴趣就要先让幼儿了解游泳项目。

一、幼儿游泳项目知识培养的必要性

1. 有利于幼儿游泳兴趣的激发

俗话说:"授之以鱼,莫若授之以渔。"孩子正处于人生最重要的启蒙时期,老师、家长的言传身教以身作则是不够的。孩子的兴趣决定了他学习的积极精神。"兴趣是第一老师",兴趣是孩子们不断探究他们所生存的这个"未知"世界的动力源泉,是开展各项活动的前提和保障。在游泳教学过程中,兴趣的作用很大,幼儿在这一"催化剂"的作用下就会自觉地克服学习过程中一个又一个的困难,完成教师布置的任务。实践表明:儿童的最佳学习状态往往出现在他们对学习最感兴趣的时刻,所以兴趣在儿童游泳教学中的作用确实不容低估。教师应注意激发和培养儿童的游泳兴趣,以提高游泳教学的效果。

对幼儿来说,兴趣是他们参加体育活动和体育训练的主要动力。在幼儿学习游泳之前向幼儿开展游泳项目知识的教育,除了能让幼儿了解不同游泳项目内容,更能通过视频观看、模拟动作、知识问答等形式激发其对游泳活动的兴趣。

2. 有利于幼儿勇敢心理的培养

其实,游泳是一项有益于身心健康发展的体育活动,它不仅能锻炼人的身体,还能够提高大脑的功能,促进大脑对外界环境的反应能力和智力发育。我们出生后由于长期生活在陆地,进入水后,不了解水压对呼吸的影响,当水到胸部时压力增大,会出现呼吸困难,也会造成心理恐慌。

我园开展游泳教学已有相当长的时间,在以往的教学活动中我们发现,多数幼儿在初学游泳时表现出相当高的兴趣,但是几次活动之后他们却对游泳产生了一种极大的恐惧:怕水、怕深、怕冷、怕呛、怕沉。儿童初学对水环境的不熟悉,对游泳的不了解,对水的一些物理特性不了解,儿童的依赖性、不自信、性格内向等诸多因素都会使儿童对游泳产生畏惧心理。这就需要教师在开始阶段精心辅导,帮助幼儿了解一些游泳知识,建立儿童良好的水感,让他们熟悉水环境,喜欢上游泳,同时使用激励法激励他们的勇气和信心以消除他们的恐惧心理。

3. 有利于幼儿游泳技能的学习

学龄前幼儿有很强的模仿能力。特别是3～6岁幼儿,他们已有一定的知识经验、认知能力,会密切地观察和模仿,因此在学习各项游泳技能之前,我们也可以利用幼儿爱模仿的特点,为孩子提供一个良好的"模仿环境",利用游泳项目知识给孩子正确的游泳姿势的示范讲解,让孩子正确地模仿,才能促进幼儿游泳的发展。

二、幼儿游泳项目知识培养的组织与实施

1. 自由泳知识的培养

自由泳,其动作结构比较合理、省力、阻力小,是当前速度最快的一种游泳姿势,它对初学者身体协调性的要求比较低,因此一般初学者都从自由泳开始学习。对小班幼儿来说,自由泳打腿以及换气有一定的难度,特别是换气闭气的过程,因此我们可以通过一些有趣的小游戏来帮助幼儿理解这个过程。

小班的孩子在经过一段时间的亲水活动后,要正式开始自由泳技能的练习——吐气换气,可是孩子们把头刚放入水中就会马上起来,更别说吐气了。于是,在第二次游泳活动前我给孩子们带来了"小螃蟹吐泡泡"的视频,引导孩子们观察螃蟹吐泡泡的过程,听一听吐泡泡时的声音,模仿一下小螃蟹(吸一大口气,然后捏住鼻子,用嘴吐气,并发出声音),让幼儿了解把气都吐光才能大大地吸一口气的过程。接着,到泳池里扮演"大螃蟹",逐步提升幼儿将嘴巴

放入水中的胆量。

在这一活动中,孩子们通过扮演水中的螃蟹,学着大螃蟹吐泡泡的样子,更形象地了解到吸气吐气的过程。

2. 仰泳知识的培养

仰泳,又名背泳,是一种人体仰卧在水中的游泳姿势,因为脸在水面上,呼吸很方便,可以使初学者减少恐惧心理。但是,由于仰泳本身的身体位置、动作特点和人体的生理心理特点,学龄前幼儿掌握仰泳技能会存在一定的难度,在学习仰泳时往往会觉得身体位置难以控制,身体会下沉,还会产生呛水、手臂划水方向错误等困难,因此我们可以利用儿歌总结法来丰富幼儿对仰泳的认识、改善仰泳动作。

例如:经过一年多的学习,孩子们的自由泳技术已经"炉火纯青"了,随着孩子们进入大班,他们也即将开始学习新的泳姿——仰泳。可是,当大家要学习手部动作时,却遇到了问题:由于自由泳时,手臂是向前划动呈风车状,仰泳则要求手臂向后划动作呈风车状,这下可把孩子们弄糊涂了,大家习惯了大半年向前划动手臂的动作要逆转了,这可难倒了孩子们。于是,老师拿出一个风车,让幼儿观察风和风车之间是怎么合作的,在活动中,老师和孩子们一起创编了朗朗上口的儿歌:"大风车,大风吹来,向后转。"孩子们边念边做,很快就熟悉了仰泳的手臂动作。

大班幼儿在语言上较小中班有了更强的归纳能力,而且大班幼儿具有一定的创编能力,在日常活动中他们会时不时地说上两句朗朗上口的自编小儿歌,教师则可以利用这一特点,将仰泳中手臂动作的重难点变成朗朗上口的儿歌,让幼儿巩固技能技巧。在案例中,我们和孩子共同创编了关于游泳的儿歌,通过这一方式,既归纳了手臂动作的要点,让幼儿更容易记忆,又增强了孩子的自信心。

3. 蛙泳知识的培养

蛙泳是一种模仿青蛙游泳动作的一种游泳姿势,也是一种最古老的泳姿。蛙泳时,游泳者可以方便地观察前方是否有障碍物,避免撞上障碍物。蛙泳普遍的教法是先让幼儿在岸上进行辅助练习,然后教师在水中做示范,再请幼儿下水练习,在这样的教学过程中教师要花大量的时间和精力去纠正错误的动作,而纠正错误动作很难。在之前的教学中,我们观察到幼儿最容易出现的错误是:腿和手配合不协调。为了防止错误动作的形成,一开始就要建立正确的动作概念。因此,我们可以通过观察青蛙游泳的姿势来让幼儿了解蛙泳,增强其学习蛙泳的兴趣。

例如：孩子们马上就要学习蛙泳了，大家都很兴奋，讨论着自己知道的关于蛙泳的信息。为了让孩子们进一步了解蛙泳，老师这天带来了一段录像——青蛙游泳。幼儿在观看录像的同时，老师问道："仔细瞧，小青蛙游泳的时候，它的四条腿是怎么样划动的呢？"雯雯说："手和脚都向外划的。"小米说："不对，是手划一次，脚再划一次。"老师说："你们观察得真仔细！那你们知道嘛，蛙泳是一种非常重要的泳姿，很多重要的游泳比赛中都有蛙泳哦！你知道现在世界上蛙泳游得最快的人是谁吗？能游多快呢？"幼儿纷纷猜想。看孩子们兴趣这么高，老师说："我这儿还有一首儿歌可以边念边学：边收边分慢收腿，向外翻腿对准水，弧形向后蹬夹水，伸直并拢漂一会儿。"

在这个案例中，教师在幼儿学习蛙泳动作前抓住幼儿的兴趣点——对蛙泳知识的好奇，将正确的蛙泳姿势录像播放给幼儿欣赏，让幼儿通过视频了解青蛙游泳姿势的奥妙，激发其进一步探索蛙泳的愿望。

三、幼儿游泳项目知识培养的若干注意点

1. 互动性

游泳知识的培养不光是教师单向传授，而是要观察到孩子的不足处（弱项），了解孩子对游泳知识的兴趣点或薄弱点，通过各类游戏、动作模仿、交流分享、视频讨论等方法来提高幼儿对游泳知识的认识，进一步促使幼儿掌握游泳动作。

2. 趣味性

单一的向幼儿传输游泳项目知识是枯燥乏味的，特别是对学龄前幼儿来说，他们喜欢有趣的事物，如果只是一味地讲述动作要领，或者简单模仿教师的示范动作，容易使幼儿产生疲倦感，导致幼儿学习积极性不高、动作不正确。

3. 科学性

游泳的教学和训练是一个复杂的过程，而向幼儿传授游泳知识是幼儿学会游泳、掌握正确泳姿的前提条件。学龄前的幼儿好模仿、接受能力较强，若给孩子的知识是错误的，那对他今后游泳技能的学习、动作协调性的发展都会产生不良的影响。

浦东新区东方幼儿园　叶　琳

幼儿游泳人物知识的培养

游泳人物,指在游泳运动领域被认为有突出贡献的人或者是有才能之人,如各个国家竞技游泳项目的著名运动员以及为中国游泳事业做出贡献的人等。游泳人物知识可以包括游泳人物的荣誉成就、日常训练、成名故事等方面的内容。

游泳人物知识看似与幼儿游泳活动关系甚远,但实则是幼儿游泳知识的重要组成部分之一,也是促进幼儿学习游泳的"催化剂"。在幼儿学习游泳的初期,这些游泳人物知识能够让幼儿更具体形象地了解游泳活动,认识游泳活动直到喜欢游泳活动。当幼儿开始学习游泳后,游泳人物的故事为幼儿在学习游泳时提供了最鲜活生动的学习与模仿的榜样。在日常游泳教学过程中可以借助游泳人物知识调动幼儿学习游泳的积极性和学习兴趣,帮助他们养成更为坚韧的意志品质,使得游泳教学的效果事半功倍!

一、幼儿游泳人物知识培养的意义

1. 激发幼儿学习兴趣

《3~6 岁儿童学习与发展指南》中在健康领域给出了"和幼儿一起观看体育比赛或有关体育赛事的电视节目,培养他对体育活动的兴趣"的教育建议。游泳,具有竞技和娱乐两大特点,它不仅能够帮助人们塑造健康强壮的体魄,还能给人带来身心愉悦的体验。游泳运动员健康、阳光的形象以及优秀的身体素质能够帮助幼儿直观地感受到游泳运动给人带来的好处,从而让幼儿感受到游泳是一项令人愉悦的活动,并非枯燥乏味的体育训练,那么幼儿就会对游泳活动有进一步的了解,逐渐喜欢上游泳,产生学习游泳的兴趣。当幼儿具有并保持对游泳活动的兴趣时，才能学好游泳，因为兴趣是幼儿参与体育活动的主要动力。

2. 提高幼儿学习能力

在游泳学习中，单一的说教与枯燥的重复练习有时并不能起到很好的效果，此时若是能够给幼儿欣赏一些游泳人物训练、比赛的图片、视频，反而会让幼儿有不一样的审美冲击与感官体验。尤其是小年龄的幼儿，他们喜欢模仿，通过观看游泳人物直观形象的游泳动作演示，可以帮助他们更准确地领悟动作要领，在练习时模仿、再现所看到的动作。

另外，当遇到困难和失败时，幼儿很容易产生消极懈怠的情绪，再多的练习只会增加幼儿学习的负担，削弱幼儿继续学习的动力。对于好胜心较强的大年龄幼儿，通过了解游泳人物的奋斗故事和最终获得的荣誉会让幼儿对其产生钦佩、崇拜的情感，激发他们向这些"偶像"学习，产生希望自己也能够成为像他们一样获得成功的心理，或许可以让幼儿重拾信心，最终达到预期的学习效果。

3. 培养幼儿意志品质

游泳运动员们在日常训练中刻苦努力，在比赛场上奋力拼搏，他们的体育精神传递着积极的正能量，极具感染力。通过了解这些游泳人物的介绍和故事，为幼儿树立了游泳学习中的最佳榜样，无穷的榜样力量能够很好地促进幼儿在游泳学习过程中自觉克服一个接一个的困难与挑战，逐渐养成坚强勇敢、坚持不懈的意志品质，增强自信心。

4. 开拓幼儿体育视野

现如今，游泳运动不仅仅是男女老幼锻炼身体的体育运动，更是备受世人瞩目的奥运会比赛项目之一，其已然成为一项世界性的体育活动。幼儿游泳知识的教育也要真正地面向生活，走向社会，要将教学与外界连接起来，与社会接轨。幼儿游泳人物知识的教育既可以丰富幼儿的学习生活，同时又可以开拓幼儿的视野，拓宽幼儿的体育知识面，这样更利于幼儿深层次了解体育文化，真正爱上体育活动，养成自我锻炼的良好习惯，形成终身体育意识。

二、幼儿游泳人物知识培养的实践

1. 游泳人物概况

游泳人物概况包括游泳人物的名字、外形特征、擅长的项目、所获得的成

就、荣誉等基本情况。教师可以通过图片展示、视频介绍等直观的方法展示给幼儿看,同时结合讲述活动,向幼儿介绍游泳的益处及其独特的魅力。

很多幼儿在一开始接触游泳活动时都会产生畏惧心理,从而抵触游泳,这是因为他们对于游泳活动没有全面的认识和较高的积极性。那么,在正式进入泳池学习前有必要让幼儿先了解一些游泳人物的概况,增进他们了解游泳这一项体育运动有助于塑造完美、健康的体型,更有助于身体骨骼的健康成长,幼儿学习游泳的兴趣就会提高。

奥运会上的游泳运动内容丰富多样,有极具竞技的短、中距离竞技游泳,还分为个人和小组接力。著名的运动员有中国的孙杨、叶诗文,美国的菲尔普斯;有极具观赏美的跳水运动,著名的运动员有中国的田亮、郭晶晶、伏明霞、吴敏霞、何冲,澳大利亚的纽贝利;有极具艺术美的花样游泳,给人以艺术美、音乐美的震撼感受。著名的运动员有中国的蒋文文、蒋婷婷,日本的原田早穗、铃木绘美,俄罗斯的叶尔马科娃;有极具对抗美的水球运动,著名的运动员有中国的谭颖、谢俊敏、韩志东,匈牙利著名水球运动员、奥运会冠军耶奈伊;还有更体现意志品质的,被称为"勇敢者的游戏"的公开水域游泳项目,著名运动员有保加利亚的彼特·斯托伊切夫。欣赏公开水域游泳比赛同时可以欣赏周围美丽的景致。以上这些劈波斩浪、奋勇争光的竞技游泳项目吸引了大批的观众。往往到有跳水、游泳、水球等项目比赛时定会吸引亿万中国观众以及世界民众的心。这些精彩的内容都可以成为在日常游泳教学中呈现给孩子们的游泳人物知识。

2. 游泳人物表演

游泳人物表演包括游泳人物的比赛、训练情况等动作演示。教师可以通过视频展示或者组织幼儿实地观摩等方式让幼儿欣赏游泳人物的表演,并鼓励幼儿模仿所见游泳人物的游泳动作。

教学活动"自由泳比赛"预设的目标是让幼儿在模仿游泳运动员参加比赛的体验中感知自由泳这一泳姿的动作特点。在活动过程中,开始部分时先让幼儿随《运动员进行曲》的音乐进入活动场地。跟着教师边念儿歌边做模仿操两遍(动作可自编)。小小运动员(上肢运动),动作真好看(体侧运动),热身动一动(下蹲运动),准备比赛了(跳跃运动)。接着基本部分时,让孩子们观看奥运会自由泳项目比赛的视频、运动员日常训练时的视频,加深对游泳运动员的敬佩之情和自己学习游泳的美好愿望。第三个过程环节时,先是教师结合游泳人物表演视频示范讲解自由泳动作要领。正、侧、背示范三次。再是幼儿练习,教师巡回指导,并请做得好的幼儿做示范。最后结束部分时和孩子们一起玩"游泳比赛"的游戏。让孩子们选择自己喜欢的著名游泳运动员进行模仿。可以说,很多类似这样的活动组成了我们日常教学中人物知识培养的过程。

3. 游泳人物故事

游泳人物故事包括游泳人物的成名之路、奋斗故事、受挫经历、备战情况、经典语录等与游泳人物相关的素材信息。教师可以通过具有代表性的人物案例故事,以讲述法、欣赏法让幼儿了解游泳人物光鲜外表背后的酸甜苦辣,感受游泳人物所具备的意志品质。

在教育过程中,不仅通过看图书、讲故事,使幼儿认识了解一些游泳队员们在游泳训练的过程中遇到挫折时,他们是如何战胜困难最终成了奥运冠军。同时,可以利用多媒体激发幼儿的抗挫情感,如组织观看电视新闻、人物访谈视频等,形象直观的人物比听老师讲述更容易帮助幼儿在观看后产生共鸣,也能起到很好的教育效果。

在观看花样游泳运动员访谈节目时,幼儿看到这些花样游泳队员们频繁地踩水、憋气让她们的体能透支,而由于头部、膝盖等部位经常要猛地发力,一旦准备活动没做好,她们还经常会受伤,可是她们在为大家表演的时候,依然是那么的投入、美丽时,都听得格外认真,不时还表现出很崇拜的表情,嘴里还说着"真勇敢""太厉害了"的赞美话语。在思想上与幼儿产生的共鸣,起到很好的激励作用。当然,在观看访谈节目时,教师应当注意将节目中相关的重点片段截取出来重点观看、讲述,并要用简单易懂的词句解释给幼儿听,便于幼儿理解后产生共鸣。

三、幼儿游泳人物知识培养的若干注意点

1. 情趣性

《幼儿园教育指导纲要(试行)》中在健康领域的指导要点中提出:"培养幼儿对体育活动的兴趣是幼儿园体育的重要目标,要根据幼儿的特点组织生动有趣、形式多样的体育活动,吸引幼儿主动参与。"在幼儿人物知识教育的过程中,想要有效地推进活动,必须注重活动的情趣性,创设适合幼儿学习的活动情境,以生动有趣的形式来组织。活动情境有模拟奥运现场、新闻采访、知识

讲堂等场景；生动有趣的形式有模仿扮演、竞猜游戏、机智问答、游泳人物知识接龙、小组竞赛等形式。

2. 针对性

在进行幼儿游泳人物知识的教育时，针对不同年龄阶段的幼儿，教师应当充分考虑不同年龄阶段幼儿的生理和心理的特点，制定不同教育目标，选择有针对性的教学内容，巧妙利用不同教学方法，组织实施活动。例如，小班幼儿以欣赏、感受，培养兴趣为主，选择的游泳人物必须是大部分幼儿听说过的，或者请幼儿课前了解，活动中可以用简短易懂的儿歌介绍游泳人物。

另外，《幼儿园教育指导纲要（试行）》中指出："教师应成为幼儿学习活动的支持者、合作者、引导者。尊重幼儿在发展水平、能力、经验、学习方式等方面的个体差异，因人施教，努力使每一个幼儿都能获得满足和成功。"所以，针对不同水平层次的幼儿，教师必须注重幼儿的个体差异，提出不同目标与要求，注意要符合幼儿的最近发展区。例如，对于一些对游泳人物知识十分感兴趣的幼儿，可以鼓励他们主动收集相关素材、资料，请他们在活动中扮演"小老师"，向班内幼儿介绍，带动其他幼儿的学习兴趣。

3. 互动性

幼儿在游泳人物知识的学习和积累中，离不开互动性的教学活动，即师生互动、生生互动和家园互动。良好的师生互动，需要教师创设形式多样的教学情境来进行互动；抓住内容丰富的游泳人物知识资源来进行互动等。生生互动可以是小组合作或小组竞争，也可以是大带小或强带弱。家园互动则是借助家长、社区的丰富资源，为教学活动提供拓展内容、创新形式和物质保障。

总之，游泳人物知识培养的互动性，是立足于幼儿真实思考的课堂互动，它尊重幼儿学习的主动性、潜在性和差异性，想方设法让幼儿的思维在教学过程中始终处于主动、积极、活跃的状态，最大限度地促进幼儿思维的发展，触动幼儿的心灵，帮助幼儿掌握更多的游泳人物知识，从而更好地促进幼儿今后的游泳技能学习。

4. 时代性

游泳运动员、奥运冠军等游泳人物大多是从每一届奥运会上产生的，随后新闻媒体上就会有其相关的报道与采访，幼儿在生活中也会对此有所耳闻，积累相关生活经验。越是贴近幼儿生活经验的游泳人物知识越是能够让幼儿产生共鸣。因此教师应当根据每一届奥运会后游泳界涌现的新代表人物，收集整理最新的素材故事,不断丰富游泳人物知识的内容,保证游泳人物知识培养的时代性,真正使幼儿游泳知识的培养面向生活,走向社会。

浦东新区东方幼儿园　　王梦琪

幼儿游泳技能的培养

技能是运用已有的知识经验,通过练习而形成的顺利完成某种任务的动作或心智活动方式,按照技能本身的性质和特点,可分为动作技能和心智技能两种。游泳技能是动作技能的一种,即为了完成游泳的特定任务,运用已有的游泳知识经验,通过练习将种种水中动作活动方式顺利表现出来的能力。体育教学是通过运动技能的学习、练习、改进、巩固与运用为载体的身体活动的实施来实现体育课程目标的,因此掌握正确的技能是决定能否达到运动目标的重要因素。游泳是凭借自身肢体动作和水的作用力在水中进行运动的体育项目,掌握正确的技能能够帮助幼儿在学习游泳的过程中节省体力和提高用力效果。只有将游泳技能作为游泳学习的主要内容,才能提高幼儿的游泳素质,达到强身健体的目的。

一、幼儿游泳技能培养的意义

1. 增强身体的素质

游泳对于幼儿来讲是一种安全、自然的运动方式,长期坚持游泳,幼儿的身体素质能够得到明显的增强。首先,游泳能够提高幼儿的心血管系统的功能。游泳时要克服水的阻力需要动用较多的能量,使心率加快,心输出量增大。游泳使幼儿全身肌肉的耗氧量增加,加上水对外周静脉的压迫,有效促进了血液的循环,提高了幼儿的心脏功能。其次,游泳能够促进幼儿的生长发育。游泳时,水对胸廓的压力使得肺活量增加,对幼儿胸廓的发育有良好的作用。另外,游泳能够有效刺激幼儿骨骼、关节、韧带、肌肉的发育,促使幼儿长高,体格变得更健壮。游泳是全身性运动,幼儿在水中可以自由地活动四肢,有利于骨骼系统的灵活性和柔韧性的发育。幼儿游泳时运动量较大,体力消耗大,胃肠的蠕动增加,从而增强食欲,加强对营养的吸收,有效加快身体的生长速度。

2. 磨炼幼儿的意志

游泳锻炼有助于培养幼儿勇敢顽强、吃苦耐劳、坚持不懈、克服困难的精神,从而保持健康积极的心理状态。在游泳活动中,幼儿对任何一项游泳技能的掌握都要经过一个复杂的实践过程,尤其是初学游泳时大部分幼儿会有怕水的心理,对水环境的陌生感使他们心生恐惧。在游泳学习过程中,幼儿会遇到这样或那样的困难,他们必须付出较大的体力和进行积极的思维,才能攻克这些难题。因此,幼儿在进行游泳锻炼时总是伴随着强烈的情绪体验和明显的意志努力,学习游泳的过程就是克服恐惧、克服疲劳等困难的过程,在这一过程中,教师要引导幼儿以坚强的意志去克服一系列的心理障碍,因此学习游泳对幼儿的意志品质是一种很好的锻炼。

3. 掌握自救的方法

据统计,全球有三分之一的幼儿死亡是由于意外伤害,而溺水排在首位。由此看来,学会游泳、预防溺水应该成为学校安全教育的一项重要内容。幼儿下水嬉戏是一种自然的行为,但是由于大部分幼儿安全意识薄弱,再加上不熟悉水性,往往容易发生安全事故,因此游泳技能的培养必须予以重视。为了最大限度地减少溺水事故,学校和家长应该创设条件让幼儿学习游泳,帮助幼儿掌握游泳的基本技巧,熟悉各种游泳的方式,养成良好的游泳心态及正确的安全意识。学习游泳是学校教育的一项重要内容,也是家庭教育中不可或缺的环节,更是幼儿必须掌握的一种重要的生存技能,只有掌握了这一生存技能,才能达到保护生命健康的目的,才能避免溺水事故的发生。

二、幼儿游泳技能培养的基本做法

1. 情境感染法

情境感染法是通过一定的事件的形象描述或一定的环境的设置、模拟,激发幼儿的情感或思维,使幼儿产生如临其境的逼真感,以达到教育目的的一种教学方法。在游泳活动中,教师可以结合教材内容,通过图片、音乐、语言描述和动作演示等多种手段,创设有关情境,使幼儿在特定的情境中,不仅获得大

量生动形象的具体表象,而且会受到特定气氛的感染。情境感染法创设的生动有趣的各类情境符合幼儿的心理需求,有利于激发幼儿学习游泳的兴趣和愿望。例如,在刚开始学习游泳时,教师利用泳池创设出了"池塘"的景象,并借用歌曲《母鸭带小鸭》中的情境来增强幼儿主动参与游泳活动的意识,让幼儿身临其境,自然地将自己角色化,与角色贴近,产生情感共鸣,从而引发参与活动的热情,同时教师也运用生动有趣的情境转移了幼儿的注意力,帮助他们缓解初次入水的不适感。

2. 演示表现法

演示表现法是教师根据教学目的和内容,通过呈现实物、模型、图片等直观教具或通过现代化教学手段,使幼儿获取知识或巩固知识的教学方法。动作演示既是游泳教学中最常用的教学方法,又是最为直接和效果较好的一种直观方式,它是教师(或所指定的幼儿)以具体的动作为范例,使幼儿了解所学动作的形象、结构、要领和方法。教师在运用动作演示教学时,可配合使用挂图、照片、动态图片、录像等直观教具,加强直观效果和强调动作要点。演示表现法对幼儿提高学习游泳的兴趣,发展观察能力和抽象思维能力,减少学习中的困难有重要作用。例如,在活动"小螃蟹吐泡泡"的一开始,教师通过播放录像来激发幼儿模仿的兴趣,在幼儿集体模仿之前,教师围绕水中吐气的重点来讲解动作要领和示范正确动作,使幼儿有正确的动作技术概念,并让胆子大的幼儿先演示。通过这样的方式,幼儿能够牢牢地记住正确的技术动作,为之后的练习打好基础。

3. 材料辅助法

材料辅助法是教师根据游泳教学特点及规律,运用适宜的游泳辅助工具,以达到游泳教学目的的教学方法。在学习游泳的初始阶段,胆子较小的幼儿容易产生恐惧紧张的心理,在水中较为危险的运动环境中,抱有这些不良情绪对学习游泳会造成一定的困难。选择游泳辅助工具,不但能直接降低游泳学习中对身体控制的难度,还能帮助幼儿减轻或消除对水的恐惧心理,调节活动气氛,激发幼儿的热情和勇气,顺利掌握游泳技能。例如,为了帮助孩子们感受水的浮力,克服仰面漂浮的紧张情绪,教师采取了循序渐进的原则,运用材料辅助法进行教学,先是选用绑在腰上的浮漂,再是换成拿在手里的浮板。浮漂和浮板可以使幼儿的身体在它们的浮力支持下浮于水面上,从而降低了学习游泳技术的难度,有了辅助工具的帮助,幼儿逐渐克服了紧张的心理,较快地掌握了仰面漂浮的动作。

4.分解训练法

分解训练法是把完整的游泳动作按其技术结构或身体活动部位,合理分解成几个部分,按部分依次进行练习,最后完整地掌握动作的一种教学方法。运用分解训练法,可降低游泳动作的难度,这种由易到难、由简到繁、化整为零的练习,幼儿更易于接受。当幼儿掌握了某一分解动作后,会产生成功的情感体验,从而增强了进一步完成整个动作的信心和意志。分解的目的是加速完整动作的掌握,因此,分解训练的时间不宜过长,当动作技能基本形成后,即应转入完整动作的学习。例如,在学习仰泳时,教师采用分解训练法将仰泳分解为腿和臂两个部分。考虑到腿部向下动作的反作用力可使腿部上浮,从而有利于保持身体的平浮和手臂动作的学习,教师采取先腿后臂的顺序进行教学,最后将两者相结合进行完整练习。在这一过程中幼儿对每个分解动作进行了针对性的练习,通过这种层层递进的训练方式,幼儿较好地掌握了仰泳动作。

5.岸水结合法

岸水结合法指的是在游泳教学中以水上教学为主,并将水上教学与陆上教学有机结合的一种方法,这一方法在新授某个游泳动作时较常用。游泳相对于其他体育项目而言,它的独特之处在于游泳是在水中进行的,因此对技术动作的掌握更有难度。陆上教学的特点是不受阻力及浮力的影响,幼儿完成动作较容易,教师也较容易发现错误动作,以便及时纠正,这样既能使幼儿掌握正确完整的动作,又可以缩短掌握动作的时间。通过陆上练习打好基础后,再到水中进行巩固练习,两种教学方式的相辅相成和有机结合,构成了一个完整和完善的教学过程。例如,在学习转头换气时,教师采用了岸水结合法,先让幼儿在岸上进行手和头的配合练习,当幼儿掌握了划三次手换一次气的节奏后,再鼓励幼儿到水中进行练习,使陆上动作技术转化成水上动作技能。在水中加上了打腿进行手、头、腿的配合练习时,教师及时发现问题,并通过请幼儿再次进行岸上模仿动作练习来加以纠正,使幼儿较快地掌握了规范打腿转头换气的动作。

6.重复练习法

重复练习法是体育教学中特有的基本方法,在游泳教学中指的是按照既定间歇要求,在机体完全恢复的情况下反复练习某一游泳动作的方法。游泳教学的主要任务是使幼儿掌握游泳技能,而动作技能不是通过一次学习就能

够掌握的，需要经过反复的练习才能得到巩固和提高。重复练习不但有助于掌握动作技能，还能发展幼儿的体能，提高游泳所需的专项素质，如耐力及意志力。在重复练习的过程中，教师要注意观察幼儿的动作，充分利用每一次练习的机会来及时纠正幼儿的错误动作。例如，为了帮助幼儿巩固蛙泳动作，教师采取了重复练习法。刚开始时，教师请幼儿三人一组进行轮番的练习，在指导这三名幼儿的同时教师为其他的幼儿争取到了充分的时间，让他们的体力得以恢复。之后，教师请一半的幼儿练习，另一半的幼儿进行观摩，通过这样的方式让幼儿在休息的同时加深对蛙泳动作的理解，以便于进一步改进和提高蛙泳的动作。

三、幼儿游泳技能培养的注意点

1. 要遵守循序渐进的原则

循序渐进是体育教学中的一个重要原则，主要指的是教师根据幼儿认识活动的特点、人体功能和动作形成的规律，正确地安排教学内容、步骤和运动负荷，由易到难、由简到繁、由浅到深、由未知到已知，逐步深化，使幼儿能系统地学习知识，有效地掌握动作技术。在体育锻炼中，如果基础没打好，就想急于求成，只能事与愿违，甚至还会造成伤害事故或给身体带来某些生理损伤。因此，进行体育锻炼时，学习动作要由易到难，运动量由小到大，运动强度应由弱到强。由于游泳是在水这种特殊环境中进行的活动，所以游泳教学和陆上其他运动项目教学有明显的差别，尤其是幼儿游泳教学，除了要遵循一般的游泳教学与训练的方法外，还应该严格遵循他们身体生长、心理及素质发展的特点，注意训练的方法和手段，循序渐进地进行科学的教学训练。

2. 要尊重幼儿的个体差异

《幼儿园教育指导纲要(试行)》中提出：要为每个幼儿提供表现自己长处和获得成功的机会，增强其自尊心和自信心。在游泳活动中，教师应根据幼儿不同的发展水平，制定分层次目标，设计和安排难度不一的活动，提供不同指导和帮助，使能力强的孩子得到进一步提高，使能力弱的孩子能在其原有基础上得到发展，让每个孩子在活动中体验到自己的能力和成功。例如，刚开始学游泳的时候，为了帮助孩子尽快适应待在水中的独特感觉，我们会请孩子们拿着水壶在水中行走，玩给"荷花"浇水的游戏，对于胆子较小不敢单独在水中行走的孩子，我们则请他们扮演小壁虎，手扶着游泳池壁一点一点"爬行"，在走了几次之后他们慢慢摆脱了对水的恐惧,就能够做到不扶池壁在水中独立行走了。又如,在正式学习各种泳姿的时候,对于游泳水平较高的幼儿我们鼓励他们不使用任何辅助工具自行练习,我们也会提供浮板、浮圈等辅助工具给游泳水平较低的幼儿,在反复的练习中幼儿对自己的行为做了更大的肯定。随着活动进程的推进,我们会不断增加活动量和活动难度,鼓励幼儿向高一层次挑战,让幼儿始终处于尝试的过程中,让每个幼儿都能获得成功的体验。

3. 要善于发挥榜样的作用

如果老师善于挖掘每个孩子身上的闪光点,并在集体面前进行大大的赞扬,孩子势必成为同伴眼中的榜样。榜样的力量是巨大的,有时候在略逊一筹的同伴面前孩子也许会表现得更出色,孩子也许会表现得更自信,孩子身上优秀的潜质也会表现得更加充分。《幼儿园教育指导纲要(试行)》明确指出:"幼儿集体是幼儿园教育的宝贵资源。"为了更好地利用这一资源,在游泳活动中,教师应时常在集体面前说一些赞许、肯定的语言,如:"＊＊最近闷水的进步真快,都能坚持到15秒啦!""大家快看,＊＊的打腿动作真标准!""＊＊真了不起! 他能记住蛙泳动作的前后顺序"等等。教师也可以为每个孩子制作一张专属于他自己的"榜样卡",在卡片上教师可以把这个孩子在游泳方面的闪光点记录下来,并在版面上进行展示,以此方式来告诉孩子"你在这方面很厉害",让他知道自己在有些方面做得很棒,是同伴眼中的好榜样。对于中大班的孩子,教师还可以开展大带小的活动,让每个孩子能在弟弟妹妹面前展露自己的游泳本领。戴着"榜样"的光环,孩子们能够获得更积极的情绪体验,能够更自信地进行游泳练习。

游泳运动是一项有益身心的体育活动,它既能锻炼体魄,又能磨砺意志,学会游泳对幼儿将来的学习、工作、生存等都会产生一定的作用。教师在开展游泳教学时,只要在了解他们生理特点、心理特点的基础上,把握好教学的重点,注意游泳教学过程中易出现的问题,掌握科学的教学方法,就能帮助幼儿较好地掌握游泳技能。但是,长期以来在游泳教学中重视动作技能的训练、忽视心理的情感体验是影响教学效果的重要因素。心理因素与游泳教学之间是相互制约、相互促进的,掌握幼儿的心理活动,采用适宜的教学方法,帮助幼儿克服学习时的心理障碍,是提高教学进程和效果的重要措施。

浦东新区东方幼儿园　唐晓卿

幼儿闷水、打腿技能的培养

技能是通过学习而形成的合乎法则的活动方式,它来自活动主体所作出的行为及其反馈的动作经验。技能的学习比知识的学习更为复杂,学习者不仅要掌握、了解有关活动的法则与活动的结构、执行方式,同时还要获得各种动作的执行经验,即技能学习不仅包括动作的认识问题,还包括动作的实际执行问题。幼儿闷水、打腿技能是游泳的第一个基本功,闷水是指深吸一口气后屏住呼吸,把头埋进水里停留片刻;打腿是指在自由泳和仰泳中的腿部动作。学会了闷水才会熟悉水,对水才不会有恐惧,才能更好地掌握好水中呼吸的方法,才能把握住打开游泳世界大门的金钥匙。学习任何一种泳姿都需要正确的打腿技能,打腿是自由泳和仰泳的基础,正确的打退技能的培养能使我们保持身体在水中的位置和流线型,以减小阻力,并提供动力。

一、幼儿闷水、打腿技能训练的意义

1. 增强幼儿学习游泳的兴趣和自信心

兴趣是指兴致,对事物喜好或关切的情绪。心理学中是人们力求认识某种事物和从事某项活动的意识倾向。它表现为人们对某件事物、某项活动的选择性态度和积极的情绪反应。兴趣在人的实践活动中具有重要的意义,可以使人集中注意,产生愉快紧张的心理状态。自信心是指由积极自我评价引起的肯定,并期望受到他人、集体和社会尊重的一种积极向上的情感倾向。自信心体现了一个人对自己力量的充分估计,它是人们成长与成材不能缺少的一种重要的心理品质。在幼儿学习游泳过程中,首先就应让幼儿喜欢水,建立兴趣与自信。由于对呼吸气流的控制能力较弱,导致不能在水中均匀地吐气和在水面上快速地吸气,水容易进入鼻腔和气管,呛水的现象就产生了。由于害怕呛水,很多幼儿害怕游泳,抗拒游泳,哭闹,不愿参加游泳活动。闷水技能的训练能让幼儿体会与了解水的特性,逐步适应水的环境,消除怕水心理,培养对水的兴趣,从而建立良好"水感"的心理状态,使幼儿在心理上从"恐惧感"转变为安全感,从惧水向爱水转变,进而提高幼儿学习游泳的兴趣和自信心。

2. 为幼儿学习各类泳姿打下坚实基础

打腿是自由泳的基础,通过打腿可以锻炼自己的体力、核心力量及熟悉自由泳特有的水感,最重要的是练出腰、髋的发力,练习自由泳一些基本功的训练前提就是要有效的打腿基本功,练习自由泳最重要的基本功的训练——身体位置、平衡、流线型都需要较好的打腿基本功来配合!打腿技能的培养能为幼儿学习游泳打下坚实的基础。首先,良好的打腿技能能使幼儿在游进中增加身体稳定性,保持身体平衡,减少身体的左右摇摆,使身体形成良好的流线型;其次,可增强腿部力量,提高心血管耐力;最后,良好的打腿能提高身体位置,便于配合技术更好的掌握。

二、幼儿闷水、打腿技能培养的实施

1. 示范法

所谓示范法,是指教师为幼儿提供闷水、打腿技能学习的范例,指导他们去模仿、学习闷水、打腿技能。

首先,应该是教师自身,教师示范的动作要正确、轻松,游泳教学实践证明,正确的示范动作,特别是第一次示范,不仅要明确目的,重点突出,而且要力求熟练,给幼儿一种轻松的感觉,以激发幼儿的积极性和完成动作的信心与勇气。相反,如果教师示范时动作生硬、不协调,给幼儿一个不好的形象,这样必然会降低幼儿的学习积极性,使完成动作的信心和勇气受挫,进而产生恐惧心理。在打腿练习"漂亮的水花"活动中,教师重复示范打出大水花和小水花,让幼儿在比较中获得动作要领。当教师打出漂亮的大水花时,全体幼儿爆发出了一片惊叹声。教师良好的示范给了幼儿完成动作的勇气和信心。

其次,是同伴示范,在闷水、打腿活动中,可以请动作规范的幼儿来示范,同伴示范的效果往往更适合幼儿集体教学。在闷水练习中,闷水的时间由短到长,有些幼儿因怕呛水不敢把头低下去,教师示范了多次效果甚微。于是,

教师便请几个能力强的幼儿上来示范,请那些幼儿帮忙数数,在帮助数数的过程中,在同伴示范的带动下,那些害怕呛水的幼儿也慢慢胆大起来,他们开始愿意尝试将头埋进水里,最后闷水时间也从一变成十。通过同伴示范,幼儿更能自觉地按照教师的要求练习动作,"别人能行,我为什么不行"的进取心增强,闷水技能得到进一步提高。

最后,将教师示范和幼儿同伴示范相结合的方法也是非常常用的。在打腿练习中,教师组织幼儿通过模仿小鼓槌打鼓的样子来学习打腿的基本技能。这时,就可以让个别幼儿先来示范,教师帮助其掌握要领,然后再让全体幼儿观看教师示范。将教师示范和幼儿同伴示范相结合的方法往往能达到更好的练习成果。

2. 激励法

激励法是指通过语言、行为等方式激发、鼓励幼儿积极参加闷水、打腿活动。

首先,创设良好的精神环境,激励幼儿情绪愉快地参加闷水、打腿活动。如果幼儿生活在一种紧张的精神环境中,很难想象幼儿会愉快地参加某项活动,并能坚持较长的时间。因此,在组织幼儿开展闷水、打腿活动时,教师应做到在言语和行为上处处照顾每一个幼儿,多用肯定和鼓励的语言与幼儿交流。教师应常对幼儿说一些赞许、关爱的语言,如"你真勇敢、不怕闷水了!""有进步了!""你的打腿动作真漂亮!"等等,记得要多鼓励、多支持、多表扬、多接纳、多欣赏幼儿,使他们因为教师的赞许和关爱而拥有自信的力量,从而更主动、积极地参加闷水、打腿活动。

其次,在幼儿闷水、打腿教学中,教师应常采用口令和目标激励等方法来激发学生的学习兴趣和积极性。运用口令和课堂语言的表达激励幼儿。在教打腿动作时,口令必须准确、清楚、节奏感强。洪亮的口令能使让人精神振奋,动作协调整齐。

再次,还可以利用多媒体激发幼儿的抗挫情感。组织观看电视、录像、影碟等,形象直观的人物,幼儿观看后比听老师讲述更容易产生共鸣,也能起到很好的教育效果。记得在"花样游泳"欣赏课上,当我告诉幼儿,这些花样游泳队员们频繁的踩水、憋气让她们的体能透支,而由于头部、膝盖等部位经常要猛地发力,一旦准备活动没做好,她们还经常会受伤,可是她们在为大家表演的时候,依然是那么的投入、美丽时,幼儿听得很认真,不时还表现出很崇拜的表情,嘴里还说"好勇敢""好厉害"的赞美话语。在思想上与幼儿产生的共鸣,起到很好的激励作用。

最后,游泳教学后期,幼儿已经掌握了一定的基本技术,需要不断改进和纠错才能提高,单纯的表扬不利于幼儿的进步,因此应将表扬和批评相结合。幼儿受到表扬后往往会努力做得更好,这是表扬激励的效果。但是,不是所有的幼儿都是做得很好的,因此,该批评的还得批评,恰当的批评不仅不会使人灰心丧气,还会使人受到激励,表扬克服自身困难取得好成绩的幼儿,批评个别怕苦怕累、练了几次就不想练习的幼儿,结果幼儿都会以高昂的激情投入到新的练习中。

3. 游戏法

游戏法是指教师通过游戏的形式让幼儿在愉快的氛围中玩玩游戏,学习游泳闷水、打腿技能。

陈鹤琴先生告诉我们,儿童天生喜欢游戏,教师应当利用儿童的"游戏心",使教学在游戏中进行。《幼儿园教育指导纲要(试行)》也强调:"学前教育应以游戏为基本活动形式。"在游泳活动实践中我们发现,对于正处于具体形象思维的幼儿来说,创设游戏情境符合幼儿的年龄特点,能给幼儿一种积极的情感体验,使幼儿在愉快的氛围中习得闷水、打腿技能。

首先,游戏化的情境为幼儿营造一个安全的心理氛围,帮助幼儿排除消极的情绪。在练习闷水时,许多幼儿会因为憋气而犯难,于是,我们通过组织幼儿进行"青蛙跳"的游戏活动,让幼儿扮演小青蛙学习青蛙在水里跳跃的样子,感受在水中跳跃的乐趣,并巩固用嘴巴吸气并憋气的技能,假想的游戏情节让幼儿忘记了恐惧,体会到愉悦,提升了闷水的胆量和勇气。

其次,游戏化的情境更容易为幼儿理解和接受,提升幼儿参与活动的积极性。比如在下水练习打腿时,有一部分幼儿始终无法让自己在水中前进,于是教师便把浮板比作小船,让幼儿想办法帮助小船回家(送到对岸),此时再指导幼儿打腿的时候记住腿放平,用力打,在水面上打出水花,幼儿接受起来果然轻松了很多。

4. 家园共育法

家园共育法是一种现代教育观,也是一种教育措施,是家庭与幼儿园、教师与家长形成共识,协同教育,实现科学育人目标的教育过程。在幼儿闷水、打腿技能培养实施范畴里的家园共育法,就是家长与幼儿园共同完成孩子游泳闷水、打腿技能的培养教育。《幼儿园教育指导纲要(试行)》在组织与实施部分明确指出："家庭是幼儿园重要的合作伙伴,应本着尊重、平等、合作的原则,争取家长的理解、支持和参与,并积极支持、帮助家长提高教学能力。"对于游泳,很多家长都了解游泳对于幼儿的好处,但是他们又对幼儿园的游泳活动存在很多疑虑:担心幼儿游泳时出危险;担心游泳池水温不够,孩子容易感冒;担心老师照顾不好自己的孩子。再加上许多家长对游泳活动的认识不够,因此当看见自己的孩子因为害怕闷水不想游泳时,就顺着幼儿的意愿,甚至有些家长会为幼儿的"逃避"找理由开脱:"老师,我们今天感冒了,今天就不要让他游泳了!""老师,宝宝肚子疼,不游泳!"……长此以往,使得幼儿更加没有足够的动力和信心坚持游泳。

针对这些情况,教师积极与家长沟通,通过与家长的充分交流,避免造成家长发现孩子在游泳活动时吃了苦,回到家后便加倍关爱,使得幼儿园的教育作用完全抵消。同时,也告诉家长闷水、打腿对于幼儿学习游泳的重要性,并指导家长在家帮助幼儿练习。记得班上有个小朋友叫浩浩,因为害怕闷水经常逃避、哭闹,他妈妈没办法也就顺着他,甚至选择等我们游完泳才来上幼儿园。于是,老师和家长深谈了一次,首先向家长反馈我们目前的进度,告知其他幼儿的能力发展水平,其次建议家长保持和教师相同的赞扬态度,增强幼儿学习闷水的信心,鼓励幼儿坚持参加每一次闷水活动,并建议家长在家利用洗澡、洗脸的时候帮助幼儿练习,循序渐进地引导使幼儿突破闷水的难关。最后,家园共育取得了非常好的效果,浩浩学会了闷水,也慢慢爱上了游泳。

三、幼儿闷水、打腿技能培养的若干注意点

1. 注意幼儿的心理状态

幼儿正处在身心发展的最初阶段,身心发展未成熟,心理承受能力极差。他们的心理耐挫问题尤其需要得到教师的密切关注。因此,我们会为幼儿创设一定的挫折情境,让幼儿在生活实践中得到锻炼,从而帮助幼儿体验挫折,进而培养幼儿对挫折的承受力。比如,在其他教学活动中,教师会适当加入一些棋类游戏、竞赛活动,让幼儿体验一下失败的滋味,体验受挫折的感受,以此来培养幼儿克服困难的勇气,帮助他们总结解决困难的经验,告诉他们学一个本领会碰到很多困难,迎难而上会让你越来越棒! 从而提高他们的抗挫能力,

进而使幼儿更积极地参加闷水、打腿活动。

2. 注意幼儿的发展水平

幼儿的闷水、打腿能力发展不一,教师应根据幼儿不同的发展水平制定分层次目标,设计和安排难度不一的活动,提供不同指导和帮助。使能力弱的孩子能在其原有基础上得到发展,使能力强的孩子得到进一步提高。针对幼儿不肯下水,教师在进行游泳训练活动之前,先别让怕水的幼儿下水,而让他(她)在池边的脸盆里练习水中"照镜"(在水中练睁眼)、洗脸、憋气,并以此为家庭作业。在3～4次课后,让敢下水的幼儿先下水,教师站在水中把不敢下水的幼儿抱下水,然后沾水洗脸,若还很怕水,就马上让其上岸,或让他扶着固定的泳道,不能有呛水的体验,否则他再也不敢下水。对于能力强的幼儿,则可以让其多做示范,并帮助能力差的幼儿纠正动作,同时,还应该让能力强的幼儿相互交流、相互评价,让他的能力得到进一步的提高。

3. 注意多元的培养形式

幼儿的闷水、打腿活动并不只限于在游泳池进行,可以渗透在幼儿的一日生活的各个领域中。针对许多幼儿害怕闷水,教师组织幼儿自编了《憋气歌》:"先将气吸足,再将气憋住,低头浸水中,出水把气吐。"针对如何正确打腿,教师和幼儿共同创编了《游泳打腿歌》的儿歌,在创编和尝试活动中,充分发掘了每一个幼儿的潜力,让幼儿随时随地温故而知新,对于打腿的动作要领铭记于心。

同时,我们会组织一些相应的活动辅助游泳闷水、打腿教学。在户外活动时,教师根据幼儿闷水、打腿的动作要领创编了与之相匹配的游泳游戏活动和律动操,教师组织大家一起做做游泳律动操,活跃放松幼儿的情绪;在美工活动中将自己掌握的闷水、打腿技能以绘画的形式描绘下来,使幼儿积极主动地投入到活动中。

此外,教师还在班内开设了"我是闷水、打腿小健将"的栏目,根据小金星得到的多少来看孩子进步的大小,促进了孩子的互相学习,共同进步。

幼儿闷水、打腿技能的培养对于幼儿学习游泳起着至关重要的基础作用。在实施中我们发现:运用示范法、激励法、游戏法、家园共育法符合幼儿的年龄特点,使幼儿在良好的情绪情感体验下参加闷水、打腿练习,是幼儿闷水、打腿技能的有效措施。同时,在实施中我们也注意到:我们面对的是3～6岁的幼儿,他们的年龄特征提醒我们教师最重要还是尊重幼儿,以人为本。如果有幼儿有特殊的身体情况不能参加游泳，如中耳炎、皮肤病等，或者确实对闷水的心理障碍比较严重时，我们也应该尊重幼儿，暂时不让这些幼儿参加闷水、打腿活动。总之，幼儿闷水、打腿技能的训练还有很多方面亟待我们去探索和发现。

浦东新区东方幼儿园　黄敏珺

幼儿漂浮技能的培养

漂浮技能包括浮体和滑行。通常漂浮是指在游泳活动中，人体两臂放松向前伸直，身体前倒并低头，成俯卧姿势漂浮于水面，两臂、两腿自然分开，全身放松，身体充分展开。漂浮技能的训练是为了人们学会控制身体在水中平衡的能力和水中站立的方法，进一步排除对水的恐惧心理，从而提高学习游泳的信心。漂浮技能的训练在幼儿游泳学习中起到了关键作用，是幼儿学习各种泳式的基础，从而达到在水中平浮和滑行的姿势。漂浮技能不仅是一种熟悉水性的有效手段，还关系到后期练习其他泳姿前进时速度的快慢。强调要培养幼儿游泳素质就必须抓好漂浮技能的训练。幼儿一旦掌握了漂浮技能，就能使身体四肢协调平衡于水面上，就像一枚水平滑行的鱼雷，充分享受水中平衡的感觉。漂浮技能的练习不仅是一种熟悉水性的有效手段，也是学会各种泳姿必经的一个学习阶段，更在整个学习游泳过程中起着承上启下的重要作用。

一、幼儿漂浮技能培养的意义

1. 漂浮技能的训练可以减少幼儿入水后的恐惧心理

在幼儿漂浮技能训练的过程中，最明显的作用就是能降低幼儿入水后的恐惧心理。通常，幼儿初次下水都会或多或少地经历水中滑倒、呛水等情况，因此在零距离接触水时，大部分幼儿都会产生怕水的恐惧心理。为了使幼儿减少入水后的焦虑、恐惧等心理，首要做的让幼儿掌握在水中的漂浮技能。其实，人体在水中是能够自然漂浮起来的，但初学者对此缺乏体验，因此一旦脚不着地、脑袋入水，立刻就恐慌起来。培养幼儿漂浮技能的前提是水中憋气、呼吸方法的练习。当幼儿能把头完全浸入水中后,就可以根据幼儿个体差异帮助幼儿慢慢学习和掌握呼吸练习,继而培养幼儿的漂浮技能,目的就是为了进一步消除幼儿怕水的恐惧心理。漂浮技能中的浮体和滑行正是熟悉水性练习的重要基础。当幼儿的身体能流线型向前滑行完成娴熟的漂浮技能后,幼儿惧怕和抗拒入水的心理自然就降低了,慢慢地喜欢游泳活动,逐渐克服紧张情绪,培养亲水性,对提高和增强幼儿学习游泳的兴趣和信心有极大的帮助。

2. 漂浮技能可以增强幼儿在水中的平衡能力

在幼儿漂浮技能的训练过程中,最直观的成效就是能提高幼儿在水中的平衡能力。一般,幼儿入水后身体的平衡能力较地面上要薄弱很多,那是因为水的浮力使得幼儿的四肢在水中的行动不能自如地受大脑支配,会出现水中"东倒西歪"等状况。在水中你可以观察到,游泳技能好的人,他们的身体基本上是平浮于水面的,就像一枚水平滑行的鱼雷。那些游速缓慢的人,他们的身体几乎都毫无例外是倾斜的,脚趾几乎要触到池底。造成这种现象的一个主要原因就是他们在练习漂浮技能基本功时不够扎实。总是力图把脑袋往上扬,人的脑袋是非常重的,脑袋一出水面,身体的承重就更大了,再加上仰头,身体自然就沉了下去。只有掌握漂浮技能后,身体才能够在水中趋于平衡,尽量放松全身,不要紧张,逐渐体会到水是能够浮起你的身体的。一旦幼儿对漂浮技能的学习有了信心,那么漂浮感和平衡感建立起来后,幼儿就能逐渐具备平浮和滑行的能力,进而提高身体在水中的平衡能力了。

二、幼儿漂浮技能的培养

1. 创设训练的情境

创设生动、有趣的教学情境能更好地激发幼儿学习漂浮技能的愿望。情境性教学非常适合幼儿园的孩子学习游泳技能,枯燥、重复的动作技能不仅不能激发幼儿主动学习的意愿,反而会适得其反,幼儿是否对学习内容感兴趣,是否能自主地去练习去尝试,都与创设培养的情境和提供的辅助材料有很大关系。在泳池中可以投放彩色飘带、电动小鱼,提供卡通泡沫漂、浮板等,帮助渲染氛围,减少幼儿怕入水的恐惧心理,引导幼儿去观看、去触摸,通过多种渠道去感受水中漂浮的趣味性。当然,教师还要针对不同发展水平的幼儿,采取因材施教,既要耐心指导,又要尊重幼儿的个体差异,让环境、材料与幼儿互动起来,使幼儿在轻松、有趣的游戏中渐渐习得漂浮技能。

甜甜和她的小伙伴们一进泳池就看到了许多的水中玩具,兴奋极了,一下提高了他们的亲水性,多数幼儿都能愉快下水了。看到水中还有许多彩色飘带,孩子们忍不住用手摸摸,跟着飘带行走起来,与此同时老师在每个孩子的背上绑一块泡沫漂板。甜甜是班里胆子最大的幼儿,有了漂板,双脚离开池底后,甜甜竟然能够逐渐漂起来了,她快乐地到处走走、漂漂,这时其他孩子看到后,也在老师的帮助下绑好漂板,尝试着走走、漂漂起来。孩子们摸着飘带、玩着水中各种玩具,同时随着水波飘动滑行起来。而一旁的多多是班级里胆子最小的,老师看到他还是靠在池壁边不敢走和漂,于是再给多多提供了一块卡通浮板,让多多将浮板垫在身体下,帮助多多抬起双腿,借着浮板的浮力让多多也漂起来,看到多多露出的笑脸,老师也高兴极了,笑着对多多说:"多多真棒呀,你现在就像鱼儿一样本领大呢!"

良好的泳池环境和有趣的嬉水玩具能吸引幼儿的注意,分散他们恐惧入水的心理,借用各种辅助材料,尤其是漂板和浮板,能很好地提高幼儿的亲水性,让幼儿从被动学习到自主练习。由此可见,创设培养的情境是为幼儿掌握漂浮技能做铺垫,借助情境和材料激发和提高幼儿学习的兴趣和积极性。

2. 呈现训练的内容

漂浮技能训练的内容分俯、仰漂技能。其内容的显现可以用"视频欣赏""图示解析""亲身示范"等方法,将漂浮技能的重点内容"水中憋气"——"展体漂浮"——"漂浮滑行"变得具象化。3～6岁的幼儿思维活跃但是只对具体形象的事物感兴趣,抽象空洞的说教般的技能练习不能激发幼儿学习的兴趣,把握住幼儿的年龄特点,将培养内容形象、生动地显现出来更易于幼儿接受。先训练幼儿的俯漂技能,即面朝下、背朝天的漂;再训练幼儿的俯漂技能,即面朝上、背贴水的漂。教师首先要根据幼儿的学习特点,将训练内容细化、落实到点上,这样才能让幼儿的学习变得轻松高效。

学会俯漂后,今天孩子们在老师的指导下开始学习仰漂了,可是丹丹在仰漂时,肚子和双腿总是会沉到水面下,很快头部和脸也都浸满了水,于是她不得不站立起来,多次的失败让丹丹忍不住哭泣起来,老师走过去安慰她:"丹丹别哭,我来帮帮你!""丹丹,把脖子伸长,脸尽量朝上,眼睛看到游泳池的天窗了吗?"在老师的托持和帮助下,丹丹的肚子露出了水面,她似乎感受到身体漂浮起来了,丹丹呼哧一声笑了出来,"哈哈,我也能漂起来了",刚一低头,水就漫过了她的脸,这回她站起来后不哭了,笑着说:"我知道了,要把头抬高,这样才能漂起来!"

有序的培养内容和技能的专项练习能帮助幼儿找到学习的重点,通过多种渠道和方法,把训练的内容以生动形象的话语传授给幼儿,分散他们因失败后产生的焦虑情绪。尤其是有效的师幼互动,让幼儿变得自信起来,增强自己能漂起来的成就感。由此可见,显现训练的内容对幼儿掌握漂浮技能所起到的关键作用。

3. 组织训练的过程

教师训练幼儿漂浮技能时,要给予幼儿足够的时间和空间,急不来。从学习漂到浮是一个渐进的过程,会漂后才能滑行,真正掌握漂浮。一般组织训练过程分三段,首先是观摩欣赏,其次是分解指导,然后是集中练习。观摩欣赏是为了激发幼儿学习的兴趣,而分解指导和集中练习才是练习的关键,教师在组织幼儿集体练习时要捕捉到重点、难点和共性问题,重点针对幼儿在练习过程中出现的情况进行指导。不仅如此,幼儿之间的个体差异大,培养过程更要注意因材施教。通过小组练习或一对一指导等进一步扶持帮助个别幼儿掌握漂浮。训练过程要充分考虑幼儿的当前水平和发展能力,有序的训练过程为幼儿今后学会各种泳姿打下扎实的基础。

在集体练习岸上吸气和水下憋气后,孩子们开始学习漂。经过集体练习后,教师发现俯漂时,多数孩子的头都微抬于水面上,导致上半身背部比较紧张,不能很好地平衡于水面上,因此俯漂时双腿总会沉下去。这时,教师就需要改变组织形式,并且加长培养过程,给予孩子足够的时间去练习,切不可为达目的而拔苗助长。在组织幼儿两两合作的过程中,敏敏是一个学习能力很强的男生,和他搭档的是班里最弱的女生佳佳,强弱搭档使佳佳在敏敏的帮助下,通过同伴互助,增强了她的自信,逐渐掌握到了俯漂的要领,头埋入水中,背部伸直,使身体平衡于水面上,双腿就没有沉下去,自然学会了俯漂,配合滑行,敏敏和佳佳就像两条快乐的小鱼在水中漂浮起来。

适宜的组织培养过程不是一蹴而就的,要帮助幼儿尽快掌握动作技能的要领,就必须把握住幼儿的年龄特点,通过渐进式的学习过程,让幼儿轻松地掌握漂浮技能,自主自愿地练习。以三段式学习过程为宜,不能为达目的而盲目地拔苗助长。由此体现了组织训练过程在幼儿漂浮技能的习得过程中的重要性。

三、幼儿漂浮技能的若干注意点

1. 以清晰明确的目标来引领

以明确清晰的目标来引领是促进幼儿掌握漂浮技能的前提。教师不再是一个幼儿的"看护者",也不仅仅只是一个知识的"传授者",而是一个促进幼儿全方面发展的引路人。这就要求教师不能够局限于"教书匠"这一角色的定位,更不能盲目地对学习目标进行定位,生硬的传授式的游泳技能教学是无法让幼儿接受的,教学目标和重点难点要依据幼儿的实际情况来制定,要符合幼儿的不同年龄特点和发展水平。教师预设的技能目标和教学计划可能会随着幼儿的现场实践情况的变化而变化。教师要心中有目标,眼中有孩子,会根据幼儿的实际需求来调整自己的教学计划、方法和策略等,有准备、有规划。只要有准确地围绕目标,幼儿的技能学习方向就不会有偏差,与此同时教师也能从中提高自己现场教学的机智和能力。

2. 以丰富多元的形式来实践

以丰富多元的形式来实践是促进幼儿掌握漂浮技能的关键。在新课程、新纲要的引领下,教师的教育观、儿童观更要与时俱进,如果教师不能把握住学习者的年龄特点来传授游泳技能,那么面对小年龄幼儿学习漂浮时就会碰到这样或那样的许多问题。相对教授成人游泳而言,指导幼儿初期游泳的难度更大,如何激发幼儿参与游泳活动的兴趣和积极性,如何将枯燥的动作技能用丰富多样的教学形式去演绎,这是教师在传授技能时首要考虑的。不要局限于成人世界的游泳学习,幼儿有自己的学习特点,教师只有通过有效的师幼互动、同伴互助、视频欣赏、图示讲解、小组合作、情景再现等,才能使幼儿学习漂浮技能的过程变得更轻松活泼、宽松愉悦。真正实现教师与幼儿之间的有效互动,进一步帮助幼儿掌握漂浮技能的精髓,激发幼儿愿意学习更多游泳技能的愿望。

3. 以独特有效的方法来操作

以独特有效的方法来操作是促进幼儿掌握漂浮技能的保障。了解幼儿已有经验和当前发展情况以及掌握幼儿心理特征是教师实施因材施教的前提。教师在指导幼儿漂浮技能的学习过程中,懂得执行教学时要巧妙、艺术化地运用多种教学方法,借用各种辅助材料,创设情境性学习环境,利用形象的图示解析和亲身示范,进一步帮助幼儿去愉快地思考和大胆地练习,鼓励幼儿同伴间互助合作,在解决问题的过程中,灵活多变地使用多种方法、多种手段去找到掌握漂浮技能的精髓所在。与此同时,教师也积累了大量的学习方法和教学经验,能够灵活地选择和运用各种教学方法和手段,根据泳池现场的情况进行调整,有意识地注意自己定的学习目标是否恰当,学习方法是否有效,学习者的学习状态是否良好等,对提高幼儿掌握动作技能有很大的帮助。

浦东新区东方幼儿园　中　晨

幼儿仰泳技能的培养

游泳是在水的环境里凭借肢体动作和水的相互作用力而进行的活动技能。实践证明,通过感觉刺激和早期运动锻炼能够加快幼儿的发育,而游泳是起到这两种作用的最好方法。幼儿游泳能够促进他们心理和动作的发展,增强幼儿的体质,对幼儿的身心健康是非常有益的。这里,值得一提的是仰泳技能。所谓的仰泳,又名"背泳",是一种人体仰卧在水中的游泳姿势。因为仰泳时呼吸与其他的泳姿不同,它是在水上呼吸的,可以使幼儿减少恐惧;而且一旦学会了仰泳,对于学习其他的泳姿,能起到事半功倍的作用。所以,仰泳技能的训练在幼儿游泳学习中是非常重要的。

一、幼儿仰泳技能培养的重要性

仰泳由于头部露出水面,呼吸方便,游泳时身体躺在水面上,比较省力,非常适合幼儿学习。但是,仰泳也因为本身的身体位置、动作特点和人的生理、心理特点,对幼儿来说存在着一定的难度。幼儿在学习中往往会觉得有身体难以控制、身体下沉、呛水等困难。幼儿学会仰泳,必须抓好仰泳技能的培养。

对于幼儿园的孩子来说,兴趣是学习过程中最大的动力,它在游泳教学中起着重要的作用。绝大多数幼儿对游泳都有强烈的兴趣,并对游泳活动表现出积极的参与倾向,这对游泳教学是十分有利的,应加以诱导和保护。大部分的幼儿往往对水有一种恐惧心理,害怕呛水或者不敢在水中久留,这样一来即使在岸上的技术动作学习很到位,但一到水中就会全身失调。因此,仰泳技能的学习可以避免幼儿憋气、换气时的恐惧心理,使得幼儿先与水建立起感情,把游泳当作开心快乐的运动,逐渐建立起游泳时的自信心。信心是一种反映

个体对自己是否有能力从事某项活动的信任程度的心理特征,它是实现决心的重要保证,是持之以恒的动力。仰泳技能的训练,为幼儿学习其他游泳技能奠定了基础,建立了自信,对于以后进行其他游泳技能的学习可以达到事半功倍的效果。

二、幼儿仰泳技能训练的具体实施

仰泳技能的训练有很多策略,根据幼儿年龄特点和身心发展,具体可有以下策略。

1. 情境游戏策略

由于游泳时在水里进行的活动,其周围环境和在陆地上截然不同,因为对于幼儿来说,必须熟悉水性,使其对水环境不再陌生,和水之间建立感情,使身体与水具有亲和力。教师可以进行环境创设,以游戏的方式使幼儿了解水的特性,使身体各部位适应水的压力、浮力和阻力等。例如:鸭妈妈带着小鸭去池塘散步,鼓励幼儿在水中行走;小青蛙找妈妈,组织幼儿在水中游戏;小鱼吐泡泡,让幼儿尝试脸碰到水面等等。在情境性的游戏中,幼儿消除怕水的心理,活跃了学习的气氛,慢慢熟悉水性,为之后的仰泳技能的培养奠定基础。

在幼儿熟悉水性后,开始练习仰泳漂浮动作的时候,教师同样可以采取情境游戏的方式,激起幼儿练习的兴趣。仰泳技能讲究"积极的"流线型,是指在任何时候都要使自己的身体保持流线型。无论你的身高如何,都要使自己游起来显得很高,将身体尽量伸展。这时,教师可以将幼儿比作一艘艘小轮船,让他们漂浮在水面上,比一比、看一看谁得轮船开得又快又稳。幼儿有了具体形象的比喻作为参照,不仅愿意参与练习,还更明确了自己的动作要领。

2. 榜样示范策略

仰泳是一项技能的训练,注重各个动作技能的学习。教师在传授动作技能的时候,运用得最多的就是榜样示范了。

首先,作为教师将仰泳的动作要领进行讲解示范,让幼儿进行模仿。比如:打腿练习时,要求幼儿坐在地上,要求双手后撑,脚部在水中踢出水花,腿部不要出水。教师用语言告诉幼儿这些要求,对幼儿来说很难理解,基本做不到教师说的所有要求。如果教师与幼儿一起坐在地上,讲解一个动作,做一个动作,幼儿就很容易接受并模仿。

除了教师的榜样示范作用外,幼儿最容易受同伴的影响。同一个班中的幼儿中也会有个体的差异,涌现出不少掌握技能较快的孩子,这时老师注意引导幼儿向他们学习,会收到极好的效果。因为同伴之间由于年龄、性格、能力上的接近与相似,就更容易引起接受与模仿。教育心理学中指出有四种同辈人最易被模仿:一是学习好的同学;二是运动场中有较高技能的同学;三是被教师表扬的同学;四是小团体中公认的首领。所以,在进行运动技能的学习时幼儿之间的榜样示范也是非常有价值的。

3. 因材施教策略

因材施教是教学中一项重要的教学方法,在教学中根据不同幼儿的认知水平、学习能力以及自身素质,教师选择适合每个幼儿特点的学习方法进行有针对性的教学,发挥幼儿的长处,弥补幼儿的不足,激发幼儿学习的兴趣,树立幼儿学习的信心,从而促进幼儿更好的发展。

在学习仰泳技能中,教师要注重每一个孩子的学习状况并及时纠偏。教师要在幼儿进行仰泳时,发现问题及时有针对性地纠错。比如:有些幼儿在打腿上无论如何用力,仍旧不往前游,那是因为打腿姿势的问题。教师可有意识地请该幼儿多进行打腿的练习。有的幼儿在岸上做的划手动作很标准,但是一到水里,划手动作完全不正确,这是由于幼儿到了水中,过度紧张所引起。教师可缓解幼儿情绪,帮助幼儿一起在水中练习。教师还可以采取个别辅导的方法,一一对应地进行有效的动作指导,使得每一个幼儿都能在原有的基础上得到发展。

4. 循序渐进策略

每一项技能的训练都有它的步骤。在进行仰泳技能的培养时,要将一个个动作循序渐进地进行掌握后,才能学会仰泳的技能。首先,打腿。幼儿在岸上或者水中进行打腿练习,踝关节的灵活性对仰泳十分重要。两腿要窄,足尖伸展,脚位于身体截面内。水花不易过大,但要通过打腿始终使脚周围的水像圆屋顶那样。其次,仰卧漂浮。身体伸直,在水面上漂浮超过 5 秒,两臂放在体侧,背部略反弓,使腹部能浮出水面。如果腿略下沉,不必在意。呼吸轻松自如,并保持上体浮于水面。幼儿的整个动作在教师的指导下进行,注意不要勾头,保持头正确的位置,使两耳位于水面下。漂浮时绷脚。在进行了打腿和漂浮的练习后,将两个动作配合起来,这样,幼儿就能在水面上前进了。最后,划手动作。水中仰泳划手练习,首先应该从单手开始,双手应停在大腿外侧,

连贯打腿,每4～6次打腿做一次划手动作,划手线路要做到和岸上模式练习时一致,划手过程中,打腿动作连续进行。在熟练了划手和打腿动作之后,可以开始进行仰泳配合练习。

5. 家园共育策略

幼儿仰泳技能的训练并不是幼儿园、教师单方面进行的,需要家长共同完成。家庭是幼儿园重要的合作伙伴。在对于幼儿仰泳技能的培养中,家长的指导也是不容忽视的。家长要及时与教师沟通,了解幼儿在园仰泳学习的情况,交流训练幼儿仰泳技能的方法,保证学习步调的一致。家长可在节假日休息天带幼儿外出游泳,并邀请幼儿做小老师,教爸爸妈妈游泳,这样既提高幼儿的积极性,也增强了幼儿的自信心。家园共育可以使教育效果最大化。

三、幼儿仰泳技能培养的若干注意点

1. 互动性

在仰泳技能训练的时候,教师要注意幼儿学习时的互动性。有效的组织方法,对于幼儿的技能学习是非常有效的。教师与幼儿的互动,体现在教师的各种策略上,当幼儿发生问题、提出异议时,教师要有针对性的指导。在言语和行为上处处照顾每一个幼儿,多用肯定和鼓励的语言与幼儿交流,使之获得成功感。对于那些活动能力差的幼儿,教师也要在言语、情感上给予鼓励和支持,使之获得成功的满足感。例如,班中的亮亮小朋友特别胆小,每次到了游泳池边就退缩躲避,于是我先让孩子在岸上玩踢踢水游戏,在他掌握较好的时候和其他孩子一起进行比赛,然后肯定孩子的进步,发现他身上的闪光点,运用“你真棒!踢水花比好多小朋友要棒”“老师相信你在水里游一定会很棒的”等正面鼓励性的评价语言,激发孩子的学习兴趣和探索的愿望,孩子在教师的鼓励和保护下,终于勇敢地下水了,开始进行仰泳技能的练习。老师努力为孩子创造被人接受的气氛,让他带着愉快的情绪参加活动,使孩子获得成功的体验,从而更主动、积极地去学习。除了师幼的互动,同伴之间的互动对于幼儿游泳技能的培养也是很重要的。教师可以把基础较好的幼儿与能力较弱的孩子混合分组,互教互学。既可克服幼儿恐惧的心理,消除不安全感,又可利于改进动作,加快掌握技能的进程。

2. 差异性

在培养技能的过程中,教师要善于根据幼儿的情况,提出切合实际的要求,使不同发展水平的幼儿通过一定的努力能够完成,使每一次活动都有新的体会和进步。对于能力较弱、进步较慢的幼儿,要多给予鼓励和帮助,适合他们的教学方法可以加快掌握动作的过程。对基础好、进步快的幼儿,要适当提高教学要求,使他们学到更多的技能。

在教学中,教师除应进行必要的思想教育外,还可以因人而异地"对症下药",采用正面的方法引导幼儿消除不良的心理现象。例如:通过熟悉水性来消除怕水的心理;通过增加游泳距离来消除怕苦怕累的心理;通过逐步提高要求,逐渐增加游泳距离消除悲观和安于现状的心理等等。

3. 有序性

仰泳是一项技能的练习,要有序地采取科学的教学方法和严谨的教学态度,强调以技术训练为本,采取循序渐进的教学方法和手段,循循善诱,以身作则,以及时消除幼儿学习仰泳过程中恐惧的心理障碍,提高幼儿对学习仰泳的兴趣和积极性,通过一个个动作的练习和掌握不断地提高幼儿的自信心,使得幼儿在获得技能、强健身体的同时,还增强自信心、成就感,终身受益。

孩子在仰泳技能的学习中,由胆怯害怕到喜欢,对水性从不熟悉到了解,对仰泳动作的不熟练到手脚动作的协调配合,特别是克服心理障碍、战胜一切困难的精神得到培养,从而使自信心得到很大的提高。

浦东新区东方幼儿园　　闵郦娜

幼儿自由泳技能的培养

自由泳是模仿人体爬行的动作的一种姿势，所以也称为爬泳，是俯卧在水中，两腿上下交替打水，两臂轮流划水而使身体前进的一种泳式。自由泳的基本技术特点是，人体俯卧水中，头肩稍高于水面，游进时躯干绕身体纵轴适当左右滚动，两臂轮流划水推动身体前进。手入水后划水路线呈 S 形，呼吸与划水动作协调。当臂用力划水时，利用水流在头两侧形成的波谷吸气。在自由泳整套动作中，腿部动作除了推进力，也起平衡作用，保持身体的稳定和协调双臂做有力的划水，双臂划水可分为前交叉、中交叉和后交叉。自由泳，因为动作结构比较合理、省力、阻力小，是当前速度最快的一种游泳姿势，往往是幼儿在游泳中最常用的泳姿。在培养游泳的素养和能力时，关键要抓好游泳技能，每一个关键的技能要点都是更好完成动作的基础。

一、幼儿自由泳技能培养的必要性

1. 幼儿自由泳技能是游泳学习的基本动作

自由泳的动作结构比较简单，臂、腿、动作的路线清楚明确，接近于人的正常行走姿势，配合技术和动作节奏也比较容易掌握。同时，由于相似技术之间可以进行转化，而仰泳、蝶泳的动作结构与自由泳的动作十分接近，所以，先学会了自由泳，再学习仰泳或蝶泳就容易很多。由于自由泳动作的衔接比较紧凑，动作的周期中没有明显的间歇，再加上侧转头呼吸的难度比较大，所以需要比较长的练习时间。安排从小班开始进行一些简单技能的学习与练习，给幼儿游泳能力进行缓冲，随着他们身体的发育，游泳的动作技能能够完成得更好，在中班就能够完成自由泳动作的学习。由于基础动作的掌握，能为接下来的仰泳动作打好坚实的基础。

2. 自由泳有助于四肢的协调发展

根据幼儿的发展规律,3～6岁是幼儿身体快速增长的黄金期,也是发展协调、节奏、速度的最佳敏感期。通过技术动作如打腿、划水等能很好地帮助幼儿四肢的协调发展。在自由泳的游泳过程中,不是只有一个动作在进行,是同时分为几个部分。虽然在刚开始练习的时候,是单一的技术练习,但是幼儿在学习中期需要花大量时间在这些技术动作的衔接上。自由泳由于动作比较多,衔接的时候比较短促,需要幼儿更加专注于如何将手部、脚部、头部的动作协调起来,能够有效刺激幼儿骨骼、关节、韧带、肌肉的发育,促进婴幼儿身高增长,使婴幼儿体格更健壮。由于是全身性运动,幼儿在水中可以自由地活动四肢,有利于骨骼系统的灵活性和柔韧性的发育。

二、幼儿自由泳技能培养的实践

1. 幼儿身体姿势的培养

在自由泳时,身体呈水平姿势俯卧水中,身体纵轴与水平面成很小的锐角,使身体保持良好的流线形,游泳时,两腿快速做上下鞭状形打水,两臂交替,移臂,划水,上体围绕纵轴自行摆动。为了让幼儿更好地感受水平姿势的意义,同时也要学习漂浮的技能,这一动作能帮助幼儿感受水的浮力,并且在水中尝试保持身体的平衡。我们往往会从感受有趣的浮力开始这些活动。要让幼儿戴上背漂,先通过观察背漂浮在水面上,然后自己穿上背漂尝试自己使用正确的方法躺在水面上。教师要讲解什么是平衡,注意让幼儿在水中保持手脚放松。让幼儿自己控制身体,保持左右平衡。教师还可以组织幼儿漂在水面上手牵手,让幼儿感受集体一起学习的有趣。当幼儿掌握了憋气漂浮技能的时候,就可以使用独立手持浮板,进行憋气漂浮了。活动可以分为三个环节,首先以小船起航的游戏情境导入,再通过浮板船长环节导入让幼儿初步尝试,最后在"比比谁快"的环节中提出更高的要求,逐步提升幼儿双手伸直抱紧浮板,将头埋在水中进行憋气漂浮,注意始终让幼儿保持身体的平衡,不要左右摆动。

2. 幼儿腿部技能的培养

自由泳腿部技能主要是起保持身体位置和身体平衡的作用。同时,对身

体也起一定的推动作用,随着游速的加速,其推进作用则逐渐减小。在打腿时,下肢抬高保持身体流线型,并协调配合划水动作。自由泳腿部技术由向下打水和向上打水两个部分交替进行。向下打水由屈腿动作开始,打腿时,踝关节伸直,脚尖稍内扣,腰部发力,大腿带动小腿朝后下方用力做鞭状形打水动作。向上打腿时,大腿带动小腿直腿向上移动,当腿脚移至水面并与水面平行时,大腿停止上移,而小腿和大腿由于惯性的作用仍继续上移,当大小腿弯曲成160°时,转入向下打水。同时我们也可以使用简单的口诀:大腿发力带动小腿,两腿交替来打水。在幼儿做入水动作时,不停地提醒他们。在平时教学活动时,教师要形象生动,我们可以请幼儿将自己的腿想象成钢琴的琴键,像演奏钢琴曲一样,在教师的口令指导下,依次把头埋到水中,尝试进行憋气,然后练习基本的打腿。打腿时,也可以在不同的地方进行。比如,坐在池边打腿尽量往下坐,然后按照要求直腿打腿,这个动作主要是体会直腿的感觉。埋头打水是前面一个动作的补充,同时注意呼吸与动作之间的调节。浮板打水难度稍高,因为会使上身太高,腿相对会更沉,把腿打起来就会更难一些,打腿时扶住浮板的前部,头不要一直抬着,可以将脸的大部分埋在水里,稍后换气时抬一下头就可以了。

3. 幼儿臂部技能的培养

自由泳的臂部动作是推动身体前进的主要动力。以一个周期分为入水、抱水、划水、出水和空中移臂五个不可分割的阶段。

(1)入水:完成空中移臂后,手在控制下自然放松入水。手的入水点一般在身体纵轴和肩关节的前后延长线之间。入水时手指自然伸直并拢,臂内旋使肘关节抬高处于最高点,手掌斜向外下方,使手指首先触水,然后是小臂,最后是大臂自然插入水中。

(2)抱水:臂入水后,在积极向下方插入的过程中,手掌从向斜外下方转向斜内后方并开始屈腕、屈肘,肘高于手,以便能迅速过渡到较好的划水位置。抱水结束,手掌已经接近对水,肘关节屈至150°左右,整个手臂像抱着一个大圆球似的为划水作准备。

(3)划水:划水是发挥最大推进作用的主要阶段,其动作过程可分为拉水和推水两个部分。紧接抱水阶段进入拉水,这时要保持抬肘,并使大臂内旋。同时继续屈肘,使手的动作迅速赶上身体的前进速度,能使水动作造成合理的动作方向路线,同时,也使主要肌肉群在良好的工作条件下进入推水动作,拉水至肩的垂直平面后,即进入推水部分,这时肘的屈度约100°左右。大臂在保持内旋姿势,带动小臂,用力向后推水。同时,使肩部后移,以加长有效的划水路线。向后推水有一个从屈臂到伸臂的加速过程,手掌从内向上、从下向上的动作路线加速划至大腿旁。整个划水动作,手的轨迹始于肩前,继之到腹下,最后到大腿旁,呈S形。

(4)出水:划水结束时,掌心转向大腿,出水时小指向上,手臂放松,微屈肘。由上臂带动,肘部向外上方提拉带前臂和手出水面,掌心转向后上方。出水动作必须迅速而不停顿,同时应该柔和、放松。

(5)空中移臂:紧接出水不停顿地进入空中移臂,移臂时,肘高于手。在实际的教学过程中,为了让幼儿掌握自由泳手臂划水的基本动作,可以让幼儿通过扮演、模仿大水车或者画大圆圈的动作,学习划水,翻转手臂,再交替划水的步骤本领,从画大圈圈的静态动作到模仿大水车动起来的动态水中划动,感受自由泳时手臂在水中的感受。在岸上手臂练习过渡到水中练习时,首先要让幼儿通过观察水车转动的样子,然后进行模仿,从陆上的风车到水中的水车计幼儿感受从静态到动态的转化。

4. 幼儿呼吸技能的培养

在学习了自由泳活动的相关身体动作后,如何在水中呼吸也是至关重要的。许多孩子在水下容易紧张,结果吸不到气,这不仅是因为没有掌握好水中呼吸的基本方法,只有闯过了呼吸关,才能把握住打开游泳世界大门的金钥匙。学习水中呼吸首先练习把脸浸在水里,不感到害怕后,大胆地把头埋在水里。试探在水中用嘴呼吸吐气,抬起头吸气,眨眨眼睛,一直练习到可以不擦眼睛也能睁开眼睛为止。其次是水中睁眼练习,人在陆地上若闭上眼睛,看不到周围的情况,也会感到不安。同样,在水中若闭上眼睛会被各种恐惧所袭扰,动作变得生硬笨拙。如果在水中睁开眼睛,不仅有利于泳姿的学习,也避免在水中遇到碰撞。在自由泳时,呼吸动作比较复杂,主要是在水面上用嘴吸气,在水面下用嘴和鼻子呼气。比如,在右转头时,当右手入水后,嘴和鼻子慢慢呼气,右臂划水至肩下,向右侧转头,呼吸量加大,右臂推水结束手臂出水时快速将余气吐出,同时下颚向右靠肩,使嘴露出水面,张嘴吸气,吸气结束并开始转头复原,右臂经空中转臂后入水。可见,呼吸动作不可单独练习,需要与手臂动作结合在水中练习才会事半功倍。

三、幼儿自由泳技能培养的一般要求

1. 目标性

根据幼儿发展的需要和游泳活动的实际要求,首先明确幼儿活动安排的目标,设计了小、中、大三个年龄段的基本教学内容和教学进度。小班以适应水中的环境,利用各种游戏,帮助幼儿克服对水的恐惧,培养他们对游泳的兴趣,初步学习呼吸、漂浮、打腿的基本技能。到了中班要开始粗略掌握自由泳的动作,愿意尝试在水中进行律动和简单的花样表演,感受水中游戏的多变。到了大班除了动作技能上的要求,在实际生活中,鼓励他们愿意自我挑战,参与到规则性更强的游戏和竞赛中。

2. 情境性

整个课程重视培养幼儿亲水玩水的兴趣,淡化技能的训练。例如,创编了大量丰富多彩、形式多样的水中游戏,将换气、平浮、打腿等最基本的动作融入游戏中,并使其在三年的教学目标中循序渐进。在平时的讲解过程中,教师要做到生动有趣,要形象化地发挥自己的创造力。比如,在讲解抱膝的要领时,可以说成"像一只充气的皮球",可以把两臂的交替比喻成"像风车一样不停地转"。

3. 启蒙性

因为自由泳是各种泳姿中最先学习且学习后对于以后的游泳学习有一定的启蒙作用。纵观整个幼儿园游泳教学,并不过分强调每个幼儿完全掌握游泳技能,而是通过有趣多变的教学手段,在游戏过程中学习一些呼吸、漂浮等最基本的动作,并且根据每个幼儿的身体素质、动作协调性、反应灵敏性等特质,初步培养幼儿的游泳兴趣和游泳习惯。

浦东新区东方幼儿园　董佳维

幼儿蛙泳技能的培养

　　时光飞逝，一年前哭着逃避游泳的孩子们转眼成了游泳健将。在成功地攻克了自由泳、仰泳后，孩子们又开始了蛙泳的学习。在第一次蛙泳活动后，孩子们纷纷表示学习蛙泳的难度很大，有的孩子甚至又开始对上游泳课产生了抵触的情绪。如何帮助幼儿克服学习蛙泳的困难，对学习蛙泳产生兴趣，我以为应注重对于幼儿蛙泳技能的训练。

　　什么是技能呢？技能就是经过练习、实践活动获得的能够完成一定任务的动作系统。蛙泳技能就是在游泳活动中掌握和有效地完成蛙泳动作的一种能力。游泳技能是幼儿早期游泳训练的主要内容，它对掌握正确的游泳方法、改进游泳速度起着关键作用。因此，在早期的蛙泳训练中，培养幼儿建立正确的蛙泳技能概念，掌握合理规范的蛙泳技能动作，是幼儿学好蛙泳的唯一途径。

一、幼儿蛙泳技能培养的重要性

　　游泳不是人的本能，它必须通过学习而掌握的一种动作技能。幼儿的游泳技术受到其发育水平、身体素质、训练年限和智力水平等因素的制约，表现出明显的年龄特征，如果教学方法不对路，就会产生大量的错误动作，这在初学游泳的幼儿身上普遍存在，幼儿的自我纠错能力差，而彻底消除这些错误动作的影响比学新动作还难。所以，在学习游泳的开始阶段，就应该对幼儿游泳技能加以训练，让幼儿掌握正确的技能动作，避免在启蒙时期形成任何的技术缺陷，将来被放大成为提高成绩的障碍。

　　幼儿蛙泳教学必须根据其年龄心理特点，采用专门的方法，使其真正掌握

正确的蛙泳技能动作。从刚开始的不协调和效果差的动作,提升到规范而娴熟的技巧,展示了幼儿技能动作的发展过程。对幼儿蛙泳技能的培养,既能最大限度地发挥身体力量,减少游进阻力,又能在疲劳时保持正确的技术能力。蛙泳是项易学难精的泳式,在蛙泳学习中臂和腿的动作都是主要推进力。划臂练习强调的是高肘划臂技术。腿的加速鞭状蹬夹水动作要求勾脚收腿后,小腿和脚掌有外翻对水的动作和加速蹬夹水的动作。如果不能将臂和腿的技能动作协调、正确地做出,那么游起来既花费较大的体力,前进的速度又很慢。对于幼儿来说,减少阻力是第一位的,加大推进力量是第二位的。即使是幼儿,也必须明白技能动作的对与错,这样他们才能在蛙泳学习中有意识地改进自己的技能动作。

二、幼儿蛙泳技能训练的实践

幼儿蛙泳技能的训练应以"激发兴趣"为主。以促进幼儿身体、心理和谐发展为基础,以提高幼儿运动情感体验为核心,以增加幼儿游泳兴趣和良好的游泳习惯为目标。在充分注意到幼儿的身体条件、兴趣爱好和运动技能方面的个体差异的基础上,可以采取以下四个方法来培养幼儿的蛙泳技能:

1. 体验训练法

体验,是一种幼儿通过某种活动所获得本体感觉的活动经验,对某一活动形成感性认识的过程。游泳技能训练的实效性在于幼儿是否积极参与学习过程,并从中获得学习体验,完成训练目标。传统的技能教学方法把已有的知识与经验直接传授给幼儿,认为这是学习的精华,学习的捷径,这种方法重视了"教"忽视了"学"。现代教育论认为,学生的学习特别是幼儿的学习往往是从感知开始,没有体验就没有学习。同时,这种"硬塞"的知识,也阻碍了幼儿探索精神。让幼儿感到学习过程平淡无味,激发不起学习的兴趣,这种传统的技能教学方法不仅收不到好的效果,也破坏了幼儿的独立思考能力。强调体验就要相信幼儿的能力,但凡幼儿知识、经验、能力可及之事,均可放手让幼儿自己完成。让幼儿展现自己的独立个性、创造能力及在实践中的创新和发展。

在进行尝试阶段的教学时,教师可根据明确的技能培养目标,通过启发、暗示、指导幼儿先尝试练习,在获得了一定的感性的认知上再归纳总结,然后再进行实践。实施程序:提出目标——尝试练习——幼儿讨论——教师讲解——再次尝试。例如,在蛙泳的滑行练习时,先提出滑行距离越远越好,然后让幼儿自练几分钟。练习中可能有的下沉、有的上浮、有的团身,多数滑不远,这时教师要归纳幼儿滑不远的种种原因,进行讲解示范,再让幼儿练习,直至掌握动作。这种方法符合实践——认识——再实践——再认识的认识规律,是一种启发式的体验法。

2. 口诀训练法

口诀训练法的应用提升幼儿对蛙泳技能动作的认知,方便幼儿记忆,提高幼儿的兴趣,激发幼儿自我监控、互相提醒与帮助的精神。口诀训练法用简单、精练的语言概况动作要领、运动轨迹、节奏等,便于幼儿记忆、增加学习兴趣。实施程序:教师对比示范——学生归纳总结——提炼口诀——口诀指导练习。例如,在学习蛙泳配合的过程中,发生环节混乱时,教师可在总结尝试阶段指出幼儿所出现的问题,进行归纳,形成正确动作与错误动作的对比示范,让幼儿分别动作的好与坏,讨论并提炼要点共同编成口诀,如"划水腿不动、收手再收腿,先伸手臂后蹬腿,臂腿伸直漂一会",并在异质分组练习过程中用此口诀指导完成练习。

3. 游戏训练法

兴趣是最好的老师,以游戏激发幼儿的学习兴趣,从而培养幼儿自觉的体验习惯和爱好。实施程序:诱导游戏——总结游戏——导入新课。游戏是游泳教学中最好的辅助教学手段,意义在于能够迅速引导幼儿进入教学情境。在教师的指导下,游戏成为幼儿习得游泳技能的主要方法,这是幼儿通过玩耍去实现、巩固游泳活动中学到的内容。

在"我变小青蛙"的活动中,教师组织了"蝌蚪变青蛙"的游戏,当听到"蝌蚪出来了"的口令时,幼儿拿着浮板做自由泳打腿往前游。可当听到"蝌蚪变青蛙",幼儿就要马上学小青蛙的样子做连贯的蹬腿动作,并尝试在蹬腿过程中抬头换气。当听到老师吹哨子时,就表示小动物回家休息了,靠在水池边休息。这个游戏让幼儿在水中模仿小青蛙游泳,巩固练习蹬腿技能,继而可以组织"青蛙游水"的比赛。鼓励幼儿尝试两次蹬腿配合一次抬头换气的组合动作。整个活动培养幼儿在水中的协调性,提升幼儿在水中不断尝试新动作的胆量。

4. 媒体训练法

蛙泳技能的学习模式不能仅仅局限于单一的学习模式,应采用多方位的

学习方式,激发幼儿的兴趣,实现从"要我学"到"我要学"的转变。多媒体组合教学中产生的多感官刺激使幼儿的脑神经处于交替兴奋状态,同时由于多媒体具有系统性、全面性、趣味性、参与性以及信息反馈的准确性、直观性的特点。便于幼儿在实践中发现问题、解决问题,因而可以极大地激发幼儿主动学习的积极性,收到令人满意的效果。

在进行蛙泳技能训练前,可以用摄像机、DVD 的播放,让幼儿观看蛙泳完整和分解的标准泳姿,结合影片的讲解及教师的重点提示,给幼儿提供完整正确、全方位的概念及表象,利用慢慢放映或静止画面、回放、渐进等功能对蛙泳技术中的难点和重点反复强化。在幼儿建立技术概念和表象后,在教师的示范和指导下,现在岸上进行蛙泳手臂抓水、划水的高肘划臂以及腿的加速鞭子状蹬夹水的技能练习,然后下水做蛙泳的分解、完整动作练习和动作配合练习,先分解后完整,在反复联系中帮助幼儿完成视觉表象向动作表象的过渡。

当幼儿了解了蛙泳技能后,选择幼儿中的一些典型的错误动作进行拍摄,利用投影仪播放幼儿的错误动作,再播放正确的动作,让幼儿进行正误动作对比,教师在旁进行分析、讲解。由于幼儿能够通过录像看到自己的动作,使幼儿主动学习的积极性有所提高。在教师的指导下,充分发挥主观能动性,重建正确的条件反射,错误动作很快就得以纠正。

三、幼儿蛙泳技能训练的若干注意点

1. 目标性

根据幼儿的发展需要和蛙泳活动的实际要求,我们明确了幼儿蛙泳开展的目标:逐步提高身体的灵活性,掌握准确、协调的动作节奏,学习蛙泳,增长游距,体验成功的快乐。由此可见,幼儿蛙泳技能的训练在目标上应体现以"激发兴趣"为主,不过分强调每个幼儿完全掌握游泳技能,而是通过多变的教学手段提高幼儿学习蛙泳的兴趣和自主学习能力,初步培养幼儿的游泳兴趣和游泳习惯。

在幼儿学习蛙泳的第一个活动"小脚力气大"中,教师先是通过组织幼儿观看青蛙游泳时的蹬腿动作,激发幼儿学习、模仿的兴趣,结合示范和说明,再逐个对幼儿的动作进行纠正,让每个幼儿体验小脚用力向外蹬的动作技能。在体验过程中,让幼儿逐步提高腿部技能动作的灵活性,掌握正确、协调的蹬腿节奏,从而习得蛙泳的腿部技能动作,体验成功的快乐。

2. 有序性

游泳教学由于在特殊的介质中进行,其身体姿态、呼吸方式均发生改变,对幼儿来说必须先熟悉水性,继而转入游泳技能的学习。相对于其他泳姿来说,学习蛙泳更考验幼儿身体的协调性和接受能力。据此,我们应根据幼儿的心理、生理特点和接受能力,选择以小班学习呼吸、漂浮、打腿等基本技能为主,中班学习自由泳的技能动作,大班上学期以仰泳技能动作的学习为主,下半期则开始蛙泳技能的学习。这一教学内容的安排体现幼儿游泳技能的学习的有序性。正因为有小中班的游泳基础,幼儿对于蛙泳技能的学习有了事半功倍的效果。

当然,在蛙泳技能学习的过程中也应体现技能习得的有序性,实施程序:岸上划臂、腿部蹬夹水的技能动作练习——岸边水中腿部蹬夹水的技能动作的练习——水中利用浮板腿部蹬夹水的技能动作的练习——脱板水中划臂和腿部蹬夹水相互协调、配合的技能动作的练习。这一有序的技能学习程序加深了幼儿对于技能动作的深入理解,并能在较短的时间无人帮助的情况下向前推进,体会向前游进的快乐,增加幼儿的成功体验,提高幼儿的学习兴趣,促使幼儿快速、有效地掌握技术,提高教学效果。

3. 互动性

教学组织形式的好坏直接影响教学质量和教学效率,在蛙泳技能学习的组织形式上应体现互动性,具体可分为"师生互动"和"同伴间的互动"。

"师生互动"主要可以通过"启发探究"的方式来进行。施教之功,在启发。启发式外因,探究式内因。教师只有把"启发"协调在幼儿的探究学习上,才能发生教与学的"共振"。在蛙泳学习的腿部练习中,教师通过小蝌蚪学游泳的视频创设"小蝌蚪变青蛙"的情境,诱导幼儿独立思考、主动探究和理解蛙泳的腿部蹬夹水的技能动作,进而通过教师的讲解、整理,掌握蛙泳腿部蹬夹水的技能动作。

"同伴间的互动"则可以通过"异质互助"的方式来进行,"异质互助"就是根据教学目标和幼儿的实际情况,依据幼儿的身体、技能水平和意志品质的不同,分成若干小组,形成互帮互助的学习单元,发挥幼儿整体自主学习的积极性。异质分组的形式更易于小组内不同幼儿的发展,对于组内优秀的学生来说可以提高组织领导能力及增加自我认同感,对于组内相对不够优秀的幼儿来说可以减小心理压力,通过幼儿间的相互沟通与交流解决教学中无法和老师解决的问题,并能感受到同学间的友爱和互助。

在蛙泳学习中,在游戏和尝试练习阶段采用异质分组,可以使学生互相帮助、共同探讨、激发兴趣,并缩短各组内幼儿之间的差距。

浦东新区东方幼儿园　陆文妍

幼儿游泳艺术的培养

艺术是指人类通过借助特殊的物质材料与工具,运用一定的审美能力和技巧,在精神与物质材料、心灵与审美对象的相互作用下,进行的充满激情与活力的创造性劳动。游泳艺术是指在游泳时借助美术、音乐等材料和工具,结合游泳技巧和一定的审美能力编排而成的,通过和审美对象的心灵相互作用下进行的充满激情和活力的创造性游泳活动。在游泳艺术的培养中,幼儿通过眼、耳或肢体去感受和观察游泳活动,使幼儿对游泳活动产生浓厚的兴趣,提高幼儿学习游泳的积极性。同时,借助不同的材料和工具,使幼儿获得丰富的游泳情感体验,拓展和发掘幼儿对游泳的感知力,促进幼儿的审美能力,提高幼儿的游泳素质。因此,要培养幼儿的游泳素质,必须抓好幼儿游泳艺术的培养。

一、幼儿游泳艺术培养的意义

1. 幼儿游泳艺术的培养有助于激发幼儿学习游泳的积极性

积极性是人的一种主观能动性表现,也是人内在潜力的一种外在发挥。它表现为个体或集体对组织目标明确、执行计划和实现目标过程中的克服障碍的意志努力和积极性的情感。

幼儿游泳艺术的培养是通过美术和音乐两个载体实现的。美术是运用一定的物质材料,通过构图、透视、用光等艺术手段,在一定的空间中塑造直接可视的平面形象或立体形象的艺术。音乐是以声音为物质媒介,以时间为存在方式并且诉诸听觉的艺术。在幼儿游泳艺术培养的过程中,运用美术和音乐,让幼儿通过眼、耳或肢体去感受和观察游泳活动,使幼儿的游泳活动变得有趣

而生动。这种对幼儿视觉、听觉、触觉等多重感官的刺激,大大提高了幼儿学习游泳的兴趣。幼儿对游泳活动一旦产生浓厚的兴趣,就会促使幼儿主动积极地投身于学习游泳的活动中。因此,通过幼儿游泳艺术的熏陶,能使幼儿的学习变得更主动、更积极,更有利于激发幼儿学习游泳的积极性。

2. 幼儿游泳艺术的熏陶有助于提高幼儿对游泳活动的感知力

感知力是人们对环境、自身感觉和认知的能力,是感觉、知觉对感官刺激赋予意义进行认知的水平。感知力的高低取决于感官对刺激的敏感程度,经验和知觉决定对刺激的判断。

我们的游泳课程,分为"游泳兴趣""游泳技能""游泳知识""游泳艺术"四方面。在"游泳艺术"课程中,我们根据小班、中班、大班各年龄段幼儿的年龄特点和发展水平,结合音乐和美术活动,通过反复品读各种与游泳有关的画面,反复欣赏各种与游泳有关的音乐,反复推敲游泳中美的方面,来培养幼儿的游泳艺术。同时,为幼儿创设符合幼儿游泳活动的艺术环境,给予幼儿视觉、听觉、触觉等多种感官的刺激,从而提高幼儿对游泳活动的敏感度。因此,幼儿游泳艺术的培养,能让幼儿感受到游泳的魅力,从而提高幼儿对游泳活动的感知力。

二、幼儿游泳艺术培养的实践

1. 以美术为载体,促进幼儿游泳艺术性的发展

美术指运用一定的物质材料,通过构图、透视、用光等艺术手段,在一定的空间中塑造直接可视的平面形象或立体形象的艺术。美术活动本身是一个具有极大潜力的领域,它的任务既培养幼儿对艺术美的欣赏、识别,学习对美的对象形态的描绘和表现,同时,更重要的是培养幼儿的素质、能力和个性,丰富其想象力和创造力。在游泳课程中融入美术活动,通过丰富多样的教学活动及活泼、轻松的课堂氛围,令幼儿对游泳活动产生乐学爱学的兴趣。由于美术所塑造的艺术形象是客观事物视觉形象的构成因素,幼儿欣赏时也是通过视觉感官感受到它的形象的,所以,美术活动可以大大陶冶幼儿的情操,能培养幼儿欣赏游泳美、创造游泳美的意识和能力,能促进幼儿游泳艺术性的发展。

中班的幼儿在一次集体活动"观察动物皮毛"时,对动物身上花纹的美丽产生了浓厚的兴趣。当他们与实际联系,谈及生活中人们穿的衣服的独特时,

联想到了平时游泳时穿的衣服——泳衣。于是,"设计泳衣"的活动开始了。

在活动中,幼儿首先通过观察各种泳衣的图片,了解了男孩和女孩泳衣的区别,知道了泳衣的不同款式和功能。接着,幼儿根据提供的泳衣模板,发挥想象力,开始自己设计和添加各种图案,学习用美丽的线条、色块、花纹,创造性地进行泳衣的装饰。同时,教师还为幼儿提供了废旧材料,幼儿可以根据自己的喜好,利用废旧材料,运用剪、贴、拼接的方法设计个性化的泳衣。最后,展示幼儿的作品,通过分享交流,让幼儿欣赏和学习到了同伴的不同设计方法。

在上述案例中,幼儿通过对泳衣的欣赏,增强了自己对泳衣知识的了解。在运用多种方式方法设计泳衣中,幼儿的创造性得到了全面的诠释。在分享交流中,大家多样的设计方法,给了幼儿学习的机会和提升自身设计能力的空间,从而提高了幼儿对泳衣设计的创造能力和审美能力,使幼儿对游泳更有兴趣了,也大大促进了幼儿游泳艺术性的发展。

2. 以音乐为载体,促进幼儿游泳艺术性的发展

音乐是用组织的乐音构成的听觉意象,来表达人们的思想感情与社会现实生活的一种艺术形式。音乐与人的生活情趣、审美情趣、言语、行为、人际关系等等,有一定的关联。音乐是人们抒发感情、表现感情、寄托感情的艺术,不论是唱或奏或听,都内含着及关联着人们千丝万缕的情感因素。在幼儿的游泳活动中融入音乐的元素,可以让幼儿通过听觉器官,感受音乐中音与音的连接或重叠,产生高低、疏密、强弱、浓淡、明暗、刚柔、起伏、断连的联想,通过音乐的熏陶和感染,潜移默化地对游泳活动产生共鸣。同时,在欣赏与游泳有关的音乐、视频,表演和游泳有关的动作中,提升自己表达游泳艺术美的能力,促进幼儿游泳艺术性的发展。

大班的幼儿在学会了自由泳、仰泳、蛙泳的技巧后,为了让幼儿感受游泳是一项具有艺术性的雅致的体育活动,感受游泳带来的乐趣,我们结合四小天鹅的音乐,让幼儿尝试在水中表演《四小天鹅》。

活动的第一环节,我们先让幼儿欣赏单纯的乐曲,再通过观看芭蕾舞剧《四小天鹅》,让幼儿在欣赏和比较中交流自己的发现和对《四小天鹅》这首音乐作品的理解。第二环节,让幼儿再次观看芭蕾舞剧《四小天鹅》片段,了解四小天鹅步调一致、速度一致的动作特点。然后让幼儿四人一组,商讨好要表演的泳姿,在音乐声中下水表演。同时,教师用相机记录下每组幼儿表演的形

态。第三环节,用呈现照片的方法,组织幼儿投票选出最美的天鹅组合,再通过获胜小组的分享交流,总结出获胜的方法:小组成员互相协调,速度一致,整齐划一的滑行。

在这一案例中,幼儿通过对《四小天鹅》乐曲和舞剧的欣赏,总结概括出了作品的动作特点,增强了幼儿观察的能力。在商讨后的表演中,幼儿通过合作进行实践,提高了幼儿的创造性。在照片分享交流中,幼儿表演的能力得到了提升,通过对比,幼儿知道了表演中合作的重要性,从而促进了幼儿游泳艺术性的发展。

三、幼儿游泳艺术培养的若干注意点

1. 以正确的目标来引领

在幼儿游泳艺术培养的过程中,每一个活动都要有明确的学习目标。目标是幼儿学习的指南,它是所有学习内容、学习方法和学习策略的依据,也是评价幼儿活动价值的标准。正确的目标可以帮助教师结合幼儿的学习特点,有目的有计划地选择合适的方式方法,对幼儿在游泳活动中的艺术性进行培养。

2. 以丰富的形式来组织

在游泳艺术的培养中,丰富多样的形式可以带动幼儿学习的兴趣。在我们的游泳活动中,组织的形式有奇趣式、递进式、悬念式、开放式、应用式、情感式、类比式等。这些多样的形式让幼儿在丰富的情景中体验美、创造美,从而促进幼儿游泳艺术的发展。

3. 以有效的策略来指导

在幼儿游泳艺术培养的过程中,我们所运用的策略必须具有有效性。有效的策略可以促进幼儿游泳艺术的发展,教师可以运用策略,让幼儿在一次次的游泳活动中,提升幼儿感受游泳美的能力,从而更好地发挥想象,创造游泳美,体现游泳美。

浦东新区东方幼儿园　李　丽

以美术为载体，促进幼儿
游泳艺术性的发展

幼儿美术活动是指让幼儿运用多种多样的艺术材料和工具来表现他们对周围生活的认识和感受的一种教育活动。幼儿游泳艺术是指在游泳时或游泳后幼儿借助艺术材料和工具，结合游泳技巧和一定的审美能力编排而成的，通过和审美对象相互作用下进行的创造性活动。

美术活动由于其丰富性和多样性特别容易为幼儿所喜爱和接受，是幼儿全面发展的理想活动。游泳活动与其说是一门科学，不如说是一种艺术，因为人在水中不是要与水搏斗，而是让水帮助你，用高效和流畅的动作给自己带来健康和快乐。因此，美术活动和游泳活动在实质上具有相通之处。借助美术活动的优势，可以让幼儿通过眼、耳或肢体去发现和感受游泳活动中的美，帮助幼儿将游泳从技能的习得上升到审美的高度。

一、以美术为载体，促进幼儿游泳艺术性发展的意义

1. 提升幼儿游泳学习的运动情趣

运动情趣，是指人在运动时所产生的对运动的趣味性和情感性的体验。良好的运动不仅仅是技能的练习，还应该带来身心全方位的愉悦。因此，挖掘与游泳活动相关的美术活动，会让运动变得更有意思，会让运动延伸出另一种魅力。

让幼儿通过多种绘画材料，将游泳活动中的许多要素如水花、泳池、泳衣等，用美术的方式表现出来，不仅可以提高幼儿的美术修养，也能够让他们在参与游泳活动时，有更多的想象与审美的空间，迸发出更多的兴趣和情感，在

运动中体验美的感受。

2. 平衡幼儿健康教育的全面发展

《纲要》中提出,幼儿的发展要注重德育、智育、体育、美育和谐共进。幼儿游泳强调的是培养健康的体魄和良好的心理品质,因此通过挖掘游泳活动中的艺术元素来培养有用艺术无疑是对常规游泳活动的一种补充,是平衡健康教育的有利途径,也是对《纲要》的良好诠释和完美落实。

蔡元培先生说过:"美育者,与智者相辅而行,以图德育之未完成者也。"游泳艺术性的培养,不仅能提高幼儿欣赏美和创造美的能力,同时也是为德育、体育、智育等其他教育学科功能的发挥提供有利的条件,从而促使幼儿全面发展。

二、以美术为载体,促进幼儿游泳艺术性发展的实践

1. 捕捉游泳活动中幼儿的兴趣点进行游泳艺术性的培养

兴趣是人对事物喜好或关切的情绪,是人们力求认识某种事物和从事某项活动的意识倾向。它表现为对某件事物、某项活动的选择性态度和积极的情绪反应。因此,兴趣在幼儿教育实践活动中具有重要的意义,它可以使幼儿集中注意,产生愉快紧张的心理状态。抓住了幼儿的兴趣就如拥有了打开通向教育成功之门的钥匙。

(1) 将幼儿的兴趣点转化为游泳艺术的培养内容

在游泳活动中,幼儿经常会对某些事物表现出特别的兴趣,这时教师就要善于观察和捕捉,将幼儿脑中的热点及时记录下来,并通过整理,寻找到可以开展继续教育的内容,并围绕这些内容设计美术教育活动或美术游戏加以实施。因此,将兴趣点转化为游泳艺术的培养主要有四个步骤:观察、捕捉、设计、实施。

观察,要求教师力求"记录下自然状态中幼儿的自发行为",保证培养的内容是幼儿真正感兴趣的东西。捕捉,要求教师在幼儿的几个兴趣点中用教师的职业敏感筛选出有价值的可以形成教育活动的内容;设计,要求教师能够选择一定的方法有效地将幼儿兴趣与教育目标相结合;实施,要求教师围绕幼儿的兴趣点展开促进其发展的教育教学活动。

当幼儿在水中游戏时,教师观察到幼儿会反复用小手在水面上拍出水花,

教师了解到"制造水花"是幼儿现阶段的兴趣点，而经过思考之后教师认为"欣赏水花飞溅"可以设计成一个美术欣赏活动，于是便组织幼儿开展了"美丽的水花"的活动，结果在活动中幼儿果然兴趣盎然地观察与比较不同水花的形态，用拍拍打打的方式创造出了优美的水花造型，通过这样的活动不仅提高了幼儿的艺术欣赏能力，还激发了他们的艺术表现能力。

（2）将幼儿的兴趣点转化为游泳艺术的教学手段

幼儿在游泳池中的表现往往是放松而真实的，他们经常会凭着自己的兴趣重复着自己喜欢的动作，自发地进行一些小游戏。教师就可以通过观察或询问，了解幼儿的游戏方式或游戏内容，并将这一游戏进行放大或改进，成为教学活动或游戏活动的一个教育环节或一种辅助手段。因此，将幼儿的兴趣点转化为游泳艺术的教学手段有四个步骤：观察、交流、设计、实施。

在观察时，教师应该保证幼儿游戏的自发性和自由性，不去干扰幼儿的想法和行为，这样才能了解到幼儿的真实喜好。在交流中，教师可以为了确认幼儿的想法询问他们在干什么，为什么喜欢这么做，以明晰幼儿行为背后的真正目的；在设计时，分析幼儿的兴趣点，思考设计成哪一种类型的美术能够最好地保持他们的活动热情并达到最好的教育效果，随后在设计的基础上力求发挥这一教学手段的亮点，帮助幼儿提升游泳艺术造诣。

教师观察到幼儿开始适应水环境并掌握了一定的闭气技巧后，他们就对在泳池中相互追逐泼水极为着迷并乐此不疲，于是教师通过与幼儿的交流了解到他们对泼水可以产生水花大量飞溅的这种效果十分感兴趣，于是教师在反复思考后认为"泼水"和"泼墨画"可以进行有机地结合，设计了一个教学活动"泼泼画画"，让幼儿感受和尝试"泼墨画"这种美术表现形式。当然这样的活动也收获了良好的效果。

2. 提升游泳活动中幼儿的经验进行游泳艺术性的培养

经验，一方面是指经历，另一方面是指由实践得来的知识和技能。幼儿的经验，更多的是指与周围环境中的人和事物的相互作用过程中，所习得的直接经验或者间接经验。在学习的过程中，幼儿的经验是他们进一步学习的基础。因此，重视幼儿的先前美术经验，并通过一定的方式将这些经验进行拓展、挖深和总结，是培养幼儿游泳艺术性的有效方法。

（1）通过拓展幼儿的经验来进行游泳艺术性的培养

在了解幼儿现有经验的基础上，横向地引入相关的内容，帮助幼儿将先前

经验与新增的内容相连接,扩大幼儿的知识面,提高幼儿的兴趣和能力。因此,通过拓展幼儿的经验进行游泳艺术,主要有四个步骤:了解幼儿的经验、寻找相关的经验、思考横向的联系、拓展经验的范围。

了解幼儿的经验就是要求教师在日常的工作中通过观察幼儿、与幼儿谈话、分析幼儿的美术作用等方式,了解幼儿的某方面能力处在怎样的水平上。寻找相关的经验,就是要求教师在充分考虑幼儿年龄特点、学习方式等学习要素的基础上,寻找一些与幼儿原有知识相关的平行经验;思考横向联系,就是要求教师思考与幼儿现有水平所相关的这些经验可以用怎样的方式来介绍和传递给幼儿;拓展相关经验就是教师采用教学、游戏、生活等多种手段,丰富幼儿的经验,帮助他们扩大能力范围。

教师通过分析幼儿的美术作品了解到幼儿已经掌握了用线描绘画的基本技巧。教师思考到幼儿的线描画不仅可以在纸上进行,还可以在布类、瓷砖等其他的平面上进行创造,于是设计了一系列的美术活动,在个别化学习活动中为幼儿提供了游泳衣、游泳裤和瓷砖等材料,让幼儿尝试在不同的材料上进行平面线描画的创作。

(2)通过挖深幼儿的经验来进行游泳艺术性的培养

教师可以通过观察、谈话、测验、常模对比等方法,尽可能真实、客观地了解幼儿在某一方面的经验水平,并通过了解和分析幼儿的现有经验水平,寻找一定的方法,将幼儿的艺术经验在原有的基础上进行挖深。因此,通过挖深幼儿的经验来进行游泳艺术性的培养主要有四个步骤:了解原有水平、分析挖深方向、设计挖深活动、挖深幼儿经验。

了解幼儿的原有经验水平,要求教师尽可能引导幼儿自主表达表现,询问幼儿真实想法,注意多角度,重视过程性地评价幼儿,而不要主观地凭借幼儿的某个单一行为或单个艺术作品就对幼儿的经验作出判断,力求最真实地了解到幼儿"在哪里";分析挖深方向,也就是通过心理学、教育学等理论知识分析幼儿的最近发展区,判断幼儿可以"去哪里";寻找挖深方法,也就是要求教师凭借自己的专业能力和对幼儿学习方式的了解设计一些操作性强的,效果较好的活动,在设计时注意遵循循序渐进的原则,将知识从简到难分层次地传递给儿童,解决好"怎么去"的问题;最后通过教师所设计的活动,帮助幼儿将经验推向更深的层次。

教师通过多次观察了解到幼儿已经能够熟练掌握在平面上进行线描画的

能力，接着通过对幼儿发展水平的分析，判断幼儿可以建立起初步的空间感，能够尝试在立体的物品上进行线描画的创作。于是，教师先选择了形状较为规则的塑料瓶让幼儿进行线描创作，帮助幼儿了解绘画立体物品的基本规律，随后再让幼儿为泳圈、水枪、喷壶、漂浮玩具等各种水中游戏材料进行装饰，通过这样的活动不仅帮助幼儿加深了线描创作的能力，还让他们提升了对游泳器具和游泳的喜爱。

（3）总结幼儿的零星经验进行游泳艺术性的培养

在收集幼儿原有艺术经验的基础上，将这些经验进行整理，寻找无法将经验之间相联系的盲区，通过一定的引导，帮助幼儿将零星经验串联起来，形成系统经验去解决更难、更深的问题。因此，总结幼儿的零星经验进行游泳艺术性的培养主要有四个步骤：收集点滴经验、分门别类整理、填补经验盲区、形成系统经验。

在收集点滴经验时，教师要注意在平日的工作中做一个有心人，将幼儿在一日活动中所表现出的与美术领域相关的经验都记录下来；在整理经验时，教师要定期进行分门别类整理，并注意区分幼儿群体经验与幼儿个别经验；填补经验盲区，需要教师注意到幼儿的经验之所以没有关联，是因为经验与经验间存在一定的盲区，需要教师运用心理学、教育学等知识，以合适的方法将幼儿零星的、不完整的经验串联起来，最终帮助幼儿将单个经验整合成较为完整的经验系统。

教师通过教室里的表征墙上幼儿无主题的自由创作中发现近期一部分幼儿对水里的动物很感兴趣，通过平时对幼儿美术作品的分析了解到幼儿经常用油画棒横躺能够使笔触变粗，通过幼儿的自发游戏，教师又了解到幼儿对于物品间的前后遮挡关系有一定的经验。于是，教师为了帮助幼儿将这些相关经验进行关联和整合，设计了一个"海底总动员"的主题绘画，对如何表现海底生物之间相互遮挡的技巧进行了一定的引导，随后幼儿就能够将知识、技能、情感等方面的经验有机地整合表现出一幅海底世界的生动画面。

3. 挖掘游泳活动中运动的内涵进行游泳艺术性的培养

运动的内涵，就是人格的塑造。在幼儿阶段，这些作为幼儿学习的一种体育技能来训练，而更注重幼儿自信心、坚强意志及勇敢精神的心理品质来培养，全面提高幼儿的心理与综合素质。因此，我们将运动的内涵理解为六个字：舒适、愉悦、和谐。

（1）以舒适为核心，进行游泳艺术性的培养

舒适即自由、宽松、惬意的感觉。以舒适为核心，进行游泳艺术的培养关键点在于给幼儿自由的创作空间，为幼儿营造宽松的活动氛围。

给幼儿自由的创作空间要求教师打破以往的教学常规，不可过多地束缚幼儿的表现内容和方法，切不能为了美术技能的练习让幼儿一味按教师的范例绘画，而应该在教授幼儿一定绘画技能后，给幼儿一个绘画的较为宽泛的主题或为幼儿留出一部分想象的空间，让幼儿可以有机会自由地表达出自己的想法和愿望。

在幼儿学习按物择色时，教师可以帮助幼儿一起回忆在泳池中常见的游戏材料的颜色，并介绍一些可能具有多种颜色的物品，随后教师只要对幼儿讲清涂色的要求后就可以让幼儿自由选择自己喜欢的游泳器具的涂色卡片，为它们涂上好看的颜色。

为幼儿营造宽松的活动氛围则要求教师在幼儿进行艺术表现时，不要提出过高的要求，不要对幼儿的创作过程进行过多干预，让幼儿能够在表达表现时有自主选择表现材料的权利，有停下思考和相互交流的时间等。

在幼儿学习按物择色时，教师在教授绘画方法并介绍绘画要求后，可以将不同的涂色卡片和画笔按照类别摆放在桌面上，并在整个绘画过程中对幼儿不提出其他的要求。让幼儿可以自由选择涂色内容和涂色工具后，坐到自己喜欢的朋友身边，说说画画，自由创作。

（2）以愉悦为核心，进行游泳艺术性的培养

愉悦即愉快、高兴的意思。在以美术活动为载体，培养幼儿游泳艺术性的关键点在于要给幼儿以正面的、积极的教育和引导，并对他们的表现给予及时的肯定和鼓励，使幼儿在活动中有积极的、愉快的情绪体验。

给予幼儿正面的积极的教育引导是要求教师尽量使用正面的语言、正面的行为和正面的方法来引导幼儿，不能将学习困难的幼儿作为反面教材来教育其他幼儿，切记给每个幼儿在美术活动以积极情绪体验，让幼儿体验和欣赏美术作品所表现的真、善、美，培养幼儿发现美的眼睛和创造美的能力。

幼儿在学习闷水时会产生不适和害怕的感觉，有的幼儿就会产生逃避游泳的念头，教师就可以让幼儿在泳池放干水时，在水底瓷砖上贴上自己喜欢的贴纸和图片或者用防水颜料进行装饰，然后在闷水时找找自己装饰的东西在哪里，结合美术活动，用正面引导的方式帮助幼儿克服这一困难。

给予幼儿及时的肯定和表扬就要求教师要有一双能够发现幼儿长处和优点的眼睛，要懂得用欣赏的、发展的眼光去看待每一个幼儿，当发现幼儿有点滴进步时就要给予及时的肯定，让他们觉得老师是在乎并喜欢自己的，这样他们对于美术活动的喜爱之情也会随之提升，切记不要在孩子间进行横向比较，而重视能力强的幼儿，轻视能力弱的幼儿。

当幼儿愿意在泳池的池底用自己喜欢的方式进行装饰时，教师就对他们进行了及时的鼓励，特别是那些有逃避游泳念头的幼儿，教师更是将他们的装饰作为优秀的典范向所有幼儿介绍，幼儿在泳池注满水后也愿意欣赏和寻找自己和同伴的作品，通过这样的方法不仅解决闷水的问题，也提高了幼儿艺术表现的能力。

（3）以和谐为核心，进行游泳艺术性的培养

和谐是指与周围的人、事、物平衡共处的状态。以和谐为核心，进行游泳艺术性的培养的关键点是帮助幼儿建立一种对学习自发自主的心态、与材料和环境有机互动的能力，与教师和同伴有互帮互助的情感。

帮助幼儿建立起对学习自发自主的心态是指教师要让幼儿在感受到游泳艺术性培养的重要性后，自觉地在游泳活动中产生审美的情趣，自主地发现美、感受和表现美。

教师通过一系列的活动引导幼儿欣赏水波的流动的美、水花飞溅的美、教师和同伴游动中的美等等，幼儿便会在整个游泳活动的过程中不自觉地找找看看，感受到美在我们身边随处可见。

培养幼儿与材料和环境互动的能力是指教师通过一系列的活动让幼儿参与游泳器械的美化和泳池环境的装饰，让幼儿认识到材料和器具可以帮助幼儿进行学习，幼儿也可以改变和美化周围的材料和环境，自己与材料和环境是一种互动发展的关系。

教师在引导幼儿进行水中玩具的装饰活动后，幼儿每次在水中游戏时都会不自觉地讨论和欣赏玩具的颜色、花纹等特点，也会主动提出要为新添置的玩具"穿上漂亮的衣服"。

幼儿与教师和同伴有互帮互助的情感，是指教师在组织各种活动要帮助幼儿在活动中与教师和同伴建立平等的关系，教师也要参与到幼儿的美术活动中，可以与幼儿共同创作作品也可以拿自己的作品与幼儿共同分享，让幼儿感受到每个人都有相互学习和相互评价的权利，能够共同学习、共同进步。

在美术活动中,当幼儿在进行表达表现时,教师都会在旁边巡回指导、给予个别有困难的幼儿进行帮助或者与部分有想法的幼儿进行交流;此外,当教师进行环境布置、教玩具的制作时也会邀请幼儿共同参与,并听取他们的意见和建议,长此以往,教师和幼儿之间便形成了一种平等互助的和谐关系。

三、以美术为载体,促进幼儿游泳艺术性发展的若干注意点

美术活动和游泳活动是两个不同领域的活动,要以美术活动为载体,促进幼儿游泳艺术的培养,首先必须注意的是要挖掘美术活动和游泳活动的共同价值观,并把这两种活动中最核心的内容传递给幼儿。

1. 充分体现活动中的趣

幼儿的活动是以兴趣为基础的。因此,以美术为载体,促进幼儿艺术性发展的过程中,需要注意始终保持幼儿的兴趣性。无论是从活动的由来,活动的设计和活动的组织,都是注意围绕幼儿的兴趣点,保持幼儿对活动的积极和热情。体现美术活动的"画出来的快乐"和游泳活动的"动起来的快乐"。

首先,在活动设计时要注意选择与幼儿有关的事物,并尽量使用游戏的方式,因为游戏是幼儿最喜欢的活动方式,也是他们的基本生活方式。利用游戏形式进行学习,能够有效地激发幼儿的学习兴趣,提高幼儿思维的积极性,使幼儿在愉快的情绪中轻轻松松、饶有趣味地学习。因此,教师要将幼儿活动游戏化,把教育目标、内容融于各类游戏之中,让幼儿从中感知、体验、积累相关知识。

其次,在活动的组织中教师要尽量使用优美的语言。因为语言是通往幼儿心灵的桥梁,是引发幼儿学习兴趣的催化剂。教师在教学中运用生动活泼的语言往往能感染幼儿,激发幼儿的兴趣,把幼儿潜在的学习积极性充分调动起来,使他们在愉快的气氛中自觉、主动地学习。

2. 充分展现运动中的美

艺术的本源是美,还原美的本质是促进幼儿游泳艺术性的根本要求。在以美术为载体,促进幼儿艺术性培养的过程中,教师不仅要尽量将运动中的美展现在幼儿面前,还要尊重和鼓励幼儿自发地发现美、表现美的行为。

教师需要有一双善于观察美和发现美的眼睛,在游泳活动中及时捕捉幼儿游泳前、游泳中和游泳后的点点滴滴。

教师要充分尊重幼儿的审美情趣，使幼儿感到自己的表现手段和方式得到了教师的认可和鼓励。因为艺术表现是个体情感、审美趣味、对材料运用的一种创造性活动，体现幼儿的创造精神和能力。要满足幼儿的创造欲望就必须放手让幼儿自由地通过探究、尝试自己掌握信息、获得美感经验，进行创造性艺术表现。

这对幼儿游泳艺术性的提高会有很大帮助。在美术活动开展的过程中，教师要鼓励幼儿发言，说说自己的想法和认识，当幼儿喜欢把现实生活中的事物拟人化，再现童话的王国，把自己喜与厌的东西加以美化与丑化及夸张的处理，使自己的画充满稚气和生活情趣。他们根据自己这一年龄特征，用自己的思维方式创造出极富童趣的作品。教师不能把自己的审美意识和情趣强加于幼儿而扼杀幼儿的创造力，不能过早、过分强调透视、色彩等技法和技能的训练，从而使幼儿的审美情趣得不到更好的培养。教师在教学中始终是幼儿的辅体，只能结合幼儿身心发展规律，结合实际在绘画技能技巧方面适当加以引导和启发，培养其艺术才能和审美能力。

浦东新区东方幼儿园　张文钧

以音乐为载体，
促进幼儿游泳艺术性的发展

"艺术性"是指人们反映社会生活和表达思想感情所体现的美好表现程度。那么，何谓游泳艺术呢？游泳艺术是体现在游泳活动中通过乐音所构成的旋律、节奏在游泳运动时所具有的表现力。

幼儿的艺术性是幼儿全面发展不可缺少的重要方面，通过学习幼儿能够培养起对美的感受力、表现力和创造力。在游泳活动中，幼儿的艺术教育是根据幼儿发展的需要和特点，通过对幼儿进行有目的、有计划、有组织的音乐等艺术熏陶，帮助幼儿在游泳活动中建立起以艺术性为核心的审美心理结构，从而提高其审美心理素质，促进其人格完善和社会化发展的一种教育。因此，游泳艺术性的培养对幼儿游泳素质的提高有着不可替代的作用。

一、以音乐为载体，促进幼儿游泳艺术性发展的意义

1. 以音乐为载体，有利于培养幼儿游泳的兴趣

《指南》中指出：运动强调培养幼儿对运动的兴趣，在自主活动的基础上，积累运动经验、体验运动乐趣。在游泳活动中通过音乐为载体，能使幼儿的学习变得更主动、更积极，更有利于激发幼儿学习游泳的兴趣。

在学习游泳的过程中，虽然老师会提供许多丰富的材料吸引幼儿对游泳活动的兴趣，但是过了一段时间后，幼儿的兴趣逐渐减少。那么，怎样才能更好地激发幼儿的兴趣呢？我尝试在游泳活动中加上了音乐，孩子们立刻有了变化。例如，在小班的游泳活动中，孩子们拿着一些呼啦圈刚开始玩得还挺开心的，但是过了一会儿，有的孩子拿着呼啦圈相互敲打，有的孩子干脆坐在岸

边休息了。在这样的情况下,我马上想到了创设一个音乐情境,让幼儿在音乐中进行游泳活动。我把孩子重新召集起来,告诉他们一起来做小司机,听到节奏快的音乐就开得快点,听到节奏慢的音乐就开得慢点。孩子们开始游戏了,他们非常仔细地听着音乐的变化做动作,在游泳池里欢快地做着小司机的动作,连平时有些害怕游泳的小朋友也跟着大家一起开心地进行游戏。

2. 以音乐为载体,有利于训练幼儿游泳的技能

音乐与游泳活动有一个共同特点,就是富有节奏感。节奏被誉为音乐的灵魂,没有了节奏,音乐便无美感可言。在游泳活动中,节奏也是幼儿学习和掌握动作技术的前提。例如,在中班幼儿刚刚学习自由泳的基本动作时,由于幼儿对于动作要点比较陌生,不太容易掌握动作要领。于是,我就创编了一套游泳律动操,在动作与音乐的相互作用下,就能加快幼儿对自由泳动作技能的掌握。

二、以音乐为载体,促进幼儿游泳艺术性发展的实践

1. 促进幼儿节奏感的发展

音乐节奏感是人对音的长短、强弱、快慢、停顿等的感受能力,它是人的听力、理解力和想象力的综合反映。在游泳运动中融入音乐,对于幼儿节奏感的发展起到了至关重要的作用。

在学习仰泳的手臂动作时,我选用了悠扬的民族音乐《流水》,使孩子沉浸在美妙的遐想中:蓝蓝的天上飘着悠悠的白云,自己犹如一艘小船缓缓地在水中流动……幼儿知道这时手臂的滑动应该是缓慢、伸展的。当幼儿在学习自由泳的动作时,我选用了节奏比较快的音乐《太阳进行曲》,幼儿知道这时的手臂动作应该是干脆、利索的。幼儿在学习蛙泳时,我播放了 2/4 拍强调重拍的音乐,帮助幼儿理解动作的要领,通过音乐的变化,幼儿对节奏的感受力也有了一定的提升。

当中班的幼儿学习自由泳的动作时,我和孩子们共同创编了一套游泳律动操,每次进行游泳运动前,我都会和孩子们一起在岸上完成游泳律动操。通过律动操的节奏,幼儿巩固了自由泳的动作,了解了游泳运动中的节奏。这样,就能更好地帮助幼儿掌握自由泳的动作要领,增强了幼儿的自信心,激发了幼儿进一步学习的兴趣,解决了许多在游泳及其他活动中孩子表现出来的

胆怯、孤独、害怕等心理问题。

2. 促进幼儿协调性的发展

优美、有节奏的旋律，能使幼儿在游泳活动中得到美感受，让幼儿在游泳中充分体会音乐伴奏带来的愉悦，使那些学起来较难掌握的技术动作变得和谐而有情趣。幼儿在学习蛙泳时，它需要上下肢体的配合，如果动作不协调，幼儿则不能前进，就会使原本非常美的动作看起来比较别扭，让幼儿自己也感到不舒服。这时，我便提供了强弱节拍明显的音乐，让幼儿知道哪些动作在强拍上动，哪些动作在弱拍上动，这样不仅培养了幼儿动作的协调性，更增强了幼儿的自信心。

3. 促进幼儿对美的感受力的发展

音乐是用组织的乐音构成的听觉意象，是表达人们的思想感情与社会现实生活的一种艺术形式。音乐与人的生活情趣、审美情趣、言语、行为、人际关系等，均有一定的关联。音乐是人们抒发感情、表现感情、寄托感情的艺术，不论是唱或奏或听，都包含着及关联着人们千丝万缕的情感因素。在幼儿的游泳活动中融入音乐的元素，可以让幼儿通过听觉器官，感受音乐中音与音的连接或重叠，产生高低、疏密、强弱、浓淡、明暗、刚柔、起伏、断连的联想，通过音乐的熏陶和感染，潜移默化的对游泳活动产生共鸣。同时，在欣赏与游泳有关的音乐、视频、表演和游泳有关的动作中，提升自己表达游泳艺术美的能力，促进游泳艺术性的发展。

大班的幼儿在学会了自由泳、仰泳、蛙泳的技巧后，为了让幼儿感受游泳是一项具有艺术性的雅致的体育活动，感受游泳带来的乐趣，我们结合《四小天鹅》的音乐，让幼儿尝试在水中表演《四小天鹅》。

活动的第一环节，我们先让幼儿欣赏单纯的乐曲，再通过观看芭蕾舞剧《四小天鹅》，让幼儿在欣赏和比较中交流自己的发现和对《四小天鹅》这首音乐作品的理解。第二环节，让幼儿再次观看芭蕾舞剧《四小天鹅》片段，了解四小天鹅步调一致、速度一致的动作特点。然后让幼儿四人一组，商讨好要表演的泳姿，在音乐声中下水表演。同时，教师用照相机记录下每组幼儿表演的形态。第三环节，用呈现照片的方法，组织幼儿投票选出最美的天鹅组合，再通过获胜小组的分享交流，总结出获胜的方法：小组成员互相协调，速度一致，整齐划一的滑行。

在这一案例中，幼儿通过对《四小天鹅》乐曲和舞剧的欣赏，总结概括出了作品的动作特点,增强了幼儿观察的能力。在商讨后的表演中,幼儿通过合作进行实践,提高了幼儿的创造性。在照片分享交流中,幼儿表演的能力得到了提升,通过对比,幼儿知道了表演中合作的重要性,从而促进了对美的感受力的发展。

三、以音乐为载体,促进幼儿游泳艺术性发展的注意点

1. 情境性

音乐是一种语言,从音乐中我们可以感受到各种情境、情绪、情感,选择不同节奏、不同类型的音乐融入游泳运动中,可以营造出不同的游戏情境。幼儿可以通过音乐所表达的不同内容轻松愉悦地参与活动,并伴随音乐所表达的意义进行各种动作的练习,在这一过程中,幼儿加强了参与游泳运动的内驱力,在游泳活动中表现得更主动。

2. 循序性

在幼儿游泳艺术性发展的同时,我们同时还要遵循循序渐进的规律。根据幼儿的不同年龄特点以及动作的难易程度,选用相应的方法,从而促进幼儿游泳艺术性的发展。

3. 欣赏性

优美的音乐和动作能带给幼儿感官上的刺激,获得精神上的愉悦和乐趣,体会音乐的美妙及其带给人的感官享受,并能让幼儿的情感在欣赏中得到美的熏陶。在每一次的游泳活动中,我们应当创设条件帮助幼儿提升欣赏游泳美的能力,从而更好地发挥想象,创造游泳美,体现游泳美。

浦东新区东方幼儿园　邬维玮

图书在版编目(CIP)数据

幼儿园游泳课程研究/诸君,毛美娟主编.—上海:复旦大学出版社,2017.5(2019.11 重印)
全国幼儿园特色课程系列
ISBN 978-7-309-12956-4

Ⅰ.幼…　Ⅱ.①诸…②毛…　Ⅲ.学前教育-游泳-教学研究　Ⅳ.G613.7

中国版本图书馆 CIP 数据核字(2017)第 090935 号

幼儿园游泳课程研究
诸　君　毛美娟　主编
责任编辑/谢少卿

复旦大学出版社有限公司出版发行
上海市国权路 579 号　邮编:200433
网址:fupnet@ fudanpress.com　http://www.fudanpress.com
门市零售:86-21-65642857　　团体订购:86-21-65118853
外埠邮购:86-21-65109143　　出版部电话:86-21-65642845
上海崇明裕安印刷厂

开本 787×1092　1/16　印张 16　字数 249 千
2019 年 11 月第 1 版第 2 次印刷

ISBN 978-7-309-12956-4/G · 1714
定价:45.00 元